Herkunft und Horizont der Theologie des Neuen Testaments

Paul-Gerhard Klumbies

Herkunft und Horizont der Theologie des Neuen Testaments

Mohr Siebeck

Paul-Gerhard Klumbies, geboren 1957; Studium der Ev. Theologie in Bethel, Erlangen, Hamburg und Münster; 1988 Promotion; 2000 Habilitation; 1993–2004 Professor für Neues Testament und Diakoniewissenschaft an der Evangelischen Fachhochschule Freiburg i. Br.; seit 2004 Universitätsprofessor für Biblische Wissenschaften unter besonderer Berücksichtigung des Neuen Testaments an der Universität Kassel.

ISBN 978-3-16-153160-6

Die Deutsche Nationalbibliothek verzeichnet diese Publikation in der Deutschen Nationalbibliographie; detaillierte bibliographische Daten sind im Internet über *http://dnb.dnb.de* abrufbar.

Das Buch wurde von Gulde-Druck in Tübingen gesetzt, auf alterungsbeständiges Werkdruckpapier gedruckt und gebunden.

Vorwort

Im Zuge der Aufklärung hat sich seit dem 18. Jahrhundert die „Theologie des Neuen Testaments" als eine neue Literaturgattung etabliert. Die Implikationen der Entstehungssituation prägen die Ausarbeitungen des literarischen Genres bis in die Gegenwart. Signifikant ist dabei die historische Ausrichtung der Darstellungen zur Theologie des Neuen Testaments. Teilweise steht die Intensität der historischen Bemühung in einem geradezu umgekehrt proportionalen Verhältnis zum Ertrag für die gegenwärtige theologische Gesamtverantwortung.

Die vorliegende Untersuchung richtet ihr Augenmerk auf den *theo*logischen Anspruch der Literaturgattung „Theologie des Neuen Testaments". Angesichts der Omnipräsenz des historischen Paradigmas fragt sie nach der theologischen Referenz der „Theologie des Neuen Testaments". Sie folgt darin dem Selbstverständnis der Schriften des Neuen Testaments, deren Autoren in ihren Werken von ihrer Gottesbindung kündeten.

Viele Entwürfe einer „Theologie des Neuen Testaments" dokumentieren demgegenüber ein Missverhältnis zwischen dem Reichtum ihrer historischen Erkenntnisse zu Glaube und Denken im Christentum des 1. und 2. Jahrhunderts und ihrer Armut im Blick auf den Gegenwartsaspekt der Gottesfrage. Dies drängt auf die Beantwortung der Frage, worin die spezifisch theologische Aufgabe der „Theologie des Neuen Testaments" jenseits historisch-philologischer Einsichten besteht und wie ihr im engeren Sinne theologischer Beitrag zur Theologie als Ganzer zu bestimmen ist.

Der Versuch, dazu Klärendes beizusteuern, führt notwendigerweise auf die Felder der Theologiegeschichte und der Systematischen Theologie. Ein solches Überschreiten der Grenzen des eigenen Fachgebiets birgt die Gefahr offener Flanken in sich. Für das weitere Gespräch zur Rolle einer Literaturgattung, die über lange Zeit die Königsdisziplin des Faches Neues Testament gewesen ist, ist ein solches Risiko freilich kaum zu vermeiden.

Für die Hilfe bei der Anfertigung der Druckvorlage danke ich meinem Wissenschaftlichen Mitarbeiter, Herrn Privatdozent Dr. Nils Neumann, für die Erstellung des Literaturverzeichnisses und der Register meiner studentischen Mitarbeiterin Sarah Reinemann.

Herrn Dr. Henning Ziebritzki bin ich für sein Interesse an dem Buchprojekt und die Aufnahme in das Verlagsprogramm dankbar. Seine Hinweise zu einzelnen Passagen waren mir wertvolle Anregungen. Herr Simon Schüz hat mit großer Aufmerksamkeit zu einem stimmigen äußeren Erscheinungsbild beigetragen. Ihm und den weiteren Mitarbeiterinnen und Mitarbeitern im Verlag Mohr Siebeck gilt mein Dank für die sorgfältige Herstellung des Buches.

Kassel, im Mai 2014 *Paul-Gerhard Klumbies*

Inhalt

Thema und Vorgehensweise

Die Literaturgattung „Theologie des Neuen Testaments" steht traditionell vor einer Doppelaufgabe. Einerseits hat sie die theologischen Denkbewegungen, die im Neuen Testament angestellt werden, im Zusammenhang zu entfalten und andererseits die theologische Gesamtbedeutung des Neuen Testaments als der für Glaube und Kirche normativen Urkunde darzulegen. Im Fächer- und Bücherkanon der wissenschaftlichen Theologie bildet die „Theologie des Neuen Testaments" neben der „Einleitung in das Neue Testament" die zweite Säule, die die Resultate der wissenschaftlichen Erforschung des Neuen Testaments festhält. Im Unterschied zur Einleitungswissenschaft kommt ihr über die Präsentation historischer Einsichten hinaus die Aufgabe zu, den theologischen Ertrag der Auslegung des Neuen Testaments für das Ganze der Theologie zu sichern. Unmittelbarer als die anderen Teildisziplinen neutestamentlicher Wissenschaft trägt das literarische Genre der „Theologie des Neuen Testaments" dazu bei, das Fach „Neues Testament" in die Gesamtaufgabe der Theologie einzubinden. Der Beitrag der Literaturgattung liegt darin, die theologischen Impulse, die aus dem Neuen Testament resultieren, dem Anliegen der Theologie, gültige Aussagen über die Offenbarung Gottes in Jesus Christus zu formulieren, zuzuführen.

Als Literaturgattung besitzt die „Theologie des Neuen Testaments" eine Geschichte, die in die Anfänge neuzeitlicher kritischer Exegese zurückführt. Im Zuge der Aufklärung sind in die neu entstehenden wissenschaftlichen Literaturgattungen „Einleitung" und „Theologie" Vorentscheidungen eingegangen, die den Teilbereich „Theologie des Neuen Testaments" innerhalb der Fachdisziplin Neues Testament bis in die Gegenwart prägen.

Das Ziel der hier angestellten Untersuchung ist keine forschungsgeschichtliche Übersichtsdarstellung der vorliegenden Monographien zur „Theologie des Neuen Testaments". Vielmehr werden eine Reihe zentraler Prämissen, die seit dem 18. Jahrhundert auf die Ausbildung des literarischen Genus „Theologie des Neuen Testaments" eingewirkt haben, in Erinnerung gerufen. Die Absicht ist die Vergegenwärtigung der bis in die Gegenwart nachwirkenden und in Geltung stehenden Denkvoraussetzungen, die in den vorgelegten Entwürfen und Einzelausarbeitungen ihren Niederschlag gefunden haben. Nachgespürt wird auch Axiomen, die – vielleicht, weil sie in 250 Jahren so verinnerlicht wurden, dass sie im Zuge dieser Aneignung unsichtbar geworden sind – nicht so häufig ins Bewusstsein gehoben werden, wie es im Interesse der Sache notwendig ist. Sichtbar gemacht werden sollen damit auch die selbst gesteckten Grenzen, die dem literarischen Genre innewohnen. Die Tatsache, dass das Fach Neues Testament mitsamt seiner Königsdisziplin, der „Theologie", seine Kompassfunktion für die Theologie insgesamt eingebüßt zu haben scheint, könnte damit zusammenhängen, dass durch die pure Fortschreibung scheinbar selbstverständlicher, jedenfalls nicht ausdrücklich problematisierter Implikationen sich das Innovationspotential der Disziplin erschöpft und diese selbst an Attraktivität eingebüßt hat.

Hingewirkt werden soll mit der vorliegenden Darstellung auf die Stärkung und Betonung des theologischen Anspruchs der Gattung „Theologie des Neuen Testaments". Ob eine „Theologie des Neuen Testaments" *theologisch* durchgeführt wird, hängt davon ab, inwieweit der Gottesbezug, der für die Autoren der frühchristlichen Dokumente konstitutiv ist, auch den Orientierungspunkt für die moderne Interpretation abgibt. Dazu gilt es, dem inhärenten Selbstverständnis und Anliegen dieser Schriften Geltung zu verleihen, Gott als Gott zur Sprache zu bringen.

Das erste Kapitel des Buches setzt mit der Phase des Durchbruchs der historischen Methode zum Grundlagenparadigma der Bibelwissenschaft ein. Mit dem faktischen Alleingeltungsanspruch, den dieser methodische Zugang seit dem 18. Jahrhundert in der bibelwissenschaftlichen Forschung erlangt hat, ist die Frage nach der Relation von historischer Erkenntnis und dogmatischem Anspruch aufgeworfen. Die Notwendigkeit einer reflektierten Verhältnisbestimmung von Deskriptivität und Normativität ist virulent, sofern und solange die Bibelwissenschaft an der theologischen Gesamtaufgabe partizipieren will, Offenbarung als Offenbarung unter dem Gesichtspunkt des gegenwärtigen Wirkens Gottes auszusagen. Kapitel zwei führt zwecks Erhellung der Herkunft der literarischen Gattung „Theologie des Neuen Testaments" an den Ursprungsort der Gattung in der Aufklärungszeit zurück. Dabei geht es insbesondere darum, die Weichenstellungen zu benennen, die sich als *theologisch* folgenreich erwiesen haben. Ziel ist es, die häufig unausgesprochenen Prämissen des literarischen Genres „Theologie des Neuen Testaments" durchschaubar zu machen. Zu diesem Zweck werden die der Literaturgattung „Theologie des Neuen Testaments" zu Grunde liegenden historischen und theologischen Voraussetzungen ebenso zur Sprache gebracht wie die zeitgeschichtlichen Kontexte, die das Geschichtsverständnis seit dem 18. Jahrhundert maßgeblich geprägt haben. Das dritte Kapitel zeichnet nach, wie im Gleichklang mit den geistigen Entscheidungen seit dem 18. Jahrhundert die exegetischen Methoden entwickelt und etabliert wurden, die bis in die Gegenwart Anwendung finden. Dabei wird ein besonderes Augenmerk auf die Verschiebungen gerichtet, die die Exegese seither in dem Dreieck zwischen Autor, Text und Leserschaft vorgenommen hat. Die Wandlungen, die sich mit der Ersetzung des inspirierten Autors des Gotteswortes durch den geistreichen Verfasser antiker religiöser Quellen verbinden, und die allmähliche Verlagerung des Fokus auf die Rezeption durch den schöpferischen Textinterpreten bzw. die Interpretin sowie die Bemühungen um die Bestimmung des Eigenwertes des Textes als Werk stehen im Mittelpunkt der Beobachtungen von Kapitel vier. Die Veränderungen, die hier im Fortgang der Forschung festzustellen sind, führen unmittelbar zu der Frage bzw. Aufgabe der Gegenstandskonstitution. Diese richtet sich gleichzeitig sowohl auf das Verständnis von historischer Referentialität als auch auf den Status der Texte, die von „Geschichte" zeugen. Die mediale Aufbewahrung von Geschichte in Texten zieht neben dem Interesse an den überlieferten Inhalten zwangsläufig die Frage nach dem angemessenen Umgang mit dem Medium „Text" nach sich. Kapitel fünf untersucht daher einerseits die Frage nach der Gegenstandskonstitution im geschichtstheoretischen Diskurs und widmet sich andererseits den erzähltheoretischen Implikationen, die mit der narrativen Präsentation geschichtlicher Begebenheiten verbunden sind. Daran anknüpfend beleuchtet Kapitel sechs in grundsätzlicher Weise das Verhältnis von Narrativität und begrifflich entfalteter Theologie und problematisiert die im Laufe der Theologiegeschichte vorgenommene Ausgliederung des Mythos aus der theologischen Reflexionssprache. Kapitel sieben skizziert die Veränderungen in der Bewertung von Mythos und Rationalität in der gegenwärtigen Diskussionslage. Das achte Kapitel schlägt als Perspektive für künftige Ausarbeitungen der „Theologie des Neuen Testaments" ein ausbalanciertes Verhältnis zwischen einem vergangenheitsorientierten deskribierend-historischen Verfahren und einer gegenwartsbezogenen Ausrichtung vor, deren Referenzpunkt der systematisch-theologische Diskurs bildet. In der Sache handelt es sich um ein Votum für die Wiedergewinnung der theologischen Eigendignität der literarischen Gattung „Theologie des Neuen Testaments". Kapitel neun widmet sich der Frage, welche Autorität der theologisch motivierten Kanonabgrenzung zukommt. Das Schlusskapitel zehn zielt auf die

Bestimmung der Theologie als Wissenschaft im Verhältnis zu anderen Wissenschaften. Die Sonderstellung der Theologie im Spektrum der universitären Disziplinen, die das Fach bei großen gemeinsamen Schnittmengen auch in die Differenz zu religionswissenschaftlicher Neutralität und religionsgeschichtlicher Relativität stellt, wird als Chance für die außertheologischen Wissenschaften formuliert, ihre eigene Axiomatik deutlicher in den Blick zu bekommen.

Die zehn Kapitel in ihrer Gesamtheit umreißen die Themenfelder, die in der gegenwärtigen Diskussionslage nach rund 250 Jahren Wissenschaftsgeschichte der „Theologie des Neuen Testaments" den Horizont für künftige Ausarbeitungen dieser literarischen Gattung markieren. Die Rückbesinnung auf die eigene Herkunft im Rahmen der Theologiegeschichte und die Bereitschaft zu einer theologischen Positionierung unter den veränderten zeitgeschichtlichen Bedingungen bilden die Grundlagen dafür, dass die „Theologie des Neuen Testaments" ihren Beitrag zur Wahrnehmung theologischer Verantwortung im Rahmen der Theologie als Ganzer leistet. In ihrer Gesamtheit stellt die vorliegende Studie ein Plädoyer für die Rückbesinnung auf das Theologische innerhalb der Literaturgattung „Theologie des Neuen Testaments" dar.

Zur Terminologie ist voranzuschicken, dass im Folgenden auf den Ausdruck *„neutestamentliche* Theologie" weitgehend verzichtet wird. Der Grund liegt darin, dass es in der Darstellung um den Gottesbezug, d.h. die theologische Dimension der Theologie des Neuen Testaments im engeren Sinne geht. Da die Bezeichnung „neutestamentlich" – wie *strictu sensu* auch der Terminus „Neues Testament" – mit den in späterer Zeit vollzogenen Kanonisierungsprozessen verknüpft ist, wird zur Vermeidung einer anachronistischen Terminologie die theologische Ausrichtung auf andere Weise zu formulieren versucht. Gewiss bestehen zwischen der Rede von einer „neutestamentlichen" und einer „theologischen" Theologie große Schnittmengen.[1] In der vorliegenden Darstellung wird jedoch vor allem darauf abgehoben, dass „die Theologie" nicht erst im Zusammenhang der Kanonisierung in die zum „Neuen Testament" zusammengeführten Schriften „hineingekommen" ist. Unabhängig von den späteren theologisch motivierten Kanonisierungsvorgängen ist die theologische Dimension bereits integraler Bestandteil der christlichen Literatur des 1. und 2. Jahrhunderts.

[1] Vgl. dazu u. die Kapitel 8 und 9. In einigen Fällen wird daher in diesem Buch „neutestamentlich" synonym zu „theologisch" verwendet.

Nicht das Wort geredet wird also einer Aufhebung der Kanongrenze *aus historisch-relativierenden Gründen* unter der Perspektive einer von Kirchen- und Glaubensinteressen freien Darstellung der „Religion des Urchristentums“. Die Alternative heißt nicht „historische“ oder „kanonische“ Auslegung. Sollen die Ebenen vergleichbar bleiben, ist die „Theologie des Neuen Testaments“ nicht durch eine historisch ausgerichtete „Religionsgeschichte des Frühchristentums“ zu ersetzen, sondern unter theologischem Gesichtspunkt als „theologische Theologie des frühen Christentums“ zu realisieren, und dieses Vorgehen ist nicht an die traditionellen Grenzen des Kanons gebunden.

1. Die Literaturgattung „Theologie des Neuen Testaments“

1.1 Theologie des Neuen Testaments als literarisches Genus – eine Problemanzeige

Die Literaturgattung „Theologie des Neuen Testaments“ wirkt eigentümlich „ausgeschrieben“. Es scheint, als habe sich das literarische Genre nach über zweihundert Jahren erschöpft. Dieser Eindruck drängt sich insbesondere auf, wenn man die auf Rudolf Bultmanns epochales Werk[1]aus der Mitte des 20. Jahrhunderts folgenden Entwürfe hinsichtlich ihrer Eigenständigkeit und Originalität betrachtet. Diese bleiben entweder weitgehend in den von Bultmann vorgezeichneten Bahnen.[2] Oder sie suchen ihren Platz neben dessen Werk und zeigen noch in der Formulierung ihrer Selbstständigkeit den prägenden Einfluss seiner Vorgaben.[3] Aber auch jenseits der durch Bultmann gesetzten Standards fallen bei den in der jüngeren Zeit vorgelegten Ausarbeitungen die „weit reichenden Schnittmengen und methodischen Kongruenzen“ auf.[4] Angesichts der Tatsache, dass es sich bei der „Theologie des Neuen Testaments“ um die Königsdisziplin der neutestamentlichen Wissenschaft handelt, ist nach den möglichen Ursachen solcher Erschöpfung zu fragen.

Die „Theologie des Neuen Testaments“ als Literaturgattung existiert neben ihrer prominenten Schwester, der „Einleitung“ als Textsorte seit der

---

[1] R. Bultmann, Theologie des Neuen Testaments, Tübingen 1948–53 in erster Auflage erschienen, zuletzt Tübingen [9]1984.

[2] Vgl. etwa H. Conzelmann, Grundriß der Theologie des Neuen Testaments, München 1967.

[3] L. Goppelt, Theologie des Neuen Testaments, Göttingen [3]1976, und J. Jeremias, Neutestamentliche Theologie, Gütersloh 1971, besetzen mit ihren an die „Heilsgeschichte“ bzw. den irdischen Jesus gebundenen Theologien die Orte im geistigen Raum, die als Alternative zu Bultmanns Entwurf freiblieben.

[4] So R. von Bendemann, „Theologie des Neuen Testaments“ oder „Religionsgeschichte des Frühchristentums“?, VF 48 (2003), 3–28, 24, in seiner instruktiven Darstellung neuerer Entwürfe.

Wende vom 18. zum 19. Jahrhundert. Den Anstoß zu ihrer Entstehung gaben Einsichten, die aus dem Einzug der Aufklärung in die Theologie resultierten. Im Laufe der Zeit ist die Gattung „Theologie des Neuen Testaments“ einem stetigen Wandel unterzogen gewesen. Für die Gegenwart ist festzustellen, dass inzwischen im Zuge einer weit reichenden Ausdifferenzierung des thematischen Gegenstands statt von *der* „Theologie des Neuen Testaments“ in der Sache von „Theologien im Neuen Testament“ gesprochen wird.[5] Die damit suggerierte Pluralität besteht freilich nur vordergründig.

Der immer stärker detailorientierte Ausbau der Disziplin resultiert zwar aus den Voraussetzungen der Gattung im 18. Jahrhundert und ist insofern als konsequente Fortschreibung des inhärenten Ansatzes zu verstehen; denn die immer weitere Ausdifferenzierung verdankt sich dem historischen Verfahren und der aus dem 18. Jahrhundert stammenden historischen Methode.[6] Aber die Folgen und Langzeitwirkungen dieses Ansatzes waren für die Theologie in der Aufklärungszeit noch nicht zu übersehen. Obwohl die Ausbildung und Entwicklung der Literaturgattung „Theologie des Neuen Testaments“ auf das insbesondere im 19. Jahrhundert breite Geltung erlangende historische Paradigma zurückgeht, zielte die Gattung innerhalb der neutestamentlichen Wissenschaft keineswegs auf eine unausgesprochene Ablösung der Theologie durch die Geschichtswissenschaft. *De facto* ist freilich das theologische durch das historische Paradigma weitgehend substituiert worden[7] und die Entwürfe des ausgehenden 20. und beginnenden 21.

---

[5] Eine parallele Entwicklung wird im Blick auf die Darstellung der Geschichte des Urchristentums in der Formulierung „Geschichte der frühen Christentümer“ bei F. Vouga, Geschichte des frühen Christentums, Tübingen/Basel 1993, 15, sichtbar. Die erkenntnisleitende Bedeutung des Pluralitätsgedankens und das Bewusstsein, dass die Zugänge zur neutestamentlichen Theologie perspektivenabhängig sind, spiegelt sich auch in dem in der deutschsprachigen Tradition des literarischen Genres ungebräuchlichen unbestimmten Artikel im Titel der französischsprachigen Arbeit von F. Vouga, Une théologie du Nouveau Testament, Le Monde de la Bible 43, Genève 2001. Vgl. jedoch auch die Verwendung des unbestimmten Artikels im Titel des Sammelbandes von C. Breytenbach/J. Frey (Hg.), Aufgabe und Durchführung einer Theologie des Neuen Testaments, WUNT 205, Tübingen 2007.

[6] Vgl. M. Murrmann-Kahl, Die entzauberte Heilsgeschichte. Der Historismus erobert die Theologie 1880–1920, Gütersloh 1992, 75–131.

[7] Vgl. als ein Beispiel K. Berger, Theologiegeschichte des Urchristentums. Theologie des Neuen Testaments, Tübingen [2]1996. T. Söding, Der theologische Anspruch der Heiligen Schrift im Fokus des Neuen Testaments, in: C. Landmesser/A. Klein (Hg.), Der Text der Bibel. Interpretation zwischen Geist und Methode, Neukirchen-Vluyn 2013, 13–34, 16: „Die Exegese, wie sie sich nach dem Humanismus und der Aufklärung im Westen herausgebildet hat, setzt … viel auf die historische Karte … .“

Jahrhunderts legen davon Zeugnis ab.[8] Weitgehend wird inzwischen die Theologie des Neuen Testaments als Geschichte des frühen Christentums entfaltet.[9] Dadurch gerät die Gattung „Theologie des Neuen Testaments" in das Dilemma, dass angesichts der Dominanz des Historischen ihr theologisches Spezifikum teilweise nur mit Mühe zu erkennen ist.

In der gegenwärtigen Forschung ist zu beobachten, dass die Literaturgattung „Theologie des Neuen Testaments" mehr und mehr als ein Rahmen verwendet wird, in den die jeweils aktuellen primär historischen Einzelergebnisse der neutestamentlichen Exegese eingefügt werden, so dass die Grenzen zwischen den literarischen Gattungen „Einleitung in das Neue Testament" und „Theologie des Neuen Testaments" fließend geworden sind.[10] Das literarische Genre „Theologie des Neuen Testaments" dient dabei als ein Struktur-

---

[8] J. Schröter, Religionsgeschichte des Urchristentums statt Theologie des Neuen Testaments? Begründungsprobleme in der neutestamentlichen Wissenschaft, BThZ 16 (1999), 3–30, 7, kritisiert an den Entwürfen von Berger, Theologiegeschichte, sowie J. Gnilka, Theologie des Neuen Testaments, HThK.S 5, Freiburg u. a. 1994, und G. Strecker, Theologie des Neuen Testaments, hg. v. F. W. Horn, Berlin/New York 1996, zu Recht, dass hier „die Frage, was eigentlich eine ‚Theologie des Neuen Testaments' von einer Deskription der einzelnen theologischen Entwürfe des frühen Christentums … – und mithin von einer Theologie- oder Religionsgeschichte – unterscheidet", nur randhaft behandelt wird. W. Pratscher, Theologiegeschichte des Urchristentums versus Theologie des Neuen Testaments. Anmerkungen zu Klaus Berger und Walter Schmithals, Wiener Jahrbuch für Theologie Bd. 2 (1998), Wien 1998, 349–366, 362, zieht in seiner Besprechung von Berger, Theologiegeschichte, und W. Schmithals, Theologiegeschichte des Urchristentums. Eine problemgeschichtliche Darstellung, Stuttgart/Berlin/Köln 1994, das Fazit, dass in den theologiegeschichtlichen Entwürfen im Unterschied zu den Anforderungen an eine Theologie des Neuen Testaments „die Frage nach der Einheit des Neuen Testaments fehlt".

[9] Vgl. U. Luz, Kann die Bibel heute noch Grundlage für die Kirche sein? Über die Aufgabe der Exegese in einer religiös-pluralistischen Gesellschaft, NTS 44 (1998), 317–339, 326: „Neutestamentliche Theologien wurden mehr und mehr zu einer Geschichte der Theologien des Urchristentums." Vgl. übereinstimmend auch J. Schröter, Die Bedeutung des Kanons für eine Theologie des Neuen Testaments. Konzeptionelle Überlegungen angesichts der gegenwärtigen Diskussion, in: C. Breytenbach/J. Frey (Hg.), Aufgabe und Durchführung einer Theologie des Neuen Testaments, WUNT 205, Tübingen 2007, 135–158, 143.

[10] Als Ursache für die Nähe beider Gattungen zueinander verweist H. J. Holtzmann, Lehrbuch der neutestamentlichen Theologie in zwei Bänden, zweite neu bearbeitete Auflage hg. v. A. Jülicher und W. Bauer, Erster Band, Tübingen 1911, 7, auf den gemeinsamen Ablösungsvorgang von der Dogmatik und der Hinwendung zur „historisch-kritischen Bibelforschung" in der Übergangsphase vom 18. zum 19. Jahrhundert. Vgl. paradigmatisch für die Weiterwirkung dieser Entwicklung die gegenwärtigen Entwürfe von F. Hahn, Theologie des Neuen Testaments, Band I und II, Tübingen 2002 und U. Schnelle, Theologie des Neuen Testaments, Göttingen 2007.

prinzip, das einer Vielzahl von Details Platz bietet. Innerhalb des Rahmens sind Variationen sowohl hinsichtlich der Ausgangspunkte der Darstellung als auch im Blick auf die Auswahl und Anordnung der behandelten Stoffe erkennbar. Die Unterschiede zwischen den einzelnen Entwürfen resultieren aus den divergierenden Denktraditionen und Schulrichtungen, denen die Verfasser verpflichtet sind.[11] Faktisch ist die literarische Gattung „Theologie des Neuen Testaments“ zu einer Art Kompendium historisch-kritisch gewonnener Resultate geworden,[12] die traditionellerweise zu großen Teilen im Rahmen der Einleitungswissenschaft mitbehandelt bzw. dort gewonnen worden sind. Dabei hat die Gattung „Theologie des Neuen Testaments“ als Ganze trotz der Variationsvielfalt in den Einzelheiten ihre Stabilität bewahrt.

---

[11] M. Murrmann-Kahl, Strukturprobleme moderner Exegese. Eine Analyse von Rudolf Bultmanns und Leonhard Goppelts ‚Theologie des NT‘, Beiträge zur rationalen Theologie 5, Frankfurt a. M./Berlin/Bern 1995, kritisiert anhand der Entwürfe Bultmanns und Goppelts, dass die theologische Einheit, die angesichts der Vielfalt und Differenzen der neutestamentlichen Texte als Grundlage für deren gegenwärtige Normativität geltend gemacht werde, vorgängigen hermeneutischen Prinzipien und nicht den Texten als solchen entspringe (10–11.23.80–85). Dieser Vorgang münde in eine „Beliebigkeit“, die in der „Pluralität von ‚Theologien des ...‘“ (84) sichtbar werde. Die Kritik, dass der „Geltungsanspruch“ der Texte nicht diesen selbst, sondern einem unterlegten „hermeneutische(n) Prinzip“ (85) entstamme, errichtet allerdings ein Objektivitätsideal, das so nicht (mehr) vertreten wird. In der gegenwärtigen exegetischen Diskussion werden nicht länger idealtypisch die scheinbar „objektive“ historische Rekonstruktion und die bewusstseinsabhängige systematisch-theologische Konstruktion nebeneinandergestellt. Auch ist durchweg anerkannt, dass der exegetisch-historische Zugriff selbst auf einem vom Vorverständnis geleiteten bewusstseinsabhängigen Konstruktionsakt beruht. Vgl. R. Morgan, Made in Germany: Towards an Anglican Appropriation of an Originally Lutheran Genre, in: C. Breytenbach/J. Frey (Hg.), Aufgabe und Durchführung einer Theologie des Neuen Testaments, Tübingen 2007, 85–114, 86, der mit Selbstverständlichkeit darauf hinweist, dass der theologische Charakter der neutestamentlichen Theologie nicht einfach den Texten selbst entspringt, sondern auch den Zielen der Interpreten. Im Einzelnen vgl. u. Kapitel 2.2.1 Die Historisierung der Biblischen Theologie durch Johann Philipp Gabler; 3.2 Exegese als Interpretationsvorgang; 4.2 Text und Interpretation und 5.2 Gegenstandskonstitution und historische Referentialität.

[12] Insofern ist die Forderung konsequent zu nennen, im Zuge einer wissenschaftlichen Behandlung des Neuen Testaments auf einen theologischen Anspruch ganz zu verzichten und das Genre „Theologie des Neuen Testaments“ in ein religionsgeschichtliches bzw. religionswissenschaftliches Paradigma umzuschmelzen. So im Gefolge von W. Wrede, Über Aufgabe und Methode der sogenannten neutestamentlichen Theologie, in: G. Strecker (Hg.), Das Problem der Theologie des Neuen Testaments, WdF 367, Darmstadt 1975 (ursprgl. 1897), 81–154, programmatisch H. Räisänen, Neutestamentliche Theologie? Eine religionswissenschaftliche Alternative, SBS 186, Stuttgart 2000. Räisänen selbst würdigt G. Theißen, Die Religion der ersten Christen. Eine Theorie des Urchristentums, Gütersloh 2000, als einen Versuch, Wredes Programm konsequent umzusetzen (Neutestamentliche Theologie?, 62–66).

Zu beobachten ist, dass zwischenzeitlich jedoch das Spektrum der inhaltlichen Ausdifferenzierungsmöglichkeiten weitgehend ausgeschöpft zu sein scheint. Hinter den Variationen, die sich aus dem Fortgang der Forschung ergeben, kündigt sich das Problem struktureller Wiederholungen an.[13]

Ein Grund für dieses Phänomen liegt darin, dass die Verfasser neutestamentlicher Theologien bei ihren Bezügen auf bereits vorliegende Werke unabhängig davon, ob diese aus Anknüpfungen oder Abgrenzungen bestehen, an geistigen Prämissen partizipieren, die mit der Entstehungssituation und den Voraussetzungen der „Theologie des Neuen Testaments" im Ansatz verbunden sind. Angesichts der Stagnation im Bereich der neutestamentlichen Theologie legt sich die Auseinandersetzung mit den Anfängen und Grundlagen der Disziplin „Theologie des Neuen Testaments" im Zeitalter der Aufklärung nahe.

1.2 Historische Dokumente mit theologischem Anspruch

Zwischen dem historischen Verständnis des Neuen Testaments als einer Sammlung frühchristlicher Schriften des 1. und 2. Jahrhunderts und dem Neuen Testament als einer theologischen Größe mit normativem Anspruch ist bekanntermaßen zu unterscheiden. Die Wahrnehmung und Behandlung des Neuen Testaments als einer kontingenten Zusammenstellung frühchristlicher Schriften der ersten beiden Jahrhunderte verweist auf einen in der Aufklärung vollzogenen grundsätzlichen Wechsel des theologischen Paradigmas. In dem Augenblick, in dem anstelle der lange selbstverständlichen Rezeption als kanonische Offenbarungsurkunde das aus Einzelteilen zusammengesetzte historische Werk an die Stelle der theologischen Einheit „Neues Testament" trat, fand eine Qualitätsverschiebung statt. Dieser Vorgang wird in den vorliegenden Entwürfen einer „Theologie des Neuen Testaments" in der Regel wenig oder nur beiläufig reflektiert.[14] Sachlich stellt er vor die Frage nach der Einheit inmitten historischer Vielfalt.[15]

---

[13] Vgl. dazu etwa die unten in Kapitel 3.1.2 dargestellten Ansätze der historischen Jesusforschung. Zu den theologiegeschichtlichen Parallelen in der deutschsprachigen evangelischen und katholischen Exegese sowie in der amerikanischen Forschung vgl. u. Kapitel 3.1.4.

[14] Hahn, Theologie, widmet in seinem mehr als 1700 Seiten umfassenden Gesamtwerk den in den Aufklärung vorgenommenen Entscheidungen insgesamt gerade eine Seite: Band I, Seite 2. Eine Ausnahme stellt U. Wilckens, Theologie des Neuen Testaments, Band I/II, Neukirchen-Vluyn 2002–2009, dar, vgl. etwa ebd. I/1, 14–15.21–25.

[15] Vgl. J. Frey, Zum Problem der Aufgabe und Durchführung einer Theologie des

Eine in forschungsgeschichtlicher Hinsicht eigentümliche Erscheinung liegt darin, dass die Literaturgattung „Theologie des Neuen Testaments" eine im Wesentlichen deutsche Angelegenheit war und geblieben ist. Im englischen, amerikanischen und französischen Sprachraum hat sie keine eigene Tradition entwickelt und dort erst durch die internationalisierten Forschungsbeziehungen der letzten Jahrzehnte – zunächst häufig durch Übersetzungen aus dem Deutschen – Fuß gefasst.[16] Dies hat einerseits mit den unterschiedlichen konfessionellen Hintergründen und den daraus resultierenden andersartigen Wissenschaftstraditionen in der Theologie zu tun. Andererseits spiegelt es die Tatsache wider, dass die evangelische Theologie in Deutschland sich nicht primär durch die Abgrenzung gegenüber der Aufklärung definiert hat, sondern ihre führenden Vertreter bereits seit der Mitte des 18. Jahrhunderts in eine konstruktive Auseinandersetzung mit den geistigen Impulsen der Aufklärung eingetreten sind.[17] Dies wurde dadurch befördert, dass der Status der Bibelwissenschaft seit der lutherischen Reformation in der evangelischen Theologie und den evangelischen Kirchen ein anderer gewesen ist als in der anglikanischen und der katholischen Kirche. Da nach traditioneller evangelischer Auffassung die entscheidenden dogmatischen Aussagen aus der Bibel gewonnen werden und die Heilige Schrift die *norma normans* der Dogmatik darstellt, besitzt herkömmlicherweise innerhalb der evangelischen Theologie die Bibelwissenschaft ein *prae* gegenüber der Dogmatik, während in der katholischen Tradition die Entscheidungen über die Glaubenslehre durch das kirchliche Lehramt und in der Dogmatik getroffen werden.

Die Formulierung „Theologie des Neuen Testaments" ist eine zweideutige Bezeichnung. Sie lässt offen, ob von den im Neuen Testament selbst erhaltenen theologischen Entwürfen oder der wissenschaftlich-theologischen Literaturgattung „Theologie des Neuen Testaments"[18] die Rede ist. Sie lässt da-

---

Neuen Testaments, in: C. Breytenbach/J. Frey (Hg.), Aufgabe und Durchführung einer Theologie des Neuen Testaments, WUNT 205, Tübingen 2007, 3–53, 15–17.

[16] Vgl. Morgan, Made in Germany, 85–86.90; vgl. Frey, Problem der Aufgabe, 4–5.

[17] Vgl. die Darstellung von A. Beutel, Aufklärung in Deutschland, KIG 4, 02, Göttingen 2006.

[18] Zu der benannten Doppeldeutigkeit vgl. im Blick auf die Thematik einer Biblischen Theologie bereits G. Ebeling, Was heißt „Biblische Theologie"?, in: Ders., Wort und Glaube, Tübingen ³1967, 69–89, 69: „‚Biblische Theologie' ist ... kein eindeutiger Begriff. Er bedeutet entweder: ‚die in der Bibel enthaltene Theologie', ‚die Theologie der Bibel selbst' oder: ‚die der Bibel gemäße, die schriftgemäße Theologie'." Vgl. auch O. Merk, Biblische Theologie des Neuen Testaments in ihrer Anfangszeit. Ihre methodischen Probleme bei Johann Philipp Gabler und Georg Lorenz Bauer und deren Nachwir-

rüber hinaus auch ungeklärt, ob die jeweils avisierte „Theologie" die neutestamentlichen Entwürfe in historischer Perspektive rekapituliert oder sie unter Wahrung von deren Selbstverständnis, die Offenbarung Gottes weiterzuvermitteln, als einen theologischen Gegenstand ins Auge fasst. Tendenziell ist eine Diskrepanz zwischen dem Bemühen der frühchristlichen Schriftsteller, von Gott selbst zu reden, und den Interpretationen der modernen Ausleger festzustellen, die sich auf die Schriftstücke richten, in denen die Aussagen der antiken Verfasser über Gott erhalten geblieben sind. Pointiert gesprochen reden die wissenschaftlichen Exegetinnen und Exegeten nicht von Gott, sondern vom Gottesverständnis ihrer Quellentexte.[19] Die Distanzierung von der theologischen Sache im engeren Sinn kann geradezu die Voraussetzung der Arbeit sein, zumindest wird sie nicht als Störung wahrgenommen. Die Umdeklarierung der Theologie des Neuen Testaments zu einer historischen Disziplin hat die Aufgabe der gegenwärtigen theologischen Verantwortung bzw. Auskunftspflicht von der Auslegung der neutestamentlichen Schriften separiert: „Christian theologians might as believers want to change their modern world; biblical scholars as historians seek to understand the ancient one."[20]

In der gegenwärtigen Forschungssituation ist es zu Mischformen zwischen der „Theologie des Neuen Testaments" als einer Gesamtdarstellung mit theologischem Anspruch und einer „Theologie des Neuen Testaments" als einem *Œuvre*, das historische Auskünfte über die theologischen Selbstverständnisse der im Neuen Testament versammelten Werke und ihrer Schriftsteller erteilt, gekommen. Tendenziell ist, selbst wenn dies nicht ausdrücklich beabsichtigt ist, die Ausarbeitung einer „Theologie des Neuen

kungen, MThSt 9, Marburg 1972, 7. Letztlich geht die Unterscheidung bereits auf Wrede, Neutestamentliche Theologie, 153, zurück. Wrede interessiert sich jedoch nicht für die theologische Seite. Darauf weist H. Hübner, Biblische Theologie des Neuen Testaments, drei Bände, Band 1 Prolegomena, Göttingen 1990, 23–24, hin. „Der Name ‚biblische Theologie' bedeutet ursprünglich nicht eine Theologie, welche die Bibel hat, sondern die Theologie, welche biblischen Charakter hat, aus der Bibel geschöpft ist. Das kann uns gleichgültig sein." (Wrede, Neutestamentliche Theologie, 153).

[19] Vgl. Morgan, Made in Germany, 87.

[20] So Morgan, Made in Germany, 87, unter Verweis auf Wredes Anliegen. Zutreffend benennt Morgan die Differenz zwischen den neutestamentlichen Schriftstellern und ihren modernen Auslegern: „Clearly the New Testament authors themselves expect the gospel to change the world, but when their first-order talk of God ist described by modern critical historians these scholars need not themselves be engaging in religious discourse. They are doing history of religion, not … *theology* in a confessional sense, i. e. speaking of God." (Ebd.).

Testaments“ in der praktischen Durchführung mehr zu einem historischen als zu einem theologischen Unterfangen geworden.[21]

Gegenüber diesem Verfahren ist einzuwenden, dass damit eine neuzeitliche Wahrnehmung über die Texte gelegt wird, die dem Selbstverständnis ihrer antiken Verfasser nicht entspricht. Die historische Darstellung liest die verschrifteten sprachlichen Relikte von Christen des 1. und 2. Jahrhunderts als Sprachäußerungen, die ihrem Selbstverständnis nach von erlebter Gottesoffenbarung handeln. Sie bleibt insofern auf der sprachlichen Außenseite der Textdokumente, als sie gegenüber der Frage nach dem Gottesbezug in den Aussagen in der deskribierenden Distanz verharrt. Die theologische Bearbeitung steht dagegen unter dem Anspruch, einen Zugang zu dem Geschehen der Offenbarung als Offenbarung zu suchen.[22] Sie zielt auf die Auslegung der neutestamentlichen Texte in theologischer Verantwortung und fragt danach, wie „theologische Reflexion auf die Texte des Neuen Testaments zu beziehen ist“.[23] Soll das theologische Zentrum der antiken christlichen Texte adäquat erfasst werden, besteht die Aufgabe darin, den Gottesbezug, den die frühchristlichen Autoren zu erschließen suchten, unter den veränderten Bedingungen der Moderne zu eröffnen.

---

[21] Für den anglo-amerikanischen Bereich gilt dies nach Darstellung von MORGAN, Made in Germany, 89–92.101, noch eindeutiger.

[22] W.G. JEANROND, Text und Interpretation als Kategorien theologischen Denkens, HUTh 23, Tübingen 1986, 8, fordert dezidiert ein, „daß es erste Aufgabe ... christlicher Theologie ... sein muß, die Erschließung ihrer Texte auf mögliche Offenbarung hin genau zu bedenken.“

[23] E. REINMUTH, Diskurse und Texte. Überlegungen zur Theologie des Neuen Testaments nach der Moderne, BThZ 16 (1999), 81–96, 85.

2. Herkunft und Grundlagen der „Theologie des Neuen Testaments“

2.1 Geistige Entscheidungen der Aufklärungszeit

2.1.1 Etsi deus non daretur: Hugo Grotius

Der Grundsatz „etsi deus non daretur“, den Hugo Grotius 1625 in „De Iure Belli ac Pacis“ entwickelte, ist abgelöst von seinem juristischen Ursprungsort eineinhalb Jahrhunderte später im Zeitalter der Aufklärung zu einer allgemeinen geistigen Voraussetzung geworden.[1] Ursprünglich zur Sicherung des Naturrechts formuliert, das zwar „seinen Grund in Gott“[2] besitzt, aber der Sache nach auch unabhängig von Gott gilt, konnte der Gedanke in verselbstständigter Form zur faktischen Preisgabe der Rückbindung des Rechts an Gott führen und darüber hinaus dafür in Anspruch genommen werden, Wissenschaft unter Absehung wenn nicht Leugnung der göttlichen Wirksamkeit in der Welt zu betreiben.

Ein religionskritischer Impetus ist freilich nicht das erklärte Ziel und schon gar nicht das generelle Anliegen der Aufklärung. Eher hat die Erschöpfung durch das Zeitalter konfessionell begründeter Kriege und tiefgehender theologischer Zerstrittenheit zu dem Wunsch nach Verständigung jenseits der durch die Konfessionen und die Religion mitgebrachten und akzeptierten Kommunikationsbedingungen geführt.[3] Aufklärung ist in ge-

[1] Vgl. K. H. Rengstorf, Hugo Grotius als Theologe und seine Rezeption in Deutschland, in: H. Dollinger (Schriftleiter), Theologische, juristische und philologische Beiträge zur frühen Neuzeit, Schriftenreihe der Westfälischen Wilhelms-Universitat Münster Heft 9, Münster 1986, 71–83, 71.

[2] A. Messer, Geschichte der Philosophie vom Beginn der Neuzeit bis zum Ende des 18. Jahrhunderts, Wissenschaft und Bildung 108, Leipzig 1912, 15. Vgl. H. van Eikema Hommes, Hugo Grotius. Einige Betrachtungen über die Grundmotive seines Rechtsdenkens. Der Unterschied zu dem Rechtsdenken des Johannes Althusius, in: H. Dollinger (Schriftleiter), Theologische, juristische und philologische Beiträge zur frühen Neuzeit, Schriftenreihe der Westfälischen Wilhelms-Universität Münster Heft 9, Münster 1986, 56–70, 62.

[3] J. Lauster, Religion als Lebensdeutung. Theologische Hermeneutik heute, Darm-

schichtlicher Hinsicht „zunächst eine Antwort auf eine bestimmte Situation“.[4] Der Bezug auf die Vernunft entspringt der Suche nach einer allgemein anerkannten Grundlage sowohl zur Gestaltung der gesellschaftlichen und persönlichen Lebensverhältnisse als auch für die Religion selbst.[5] Die Aktivität des eigenen Denkens und die dazu gehörige Freiheit werden als Voraussetzung und Notwendigkeit erkannt, um der Unvernunft in Politik und Religion und dem herrschenden Aberglauben sowie den Vorurteilen entgegenwirken zu können. Das Streben nach Mündigkeit, der Wunsch nach rationaler Lebensbewältigung und die Sehnsucht nach Emanzipation führen nach Jahrhunderten eines vorwiegend theologischen Denkens zu einer Hinwendung zur Anthropologie.[6] Flankiert wurde diese Entwicklung im Bereich der Geisteswissenschaften von der breiten Hinwendung zur Geschichtswissenschaft und dem allgemeinen Aufstieg der historischen Disziplinen.

Bezogen auf den Bereich der Bibelwissenschaften konnten die Akzeptanz aufgeklärter Rationalität und der Anspruch auf vernunftgemäße Begründungszusammenhänge die Anwendung profaner Methoden auf einen Bibeltext erlauben, der aus der Singularität einer sakrosankten Glaubensgrundlage in den Status einer historischen Quelle neben anderen überführt worden war. Auf diese Weise war die Möglichkeit entstanden, eine allgemein anerkannte Methodik auf vernünftiger Grundlage in die Arbeit an der Bibel einzuführen.

2.1.2 Die Neubestimmung des Menschen im 18. Jahrhundert

Um das Jahr 1750 kommt es in anthropologischer Hinsicht zu einer veränderten Wahrnehmung der Situation, in der sich der Mensch befindet. Nach der Diagnose von O. Marquard liegt der Grund für diese Entwicklung im Scheitern der Leibnizschen Theodizee. Im Gefolge der daraus resultieren-

---

stadt 2005, 149, hält es für „nicht wenig wahrscheinlich, dass die Aufklärung ... eine kulturgeschichtliche Reaktion auf die großen Krisen des konfessionellen Zeitalters“ darstellt. Vgl. auch Wilckens, Theologie I/1, Kapitel 2.2 Die Theologie der Aufklärung als Folge der Kirchenspaltung, 2002, 19–21.

[4] W. Schneiders, Das Zeitalter der Aufklärung, München ²2001, 7.

[5] Gegen eine verkürzte Wahrnehmung der Aufklärung als Zerstörerin der Religion und „Motor der Entchristlichung“ wendet sich auch U. Barth, Säkularisierung und Moderne. Die soziokulturelle Transformation der Religion, in: Ders., Religion in der Moderne, 127–165, 138.

[6] Vgl. Schneiders, Zeitalter, 7–11.

den grundlegenden Veränderungen vollzieht sich eine „Neubestimmung des Menschen".[7]

G.W. Leibniz, der als erster die Theodizee zu einem eigenständigen Thema gemacht hat,[8] muss im Rahmen seines Konzepts von Rationalität und seiner Hochschätzung der Leistungsfähigkeit von Begriffen sich herausgefordert fühlen, das Übel zu erklären.[9] Sein Gedanke eines Prozesses gegen Gott in Sachen Übel der Welt macht den Menschen in der Rolle des Anklägers zur Prozesspartei. Gott gilt als der Angeklagte. Zu seiner Verteidigung kann vorgebracht werden, dass er im Rahmen seiner Möglichkeiten die beste aller möglichen Welten geschaffen hat. Das Übel in der Welt ist daneben ein in Kauf zu nehmender Begleitumstand.

Mit dieser Argumentation schleicht sich, laut Marquard, freilich eine prekäre Auffassung in die Denkfigur ein, nämlich die Überzeugung, dass der Zweck die Mittel heiligt. Wenngleich der vorgetragene Schöpfungsgedanke eigentlich dazu beitragen sollte, Gottes Absicht und Handeln positiv zu würdigen, halte ungewollt auf diese Weise Misstrauen in seine Güte Einzug.[10] Die Konsequenz war, dass mittelfristig der Schöpfungsgedanke selbst im Interesse einer Entlastung Gottes von Gott abgezogen werden musste. Um seiner Güte willen musste Gott vom Schöpfungsprinzip befreit werden.[11] Um den unvollkommenen Gott seiner Verurteilung vor dem Tribunal der Vernunft zu entziehen, wurde ihm als Konsequenz in der Folge – in ironischem Mitleid – die Existenz als solche abgesprochen.[12]

Dies ist die Geburtsstunde der Geschichtsphilosophie; denn sie erklärt den Menschen anstelle Gottes – und zu dessen Entlastung – zum Schöpfer. Als Terrain für sein Schöpfungshandeln weist sie dem Menschen die Ge-

---

[7] O. Marquard, Der angeklagte und der entlastete Mensch in der Philosophie des 18. Jahrhunderts, in: Ders., Abschied vom Prinzipiellen. Philosophische Studien, Stuttgart 1987, 39–66, 39.

[8] G.W. Leibniz, Essais de Théodicée sur la Bonté de Dieu, la liberté de l'Homme et l'Origine du mal (1710), deutsch „Versuche in der Theodicée über die Güte Gottes, die Freiheit des Menschen und den Ursprung des Übels", übersetzt von A. Buchenau, Hamburg 1996.

[9] Vgl. M.-Th. Liske, Gottfried Wilhelm Leibniz, München 2000, 201–207; T. Kleffmann, Grundriß der Systematischen Theologie, Tübingen 2013, 176–179.

[10] So der Gedankengang bei Marquard, Mensch, 47.

[11] Zur Verarbeitung der Theodizeeproblematik in der biblischen Tradition vgl. R. Feldmeier, Theodizee? Biblische Überlegungen zu einem unbiblischen Unterfangen, BThZ 18 (2001) 24–39; J. Herzer, Jakobus, Paulus und Hiob – Die Intertextualität der Weisheit, in: T. Krüger/M. Oeming/K. Schmid/C. Uehlinger (Hg.), Das Buch Hiob und seine Interpretationen, AThANT 88, Zürich 2007, 329–350.

[12] Marquard, Mensch, 48.

schichte zu, die er fortan durch sein Handeln gestaltet. Mit der Übernahme der Funktion Gottes gerät der Mensch aber fatalerweise auch in die Rolle des Angeklagten, in der sich bisher Gott befunden hatte. Fortan ist er in Sachen Übel der Welt der Angeklagte. Der Mensch findet sich vor einem Dauertribunal wieder, das ihn permanent unter Legitimationszwang bringt. Verschärfend wirkt sich aus, dass ein Kennzeichen der neu entstandenen Gerichtssituation der Verlust der Gnade ist, die in der alten christlichen Vorstellung die Erlösung von dem auf dem Menschen liegenden Rechtfertigungsdruck beinhaltete. Entsprechend groß wird der Wunsch nach Entlastung. Diesem Anliegen schreibt Marquard die Entstehung der großen philosophischen Neuaufbrüche des 18. Jahrhunderts, des Jahrhunderts der „Sattelzeit“[13], zu. Die fast gleichzeitige Ausbildung von Geschichtsphilosophie, philosophischer Anthropologie und philosophischer Ästhetik entspringt durchgängig dem Bedürfnis nach Schutzräumen, um dem unablässigen Druck zu entgehen, und nach einer Kompensation der „‚Übertribunalisierung‘ der menschlichen Lebenswirklichkeit“.[14] Sie ist in ihrem Kern Ausdruck einer Fluchtbewegung.

Da die Geschichtsphilosophie Gott wegen Unschuld – und zwar in pointierter Weise wegen Unschuld aufgrund seiner Nicht-Existenz – freigesprochen hatte, hat der Mensch alle Zuständigkeiten Gottes und d.h. neben der Rolle als Angeklagter auch die des Richters und Anklägers übernommen. Die philosophische Anthropologie und die philosophische Ästhetik stellen nach Marquard als „Philosophien des Ausbruchs in die Unbelangbarkeit“[15] Antworten auf diese Lage dar. Der Verweis auf die Natur, die den Handlungsmöglichkeiten des Menschen ihre Grenze setzt, lasse sich als Impuls verstehen, dem Menschen einen Freiraum vor der Kritik zu eröffnen. Die Sehnsucht nach Anonymität, das Bedürfnis nach Individualität, der Wunsch nach Abwesenheit durch Reisen, das Ausweichen in die Krankheit bis hin zur positiv konnotierten Unzurechnungsfähigkeit im Zustand des Wahnsinns, die Konjunktur des undiskutierbaren Geschmacksurteils, selbst das Ausrufen der Grund- und Menschenrechte können als Symptome

---

[13] R. Koselleck, Richtlinien für das Lexikon politisch-sozialer Begriffe der Neuzeit, in: Archiv für Begriffsgeschichte 11, Bonn 1967, 81–99, 82.91.95, bezeichnet mit dem Begriff die Tatsache, dass um 1750 mehrere bedeutsame Entwicklungen gleichzeitig einsetzen. Zur Entwicklung des Theodizeeproblems vor und nach Leibniz vgl. C.-F. Geyer, Das Theodizeeproblem – ein historischer und systematischer Überblick, in: W. Oelmüller (Hg.), Theodizee – Gott vor Gericht? München 1990, 9–32.

[14] Zur Darstellung s. Marquard, Mensch, 48–51, Zitat 47.51.

[15] Marquard, Mensch, 51.

für das Streben nach Unerreichbarkeit bzw. Räumen, in denen sich dem unbedingten Legitimationszwang entfliehen lässt, interpretiert werden.[16]

Die Geschichtsphilosophie hat durch die Zuweisung der Doppelrolle des Angeklagten und des Anklägers an den Menschen wirkungsgeschichtlich weit reichende Konsequenzen hervorgebracht. Die beiden Aspekte wurden in der Folge nämlich in der Regel wieder auseinander gelegt. Durch eine Subjekt-Objekt Verteilung wurde der Mensch von der Rolle des Angeklagten entbunden und erhielt einseitig die Rolle des Anklägers zugesprochen. Die Geschichte wurde zum Mittel für „die Flucht nach vorn in das absolute Anklagen, das das absolute Angeklagtsein hinter sich läßt ...: Man entkommt dem Tribunal, indem man es wird“.[17] Die weit über das 18. Jahrhundert hinaus reichenden Konsequenzen lässt Marquard mit einer die Monstrosität der Ereignisse nur andeutenden Abschlussbemerkung anklingen: „Die Neubestimmung des Menschen in der Philosophie des 18. Jahrhunderts – wo sie ... geschichtsphilosophisch radikal wird – bestimmt den Menschen zum Ende seiner Menschlichkeit.“[18]

Philosophie wird im 18. Jahrhundert im Wesentlichen zur „Kritik“.[19] Diese Entwicklung wird sich freilich schon bald gegen sie selbst wenden. Nachdem die Philosophie in Gestalt der Geschichtsphilosophie Hoffnungen geweckt hatte, die sie nicht erfüllte, trat ihr die Kritik in Gestalt der Ideologiekritik gegenüber. Zukünftig gelten die Nichtphilosophen als die entlasteten Menschen, während der Philosoph unter die Anklage gerät.[20]

2.1.3 *Hinwendung zu Geschichte und Ethik*

Der Aufstieg und die Karriere des Geschichtsbegriffs und der Geschichte vollziehen sich im Gefolge einer Krise der Theodizeefrage und in der Konsequenz eines Dilemmas des Gottesbegriffs. Sollte sich die Diagnose Marquards als zutreffend erweisen, dass die Hinwendung zur Geschichte im Zuge einer Neubestimmung des Menschen im 18. Jahrhundert als Strategie

---

[16] Marquard, Mensch, 51–53.

[17] Marquard, Mensch, 57. „Die Geschichte ist so – geschichtsphilosophisch – ... als Selbstabsolution des Menschen durch Steigerung des Legitimationsdrucks auf die anderen Menschen ... ein Ausbruch in die Unbelangbarkeit“ (ebd.).

[18] Marquard, Mensch, 58–59. „Wie die Theodizee konsequent wurde durch die Negation Gottes, wird die Geschichtsphilosophie konsequent durch die Negation des Menschen: dadurch, daß sie ihn entzweibricht in das gnadenlose Absolute und seine absoluten Feinde.“ (ebd. 58)

[19] Vgl. R. Piepmeier, Art. Aufklärung I. Philosophisch, TRE 4 (1979) (Studienausgabe 1993), 575–594, 579–580.

[20] Vgl. Marquard, Mensch, 58–59.

einer Krisenbewältigung zu identifizieren ist, ist die mit der Aufklärung weithin zur Signatur der evangelischen Theologie gewordene und vom 18. bis zum 21. Jahrhundert als deren besondere Qualität akzeptierte historische Ausrichtung auch Resultat und Ausweis eines unverarbeiteten Traumas.

Dreierlei setzt der Aufstieg der „Geschichte" zum Zentralbegriff voraus: Erstens die positive Umwertung des Entwicklungsgedankens. Dieser Vorgang bezeugt eine veränderte Einstellung gegenüber dem bis zur Aufklärung geltenden platonischen Paradigma von der Unveränderlichkeit des Seins. Die neu entstandene Hochschätzung von Wandelbarkeit und Veränderlichkeit „ist die Chance zur Geschichte"[21]. Zweitens erfolgt ein tiefer Einschnitt in bisher geltende Denkkonventionen dadurch, dass der Mensch – im Zuge der Abschaffung Gottes als einer Folge der Theodizee – als Schöpfer an die Stelle Gottes tritt. Drittens wird „Geschichte" zu einem neuen Synonym für „Welt". Sie stellt den neuen Raum – die Welt – dar, die der Mensch selbst schaffen kann.[22]

Die konsequente Hinwendung zur Geschichtswissenschaft, die im 19. Jahrhundert zum Erfolgsrezept für den Aufstieg der Liberalen Theologie zur repräsentativen Vertreterin wissenschaftlicher Universitätstheologie wurde, ist vor diesem Hintergrund als Versuch zu lesen, die durch die Situation der akuten Übertribunalisierung erlittene Traumatisierung aufzufangen. Der Verlust der Plausibilität theologischer Weltdeutung und die Bedrohung der Stellung der Theologie als Wissenschaft wurden durch die Übernahme des Stabilisierung verheißenden historischen Paradigmas kompensiert. Die Theologie sicherte sich ihr akademisches Überleben durch die Teilhabe an dem allgemein gültigen Wissenschaftsparadigma, das ihr Zuflucht in der Gemeinschaft der übrigen Disziplinen bot. Das erklärt, warum die Theologie, insbesondere aber nicht ausschließlich in den biblischen Disziplinen, seither über weite Strecken *de facto* als Geschichtswissenschaft betrieben worden ist.

Der kompensatorische Charakter, der sich in dem Aufstieg des Geschichtsparadigmas ausdrückt und der zur Folgegeschichte der Bearbeitung des Theodizeeproblems gehört, ist auch die Ursache für die mit dem *historical turn* einher gehende Exponierung der Ethik.[23] Sie ist im gesamten Spektrum des geistigen Lebens, insbesondere in der Philosophie, zu beobachten.

---

[21] O. MARQUARD, Schwierigkeiten beim Ja-Sagen, in: W. Oelmüller (Hg.), Theodizee – Gott vor Gericht? München 1990, 87–102, 96.

[22] MARQUARD, Schwierigkeiten, 97.

[23] Vgl. U.H.J. KÖRTNER, Reformatorische Theologie im 21. Jahrhundert, Theologische Studien NF 1, Zürich 2010, 32–34.

Das neu aufgebrochene Interesse am guten Handeln, das die Bedeutung einer „guten" Dogmatik weit übersteigt,[24] findet jedoch auch in der Theologie seinen Niederschlag und prägt die Systematische Theologie das gesamte 19. Jahrhundert hindurch.[25] Gegenwärtig stellt die Ethik auch im Bereich der neutestamentlichen Wissenschaft einen beachtenswerten Forschungsschwerpunkt dar.[26]

Offen ist damit freilich noch, an welcher Stelle der jüngeren Theologiegeschichte die zu verzeichnende Zäsur genau erfolgte. Denn wenn es nicht die Aufklärung als solche ist, die diesen Schnitt und die nachfolgende Neuorientierung hervorgerufen hat, ist die Frage nach der Bewertung der davor liegenden Epochen der Theologiegeschichte gestellt. Als Hypothese wird hier der Gedanke vertreten, dass die skizzierte Entwicklung theologiegeschichtlich mit dem Ende der altprotestantischen Orthodoxie zusammenfällt. Denn die wesentlichen Theologumena, um die sich die Dogmatik im Zuge der Aufklärung neu bemühen musste, wurden in dieser Epoche formuliert. Dies betrifft im Blick auf die Bibelwissenschaften insbesondere die Inspirationslehre, den Kanonbegriff und das Verständnis von Offenbarung. Hier wurden unter den Voraussetzungen der veränderten Zeit in der Aufklärung die Weichen entscheidend neu gestellt.[27] Der Pietismus gerät damit in eine Zwischenstellung. Er ist in den Jahren zwischen 1675 und 1750 einerseits eine Absetzbewegung von der Orthodoxie. In seiner Abkehr von den fein ziselierten Lehrsätzen der dogmatischen Systeme und seinem Rekurs auf die undiskutierbare Innerlichkeit und das fromme Gefühl spiegelt sich die Krise der Orthodoxie wider. Die Vernunft, die zum Charakteristikum der Aufklärung wird und die bereits in der altprotestantischen Orthodoxie auf ihre Weise zentrale Bedeutung besaß, ist dagegen nicht das Kernthema pietistischer Lebensgestaltung. Andererseits ist für den Pietismus die Handlungsperspektive konstitutiv. Angesichts der zentralen Bedeutung des Handelns und der Handlungsmaxime für die philosophischen

[24] Die „dogmatische Ausgestaltung" war „nicht die Stärke der theologischen Aufklärung". M. Schmidt, Art. Aufklärung II. Theologisch, TRE 4 (1979) (Studienausgabe 1993), 594–608, 600. „Man wollte aufklären, um zu bessern, man erwartete eine fortschreitende Annäherung an die praktische Wahrheit, welche die Menschheit sittlich vorwärts brächte. Aufklären hieß emporläutern, auf eine höhere Stufe führen." (Ebd. 596).

[25] Schmidt, Aufklärung, 601 spricht vom „durchgängigen Ethizismus in der Theologie des 19. Jh."

[26] Vgl. das Forschungsprojekt der „Mainz Moral Meetings – Ethik in Antike und Christentum" und die daraus hervorgehenden Veröffentlichungen.

[27] Dies gilt ungeachtet der Kritik, dass in der Theologie der Aufklärung eine Verengung des Gottesbegriffs stattfand. Schmidt, Aufklärung, 605–606.

und theologischen Entwürfe der Aufklärung ist damit auch ein zentraler Impuls des Pietismus in späterer Zeit rezipierbar gewesen. Es ist daher durchaus von einem Korrespondenzverhältnis zwischen Pietismus und Aufklärung zu sprechen.[28]

Für die Situation in der Gegenwart ist zu bedenken, ob die bleibend starke Orientierung an der Geschichtswissenschaft, die aus der Situation des 18. Jahrhunderts erklärlich und für das 19. Jahrhundert konstitutiv war, zu Beginn des 21. Jahrhunderts nicht Ausdruck einer theologischen Stagnation in der neutestamentlichen Wissenschaft ist.

2.1.4 Die Idee des Fortschritts

Zum Selbstverständnis der Aufklärung gehört wesentlich der Fortschrittsgedanke.[29] Er kann mit dem Geschichtsbegriff parallel geführt werden. „Der Fortschritt konnte geradezu die Stelle Gottes aus älteren theologischen Geschichtsdeutungen besetzen“.[30] Die Geschichte ihrerseits ist „an die Stelle einer göttlichen Ökonomie von Schöpfung und Sünde, Gnade und Heil“[31] getreten. Auch der Fortschrittsgedanke lässt sich aus der Krise der Theodizeefrage und dem Verlust der Plausibilität der Rede vom guten Schöpfergott verständlich machen.[32]

Die Ermächtigung des Menschen, die aus dem Scheitern der Theodizee resultierte, brachte die anspruchsvolle Aufgabe der Weltverbesserung mit sich. Sollte kein Schatten auf Gott fallen, war der Mensch gefordert, die Welt in die Richtung einer Minimierung wenn nicht der Abschaffung der Übel zu optimieren. Dieser Ansatz, dessen Aporie darin besteht, dass er einer innerweltlichen Erlösungslogik folgt, ist gescheitert. Es verträgt sich nicht mit dem Gedanken eines allgütigen Gottes, dass Gott eine erlösungsbedürftige Welt überhaupt erst geschaffen hat. Sofern Weltverbesserung als Fortschritt gedacht wird, bricht das Dilemma auf, dass frühere Generationen gegenüber den später Geborenen im Nachteil sind, da sie gegenüber diesen

---

[28] Nach SCHMIDT, Aufklärung, 607 „war die Aufklärung Antwort der Welt auf den Pietismus der Christenheit, der die Gegebenheiten des ersten Glaubensartikels ... vernachlässigt hatte“.

[29] Vgl. J. RITTER, Art. Fortschritt, in: HWP 2 (1972), 1032–1059 und R. KOSELLECK, Art. Fortschritt, in: GGB 2 (1975), 351–421. SCHMIDT, Aufklärung, 595: „Die beiden Größen Aufklärung und Fortschritt gingen ein unauflösliches Verhältnis ein.“

[30] J. DIERKEN, Fortschritte in der Geschichte der Religion? Aneignung einer Denkfigur der Aufklärung, ThLZ.F 24, Leipzig 2012, 13.

[31] DIERKEN, Fortschritte, 11.

[32] Vgl. MARQUARD, Schwierigkeiten, 98–99.

noch in weniger optimalen Verhältnissen leben müssen. Solchem Gleichheitsgrundsatz verpflichtet ist Leopold von Rankes Diktum, demzufolge jede Epoche unmittelbar zu Gott ist.[33] Im Übrigen reicht, um als Substitut im Rahmen der Theodizee gelten zu können, die Idee der Verbesserung der Welt nicht aus. Gefordert ist die Perfektion. Die bürgerlichen Zwischenlösungen können daher unter prinzipiellem Gesichtspunkt nicht befriedigen. Dadurch aber entsteht ein Einfallstor für totalitäre Weltverbesserungsvorstellungen.[34]

Eine weitere Folge des an der Zukunft und dem Fortschritt orientierten Denkens besteht in der Schwierigkeit, zur Gegenwart Ja zu sagen. Um dies dennoch zu ermöglichen, würden „aus der Konkursmasse der Theodizee"[35] weitere Kompensationsdenkfiguren gezogen, die eine Ausbalancierung von Zukunft und Gegenwart ermöglichten.

Eng verknüpft mit der Idee des Fortschritts ist der Gedanke der Beherrschung der Natur. Die sich entwickelnde Naturwissenschaft will einen Beitrag zum Glück des Menschen leisten. Die aus dieser Verknüpfung resultierende Dynamik erfasst alle Bereiche des gesellschaftlichen Lebens, neben der Domestizierung der Kräfte der Natur auch die moralische, gesellschaftliche und staatliche Entwicklung. Fortschritt wird zu einem umfassenden Ziel, und die Menschheit fungiert gleichzeitig als Subjekt wie als Objekt des Fortschritts in allen Lebensbereichen.

Damit sind die Rahmenbedingungen für ein Geschichtsverständnis abgesteckt, das die Geschichte als Handlungsraum menschlichen Tuns unter der Perspektive einer fortschreitenden Entwicklung ansieht.[36] Aufklärung

---

[33] L. von Ranke, Über die Epochen der neueren Geschichte. Vorträge dem Könige Maximilian II. von Bayern im Herbst 1854 zu Berchtesgaden gehalten. Vortrag vom 25. September 1854. Historisch-kritische Ausgabe, hg. v. Th. Schieder und H. Berding, München 1971, 60.

[34] Vgl. dazu Marquard, Schwierigkeiten, 98–100. Am Ende drohe daher nach Marquard unter dem Diktat der absoluten Weltverbesserung konsequenterweise die Weltverschlechterung.

[35] Zitat Marquard, Schwierigkeiten, 101. Die Zustimmung zur gegenwärtigen modernen Welt werde durch eine Addition der Argumente zu erzielen versucht: „Rationalisierung plus kompensierende Pluralisierung, ... Innovationskultur plus kompensierende Bewahrungskultur, ... Zukunft plus kompensierende Herkunft, ... Aufklärung plus kompensierendes Endlichkeitsbewußtsein, ... Beschleunigung plus kompensierende Langsamkeit .... Der Kompensationsgedanke – ein aus der Theodizee kommender Gedanke – mindert die Schwierigkeit beim Ja-Sagen." Ebd.

[36] Vgl. dazu Piepmeier, Aufklärung, 580–581. Schmidt, Aufklärung, 595: „Der Optimismus hinsichtlich des Menschen und der allgemeinen geschichtlichen Entwicklung wurde zum Dogma".

ist demzufolge ein Prozess, der dem selbst bestimmten Denken höchste Dignität beimisst und dem menschlichen Handeln neue Räume eröffnet. In einer Zeit, in der die in Religion, Theologie und Philosophie geltenden Normen sich zu ihrer Legitimation nicht länger auf ihre Herkunft aus der Tradition beziehen können, soll Aufklärung „von derjenigen Überlieferung befreien, die der kritischen Prüfung der autonomen Vernunft nicht standzuhalten vermag.“[37] Dem Schnitt, der gegenüber dem Bisherigen bzw. Vergangenen vollzogen wird, korrespondiert die Erschließung neuer Handlungsräume. Der Mensch nimmt seine schöpferische Aufgabe mit der Gestaltung der Geschichte wahr.

2.1.5 Die Leitmotive der Aufklärung

Im Blick auf die Grundlagen des Denkens und die Verankerung der tragenden Normen und Grundsätze aufgeklärter Rationalität verlangte die Frage nach dem Umgang mit den überlieferten theologischen und philosophischen Überzeugungen insbesondere hinsichtlich der Gottesthematik in der Aufklärung eine Antwort. Mit dem auf Grotius zurückgehenden Leitgedanken des *etsi deus non daretur* war ein Freiraum erschlossen worden, der Möglichkeiten zu neuen Positionierungen aus selbst bestimmtem Denken heraus eröffnete. Die Neuorientierung in der Anthropologie, die mit den einschneidenden Veränderungen in der Gottesfrage einher ging, zog Auswirkungen auf alle Bereiche des Geisteslebens nach sich. Die Einsicht in die Relativität des eigenen geschichtlichen Standorts wie die Suche nach verlässlichen Grundlagen für gegenwärtiges Denken und Handeln führte zu der beispiellosen Karriere der auf die Geschichte bezogenen Wissenschaften, die ihren Höhepunkt im 19. Jahrhundert erreichte. Auch die Ethik verdankte ihre neu gewonnene Zentralstellung im Rahmen der Philosophie und der Theologie der in der Aufklärung vorgenommenen Neubestimmung des Menschen. Der allgemeine und allgegenwärtige Fortschrittsgedanke und -glaube bezog seine Energie aus der selbstgewissen Überzeugung, dass die höchste Form der Rationalität in einem permanenten Erkenntnisfortschritt bestehe.

---

[37] Piepmeier, Aufklärung, 579 und 581, Zitat 581. „Ihre Ermächtigung erlangt diese Vernunft aus dem Bewusstsein, im Namen einer Geschichte zu urteilen und zu handeln, die als Geschichte des Fortschritts in der Beherrschung der Natur und der Realisierung der Freiheit und des Glücks des Menschen gedeutet wird.“ (Ebd. 581).

2.2 Aufgeklärte Vernunft und die Entstehung der Literaturgattung „Theologie des Neuen Testaments“

Mit der Unterscheidung zwischen biblischer und dogmatischer Theologie, die Johann Philipp Gabler in seiner Altdorfer Antrittsvorlesung vom 30. März 1787 vornahm, und der nachfolgenden Ausdifferenzierung der biblischen in eine jeweils eigenständige alt- und neutestamentliche Theologie durch Georg Lorenz Bauer ist der Anfang zur Entwicklung einer neuen literarischen Gattung innerhalb der Theologie gesetzt. Zu Recht gilt das Datum als eine Zäsur der neueren Theologiegeschichte.[38]

Das Projekt einer „Biblischen Theologie“, die im Laufe der Zeit in Einzeldisziplinen untergliedert wird, ist in die geistigen Voraussetzungen der Aufklärungszeit eingebunden. Es ist ein Ergebnis der Integration des Vernunftgedankens der Aufklärung in die Theologie, konkret in die Bibelwissenschaft. Zu diesem Neuansatz gehört die Übernahme des Gedankens der historischen Kritik. Das Bewusstsein des geschichtlichen Abstands zu den Quellen der christlichen Tradition führt im 18. Jahrhundert parallel zum Aufstieg der Geschichtswissenschaft als einer Leitdisziplin zu einem Siegeszug der historischen Forschung auch auf dem Gebiet der Bibelwissenschaften. Am Anfang des Neuaufbruchs steht in der Theologie die Urerfahrung des von G.E. Lessing diagnostizierten „garstigen Grabens“ zwischen der eigenen Gegenwart und der geschichtlichen Vergangenheit.[39] Sie bildet für die Theologie die Initialzündung zur historischen Erforschung der Herkunft des eigenen Glaubens wie zur Besinnung auf das bleibend Gültige.

Das im Folgenden auf der Grundlage zweier wirkungsgeschichtlich einflussreicher Forschungsbeiträge gezeichnete Bild der Ursprungssituation der „Theologie des Neuen Testaments“ in der Aufklärungszeit[40] zielt darauf, die entscheidenden Anstöße und Entwicklungen in der Gründerzeit der „modernen“ Theologie zu skizzieren und die Konsequenzen in methodischer und theologiegeschichtlicher Hinsicht herauszustellen, die sich bis in die Gegenwart hinein beobachten lassen.[41] Das Ziel liegt in der Orientie-

---

[38] R. Smend, Johann Philipp Gablers Begründung der biblischen Theologie, EvTh 22 (1962), 345–357, 345, nennt Gabler den „Vater der uns geläufigen Disziplin der Biblischen Theologie“. Vgl. W. Sparn, Art. Gabler, RGG[4] III (2000), 446–447.

[39] Vgl. H.-Th. Wrege, Wirkungsgeschichte des Evangeliums. Erfahrungen, Perspektiven und Möglichkeiten, Göttingen 1981, 152.

[40] Für eine umfassende Darstellung der forschungsgeschichtlichen Entwicklungen im 18. Jahrhundert vgl. W.G. Kümmel, Das Neue Testament. Geschichte der Erforschung seiner Probleme, OA III/3, Freiburg/München [2]1970, 71–143.

[41] Dies geschieht in dem Bewusstsein, dass bei der Darstellung der Theologie der

rung über die aktuelle Lage der Literaturgattung „Theologie des Neuen Testaments". Die weiterführende Perspektive besteht darin, Impulse für die zukünftige Gestaltung dieses literarischen Genus zu gewinnen.

2.2.1 Die Historisierung der Biblischen Theologie durch Johann Philipp Gabler

J. Ph. Gablers Unterscheidung zwischen der biblischen[42] und der dogmatischen Theologie basiert auf einem Theologiebegriff, demzufolge die Theologie eine interdisziplinär ausgerichtete Wissenschaft ist, die ihren Gehalt nicht nur aus der Bibel, sondern auch aus anderen Wissensgebieten, insbesondere der Philosophie und der Geschichte bezieht. Nach Gabler ist sie eine „durch menschliche Fähigkeit und Verstand ausgebildete Disziplin",[43] die durch Beobachtung entstanden ist. Mit diesem Ansatz ist die Richtung der späteren sich auf Gabler beziehenden neutestamentlichen Exegese vorgezeichnet. Die geistige Grundlage der biblischen Theologie ist die im 18. Jahrhundert entwickelte Rationalität, die sich auf die Empirie stützt und auf diese Weise dem Paradigma der naturwissenschaftlichen Forschung korrespondiert. Den Referenzrahmen hinsichtlich der Zugangsweise der wissenschaftlichen Arbeit und bei der Bestimmung des Gegenstandsbereichs geben Philosophie und Geschichtswissenschaft ab.

Den Ausgangspunkt der Darlegungen Gablers bildet eine Formulierung, mit der Gabler sich in den aufgeklärten Konsens der auf die Vergangenheit bezogenen Forschungsgebiete stellt. Das Neue Testament wird mit dem ers-

---

Aufklärungszeit „die historische und sachliche Komplexität immer größer und anders ist als ihre Reduktionen". H.-J. DOHMEIER, Die Grundzüge der Theologie Johann Philipp Gablers, Diss. theol. Münster 1976, 1.

[42] Bei der Darstellung der Position Gablers wird im Folgenden das Adjektiv „biblisch" im Zusammenhang mit „Theologie" in der Regel kleingeschrieben, wenn es sich um die Darstellung der Ausführungen Gablers handelt. Die Großschreibung „Biblische Theologie" wird hingegen dann verwendet, wenn bereits die spätere Verfestigung des Ausdrucks „Biblische Theologie" als Bezeichnung einer neuen literarischen Gattung anklingt. Ganz exakt lässt sich hier allerdings nicht unterscheiden.

[43] Zitiert nach J. PH. GABLER, Von der richtigen Unterscheidung der biblischen und der dogmatischen Theologie und der rechten Bestimmung ihrer beider Ziele, übersetzt von O. Merk, Anlage I, in: O. Merk, Biblische Theologie des Neuen Testaments in ihrer Anfangszeit. Ihre methodischen Probleme bei Johann Philipp Gabler und Georg Lorenz Bauer und deren Nachwirkungen, MThSt 9, Marburg 1972, 273–284, 275. Die Bezüge auf den lateinischen Text folgen der Ausgabe der Kleineren Theologischen Schriften II, 179–198, wie er in K.-W. NIEBUHR/C. BÖTTRICH (Hg.), Johann Philipp Gabler 1753–1826 zum 250. Geburtstag, Leipzig 2003, 15–41, wiedergegeben wird.

ten Satz der Vorlesung als „Quelle“ eingestuft.[44] Diese besitzt erschließende Funktion im Blick auf die Erkenntnis der christlichen Religion. Ihr wird eine dienende Aufgabe für die Gegenwart zugeschrieben. Als Quelle verstanden stellt die Bibel und insbesondere auch das Neue Testament für Gabler keine Einheit dar. Im Plural wird mit dem ersten Wort des Vortrags, *libros*, festgestellt, dass es sich um eine Zusammenstellung von Büchern handelt. Lediglich durch das nachgestellte Adjektiv *sacros* wird diesen eine qualitative Auszeichnung beigelegt. Damit ist die von G.L. Bauer auf den Weg gebrachte Bearbeitung der biblischen Schriften nach Teilbereichen bereits vorbereitet.

Gablers Programm ist mit dem ersten Halbsatz seines Vortrags bereits *in nuce* zusammengefasst. Ausgangspunkt wie Leitlinie seiner Ausführungen bildet die gegenwärtige *cognitio* der christlichen Religion auf der Basis einer Textquellensammlung. Der Rückbezug auf die neutestamentlichen Texte, so die zweite Hälfte des ersten Satzes, stelle den einzigen Schutz gegenüber den divergierenden Ergebnissen wissenschaftlicher Arbeit dar. Als „menschliche“ Wissenschaft habe diese Arbeit an der *ambiguitas* (Zweideutigkeit) und *vicissitudo* (Wechselhaftigkeit)[45] wissenschaftlicher Betätigung teil und stehe dem Bemühen um „feste() Einsicht in das göttliche Wesen“ und einer „zuverlässige(n) Hoffnung auf das Heil“ entgegen.[46] Die Offenbarung Gottes selbst wird mit dieser Grundsatzaussage als Thema biblischer Theologie ausgeklammert. Vermieden wird im Blick auf die Vergangenheit jede Anspielung, die das Neue Testament oder die neutestamentlichen Schriften als Selbstoffenbarung Gottes verstehen ließen. Die Schriften stellen lediglich in dem Sinne Offenbarungsurkunden dar, als sie das menschliche Verständnis von Gottes Offenbarung dokumentieren. Sie sind nicht Ausdruck einer direkten Offenbarung Gottes.[47] Ebenso unterbleibt ein unmittelbarer Gottes-

---

[44] Gabler bei Merk, 273: „Daß die heiligen Bücher, besonders des Neuen Testaments, jene einzige und leuchtendste Quelle sind, aus der jede wahre und sichere Erkenntnis der christlichen Religion zu schöpfen ist, und jenes heilige Palladium, zu dem wir bei der so großen Zweifelhaftigkeit und Wechselhaftigkeit der menschlichen Wissenschaft einzig unsere Zuflucht nehmen müssen, ... : Das freilich ... bekennen alle einstimmig, die zu der heiligen Gemeinde der Christen gezählt werden.“

[45] So Gabler bei Merk, Biblische Theologie, 273. Möglich wäre auch die Übersetzung „Widersprüchlichkeit“.

[46] Gabler bei Merk, Biblische Theologie, 273.

[47] Damit ist die Grenze zur altprotestantischen Orthodoxie markiert, für die „eine inhaltliche Distanzierung der von Aposteln und Evangelisten verfassten Texte vom Wort Gottes ... nicht denkbar“ war. C. Landmesser, „Elementarbuch“ oder „Kanon“. Lessings Deutung des Neuen Testaments, in: C. Bultmann/F. Vollhardt (Hg.), Gotthold

bezug im Blick auf die Gegenwart. Bereits das Wort „Gott" findet keine Verwendung. Es wird durch den unbestimmteren Ausdruck *rerum diuinarum* ersetzt. Auf diese richtet sich, so Gabler in geradezu paradox anmutender Formulierung, das menschliche Streben nach *solidam intelligentiam*. Erkennbar wird hinter dieser Ausdrucksweise die anthropologische Grundlegung der Theologie der Aufklärungszeit.

Auf der Basis dieser als Konsens aller Christen festgestellten Ausgangsposition formuliert Gabler die Einstiegsfrage in seine Thematik: Woraus resultiert in dieser Situation die verbreitete Uneinigkeit in Fragen der christlichen Religion? Vier Ursachen macht Gabler dafür verantwortlich. Erstens ergäben sich die Differenzen aus gewissen Unklarheiten, die durch die stellenweise Dunkelheit (*obscuritas*) der Schriften selbst verursacht werde. Diese führten geradezu zwangsläufig zu einer Vielzahl auseinander tretender Meinungen. Zweitens projizierten zeitgenössische Ausleger ihre eigenen Ansichten in die Schriften hinein und unterschöben deren Verfassern ihre persönlichen Auffassungen. Dabei würden dogmatisch vorgefasste Lesarten[48] in die Texte hineingetragen. Drittens fände die Unterscheidung zwischen Religion und Theologie keine Beachtung. Dies führte zu unzulässigen Vermischungen. Die Religion sei eine in Schriften überlieferte göttliche *doctrina*, die Lehre, was jeder Christ wissen, glauben und tun müsse, um die Glückseligkeit (*felicitatem*) dieses und des zukünftigen Lebens zu erhalten. Die Theologie hingegen sei eine dem menschlichen Intellekt und der Rationalität verpflichtete fächerübergreifend ausgerichtete wissenschaftliche Disziplin. Viertens würden Einfachheit und Leichtigkeit, die Gabler beide für die biblische Theologie reklamiert, „mit dem Scharfsinn und der Strenge der dogmatischen Theologie" vermischt.[49] Hinter dieser Wertung zeigt sich die Option des aufgeklärten Lebensgefühls für das Ursprüngliche und Einfache.

In verdichteter Weise fasst Gabler das Ergebnis seiner Unterscheidung zusammen: „Die biblische Theologie besitzt historischen Charakter, überliefernd, was die heiligen Schriftsteller über die göttlichen Dinge gedacht haben; die Dogmatische Theologie dagegen besitzt didaktischen Charakter, lehrend, was jeder Theologe kraft seiner Fähigkeit oder gemäß dem Zeitum-

Ephraim Lessings Religionsphilosophie im Kontext. Hamburger Fragmente und Wolfenbütteler Axiomata, Frühe Neuzeit Band 159, Berlin/New York 2011, 200–218, 201.

[48] Merk, Biblische Theologie, 273, ergänzt seine Übersetzung um die Erläuterung: „gemeint ist wohl: die von der Dogmatik versklavte Methode der Interpretation".

[49] Gabler bei Merk, Biblische Theologie, 273.

stand, dem Zeitalter, dem Orte, der Sekte, der Schule und anderen ähnlichen Dingen dieser Art über die göttlichen Dinge philosophierte."[50]

In diesem Passus nimmt Gabler gegenüber der seit der Alten Kirche geltenden Überzeugung, dass in den biblischen Dokumenten Gottes Selbsterweis zur Sprache kommt, eine dreifache Distanzierung vor. Sie betrifft den Überlieferungsvorgang, den Inhalt und die Träger der Überlieferung. Die biblische Theologie gehört dem *genus historicum* an. Ihre Aufgabe besteht zwar in der Traditionsweitergabe (*tradens*), aber die Überlieferung führt nicht an die Anfänge des Kerygmas und den Ursprung der Offenbarung zurück.[51] Entsprechend stellt sie auch nicht die Kontinuität vom Anfang der Gottesoffenbarung in Christus bis in die Gegenwart sicher. Ihr Inhalt sind die Gedanken der biblischen Schriftsteller *de rebus diuinis*. Der Traditionsprozess bezieht sich auf verbalisierte menschliche Gedanken über göttliche Dinge. An die Stelle der Offenbarung ist der menschliche *sensus* getreten, statt Offenbarungskontinuität zielt der Traditionsvorgang auf die Stabilität bzw. Sicherung versprachlichter Inhalte, und die Vorstellung einer kontinuierlichen Selbstvergegenwärtigung Gottes ist durch die Gedanken der biblischen Schriftsteller ersetzt. Ihrer Person wird durch die Verwendung des Adjektivs „heilig" scheinbar eine besondere Wertschätzung entgegengebracht – es handelt sich um qualitativ ausgezeichnete Verfasser –, aber diese Statuserhöhung kommt einer *captatio benevolentiae* gleich. In der Sache federt sie die pointierte Überführung des Offenbarungsgedankens in die Anthropologie mildernd ab. In diesem Vorgang vollzieht sich eine Weichenstellung, die für die künftige Verhältnisbestimmung von Theologie und Geschichtswissenschaft folgenreich ist. In die Relation zwischen beiden Fachdisziplinen nimmt eine Tendenz Einzug, derzufolge die historische Forschung die Fakten festlegt, denen dann in einem Folgevorgang theologische Bedeutung beigemessen wird.[52] Der Glaube fungiert im Zuge dieser

---

[50] Gabler bei Merk, Biblische Theologie, 275–276. Dieser Satz wird auch von Merk, Biblische Theologie, 34, als der „methodisch entscheidende" angesehen.

[51] Kommentierend lässt sich hier einwenden: Anders als es etwa Paulus in 1 Kor 15,3 für seine Verkündigung geltend macht.

[52] Vgl. A. Dunkel, Christlicher Glaube und historische Vernunft. Eine interdisziplinäre Untersuchung über die Notwendigkeit eines theologischen Geschichtsverständnisses, FSÖTh 57, Göttingen 1989, 77–78, demzufolge ein zentrales Problem des modernen Geschichtsverständnisses darin liegt, dass in einer Art „‚Arbeitsteilung'" (78) die Theologie die Ergebnisse der Geschichtswissenschaft übernimmt, um sie daraufhin theologisch zu bearbeiten.

Aufteilung lediglich als „Ergänzung des historisch Faktischen durch eine spezifische Glaubensinterpretation“.[53]

Mit der Transformation, die sich mit dem Perspektivenwechsel von der Vorstellung der Offenbarung Gottes hin zu den Gedanken exzellenter frühchristlicher Autoren über „göttliche Dinge“ vollzieht, werden anstelle der Offenbarungswirklichkeit die verbalen Ausführungen begabter Schriftsteller als Referenzpunkt für die weitere exegetische Arbeit eingeführt. In der Rückschau erklärt dieser Einschnitt das Phänomen, das K. Wengst als das Kernproblem der späteren historischen Jesusforschung markiert. Wengst kritisiert eine ungerechtfertigte Überhöhung der Jesusgestalt als durchgängiges Motiv der auf den historischen Jesus ausgerichteten Untersuchungen bei gleichzeitiger Untergewichtung, wenn nicht Ausblendung der theologischen Bedeutung der Auferweckung Jesu von den Toten als Ausgangspunkt für die Entstehung des christlichen Glaubens.[54] Die Relativierung des Ostergeschehens stehe geradezu in einem umgekehrt proportionalen Verhältnis zur Aufwertung der historisch rekonstruierten Lebensgeschichte Jesu und ihrer Bedeutung für die theologische Reflexion. Diese Entwicklung ist freilich vor dem Hintergrund der im 18. Jahrhundert vollzogenen Neuausrichtungen nur folgerichtig. Die Hochschätzung der historischen Person Jesu besitzt ihre Ursache in der Aufwertung, die der Mensch im Zuge der anthropologischen Kehre im Blick auf seine Weltverantwortung und hinsichtlich des Zutrauens in seine Fähigkeiten zu deren Wahrnehmung erfahren hat. Dass die Vorstellung einer Totenauferweckung im Zeitalter einer sich ausbreitenden naturwissenschaftlichen Weltorientierung und in einer Epoche der Skepsis gegenüber wunderhaltigen Elementen der neutestamentlichen Überlieferung nur geringe Aussichten besaß, als Basissatz für den christlichen Glauben zu bestehen, ist vor diesem Hintergrund naheliegend.

Im Gegensatz zur biblischen gehört nach Gabler die dogmatische Theologie dem *genus didacticum* an. Ihre Aufgabe besteht im Vermittlungsvorgang. Sie ist lehrend tätig. Ihr Inhalt ist von zeitgebundenen und situativen Umständen abhängig. Inhaltlich handelt auch sie *de rebus diuinis*. Im Unterschied zur biblischen Theologie, deren Blick sich den antiken Schriftstellern

---

[53] W. Pannenberg, Geschichte/Geschichtsschreibung/Geschichtsphilosophie VIII. Systematisch-theologisch, TRE 12 (1984) (Studienausgabe 1993), 658–674, 660. Auf ihn weist Dunkel, Christlicher Glaube, 78, in diesem Zusammenhang hin.

[54] K. Wengst, Der wirkliche Jesus? Eine Streitschrift über die historisch wenig ergiebige und theologisch sinnlose Suche nach dem „historischen“ Jesus, Stuttgart 2013, 284 und 286.

zuwendet, geht es in der dogmatischen Theologie um den gegenwärtigen Theologen unter dem Gesichtspunkt des *ratione philosophetur*. Die *ratio* gilt als Kriterium für die Aussagen der Dogmatik und mittels des Verbs wird die Philosophie als Leitdisziplin der dogmatischen Theologie benannt.

Die „heiligen Schriftsteller" der biblischen Zeit finden ihr Pendant in den unterschiedlichen Theologen der Gegenwart. Den Gedanken der biblischen Schriftsteller über die göttlichen Dinge entspricht strukturell das der *ratio* verpflichtete Philosophieren der gegenwärtigen Dogmatiker über den gleichen Gegenstand. Das Überliefern (*tradens*) und das Lehren (*docens*), die beiden Schlüsselbegriffe aufgeklärten Denkens, werden von Gabler als Differenzkriterium für die Unterscheidung zwischen biblischer und dogmatischer Theologie verwendet. Gleichwohl bleibt es insofern bei einem einheitlichen Theologiebegriff, als Theologie insgesamt die Wissenschaft ist, die menschliche Gedanken – aus der Vergangenheit und in der Gegenwart – über göttliche Dinge zu ihrem Gegenstand hat. Sie widmet sich ihrer Aufgabe als biblische und als dogmatische Theologie in historischer und in philosophischer Perspektive.

Damit ist die Grundlage für einen Prozess gelegt, der in der Folgezeit zu einer Auseinanderlegung der Theologie in Geschichtswissenschaft und Philosophie geführt hat. Im Laufe dieser Entwicklung hat sich die Theologie bei der Bestimmung des Gegenstandsbereichs wie der methodischen Durchführung ihrer Arbeit unter den Einfluss dieser beiden Disziplinen begeben, so dass teilweise die Feststellung ihres Propriums zum Problem geworden ist. Die Verwendung des Vernunftbegriffs im Zusammenhang der Positionierung der Dogmatischen Theologie wirft zudem die Frage nach den wirkungsgeschichtlichen Folgen des Verzichts einer Aussage zum Heiligen Geist bzw. zum Glauben an dieser Stelle auf.

Dem historischen Objektivitätsideal folgend erklärt Gabler die biblische Theologie aufgrund ihrer historischen Argumentationsweise für in sich selbst konstant. Das gilt ungeachtet der Tatsache, dass in der geschichtlich feststellbaren Realisierung der Bibelauslegung eine Vielzahl konkurrierender Lesarten festzustellen ist. Dem Wesen der dogmatischen Theologie entspricht demgegenüber ihre Variabilität, die sie mit den übrigen menschlichen Disziplinen teilt. Im Blick auf den Umgang mit den biblischen Schriften gilt es zu unterscheiden zwischen den zeit- und situationsgebundenen Aussagen, die sich aus ihrem Vergangenheitskontext erklären und den ewigen Wahrheiten, die als „reine Vorstellungen" die Grundlage der philosophischen Betrachtung über die Religion darstellen.[55] Um zu ihnen vorzudringen, schlägt Gabler ein geordnetes methodisches Verfahren vor.

Dessen erster Schritt besteht darin, die *notiones sacrae*, die heiligen Vorstellungen, zu sammeln. Sollten diese in den biblischen Schriften nicht ausdrücklich genannt sein, muss der Ausleger sie aus verschiedenen Stellen der Schrift zusammenfügen. Formal konzediert Gabler diesen Vorstellungen einen Bonus an Qualität, der auf dem besonderen Charakter der biblischen Schriftsteller beruht. Diese bezeichnet Gabler als „heilige“ Skriptoren mit göttlicher Autorität. Freilich könne diese Feststellung nicht das Phänomen überspielen, dass sie an unterschiedlichen historischen Orten stehen und daher auch differierenden Bewertungen unterliegen. An dieser Stelle führt Gabler unvermittelt in griechischer Sprache die Vorstellung von der *θεοπνευστία* ein. Der Begriff besitzt in diesem Zusammenhang einen negativen Anklang. Er wird zur Bezeichnung einer Konkurrenz gegenüber der menschlichen Verstandeskraft und der natürlichen Einsicht verwendet. Entsprechend kann Gabler ihm allenfalls Unschädlichkeit bescheinigen. Die Theopneustie hat „die eigene Kraft des Verstandes und das Maß der natürlichen Einsicht in die Dinge nicht zerstört“[56]. Ohnehin gehe es nicht um die Autorität der biblischen Schriftsteller, sondern um die Ansichten, die sie in ihren Schriften vertreten haben und die sich ungeachtet der den Verfassern zugestandenen Autorität aus den Schriften selbst herauslesen lassen. Daher sei es sachgemäß, das Thema der göttlichen Inspiration in diesem Zusammenhang gänzlich beiseite zu lassen. Es erübrige sich für die historische Arbeit und sei erst im Rahmen der späteren dogmatischen Betrachtung wieder zu beachten.

Damit wird die Preisgabe der Offenbarung als eines unmittelbaren Gottesbezugs bzw. ihre konsequente Historisierung durch eine zweite Weichenstellung flankiert. Die historische Arbeit an den biblischen Quellen vollzieht sich unter Beiseitelassen der theologischen Voraussetzungen.[57] Die Theopneustie wird zwar nicht bestritten, aber sie ist für die historische Arbeit irrelevant. An ihre Stelle „tritt die praktische Vernunft“[58]. Das theologische Thema wird an die Dogmatik weitergereicht.

Angesichts der so bestimmten Situation schlägt Gabler eine auf das Alte und das Neue Testament bezogene chronologisch differenzierende Zugangs-

---

[55] Gabler bei Merk, Biblische Theologie, 276.

[56] Gabler bei Merk, Biblische Theologie, 277.

[57] Merk, Biblische Theologie, 36: „die hier anzuwendende historische Interpretation exegesiert biblische Autoren nicht anders als profane Schriftsteller.“

[58] Merk, Biblische Theologie, 102.

weise vor, die geschichtlich-auktorial orientiert ist und die diversen Redeformen und Gattungen voneinander unterscheidet. Die spätere Form- und Gattungsgeschichte[59] ist in dieser Programmatik bereits angelegt. Sammeln und einordnen, Interpretation und Vergleich markieren die geforderte Aufgabe.[60] Auf diese Weise wird nach Gablers Überzeugung eine Grundlage für die Dogmatik geschaffen, die die Theologie „sicherer und fester"[61] macht. Das Ziel besteht darin, wahre *dicta classica* zu eruieren, aus denen die *notiones universae* gewonnen werden. Sie lassen die rein zeitgebundenen Äußerungen der Bibel hinter sich[62] und stellen das Fundament der dogmatischen Untersuchung dar.[63] Mit dieser „Unterscheidung ... zwischen dem geschichtlich Bedingten und dem theologisch bleibend Relevanten"[64] bewegt

---

[59] Vgl. etwa die zeitgenössische F.D. Schleiermacher zugeschriebene Fragmenten- und Diegesenhypothese.

[60] „Nachdem also diese Meinungen der göttlichen Männer aus den heiligen Schriften sorgfältig gesammelt, passend geordnet, vorsichtig auf Allgemeinbegriffe (= allgemeine Vorstellungen) zurückgeführt und genau miteinander verglichen sind, dann kann mit Nutzen eine Untersuchung über ihren dogmatischen Gebrauch und über die richtige Bestimmung der Grenzen der beiden Theologien, der Biblischen und der Dogmatischen, angestellt werden. Bei dieser Bezeichnung ist besonders zu untersuchen, welche Meinungen sich auf die bleibende Form der christlichen Lehre beziehen und so uns selbst angehen; und welche nur für die Menschen eines bestimmten Zeitalters oder einer bestimmten Lehrform gesagt sind. Es steht nämlich bei allen fest, daß nicht der gesamte Inhalt der heiligen Schriften für Menschen jeder Art bestimmt ist, sondern daß ein großer Teil von ihnen eher für ein bestimmtes Zeitalter, einen bestimmten Ort und eine bestimmte Art von Menschen nach dem Ratschluß Gottes selbst verbindlich gemacht worden ist." Gabler bei Merk, Biblische Theologie, 280.

[61] Gabler bei Merk, Biblische Theologie, 276; „certior ... firmiorque" (Niebuhr/Böttrich, Gabler, 24).

[62] Vgl. C. Landmesser, Freiheit durch Interpretation. Die Aufgabe der Bibelexegese nach Rudolf Bultmann, in: I.U. Dalferth/P. Bühler/A. Hunziker (Hg.), Hermeneutische Theologie – heute?, HUTh 60, Tübingen 2013, 173–191, 180: Gabler weist damit der historischen Kritik die Aufgabe zu, „die durch historische Zufälligkeiten und durch Besonderheiten der biblischen Schriftsteller kontaminierten *dicta classica* aus dem Alten und dem Neuen Testament herauszupräparieren".

[63] Gabler bei Merk, Biblische Theologie, 281; Niebuhr/Böttrich, Gabler, 34. „Und nachdem diese sicheren Grundlagen der Biblischen Theologie ... gelegt sind, muß endlich die Dogmatische Theologie ... aufgebaut werden, und zwar eine unseren Zeiten angemessene." Ebd.

Gabler bietet damit ein Lösungsangebot für eine der „Kernfragen" der Biblischen Theologie: „Wie verhält sich in der Biblischen Theologie das Temporelle zu dem allgemein Gültigen?" Merk, Biblische Theologie, 23. Nach Smend, Gablers Begründung, 347, hat Gabler die Biblische Theologie als eine profane Wissenschaft verstanden. – Letzteres ist differenzierter zu beurteilen.

[64] So Landmesser, Freiheit, 179–180 und Zitat 190, der nachzeichnet, wie die auf Gabler zurückführende Unterscheidung bei R. Bultmann nachwirkt.

sich Gabler auf der Linie der von Lessing zehn Jahre zuvor geprägten Formulierung, derzufolge „zufällige Geschichtswahrheiten ... der Beweis von notwendigen Vernunftwahrheiten nie werden (können)“.[65] Die dogmatische Theologie, die eigentlich eine *philosophia christiana* ist, folge in ihrer Durchführung der *ratio* „unseres Jahrhunderts“.[66] Zur Erreichung dieses Ziels bedürfe es lediglich des richtigen und sicheren Weges und der entsprechenden Methode[67], und diese dargelegt zu haben, ohne in inhaltliche Einzelheiten gegangen zu sein, hält sich Gabler abschließend zugute. Die „ganze Rede (zielte) allein auf die Methode, die Biblische Theologie sicherer und vorsichtiger zu fassen“.[68]

Mit seiner Historisierung der biblischen Theologie gibt Gabler nicht den theologischen Anspruch dieser Teildisziplin auf. Im Gegenteil ist sein Interesse an einer „Vernunft und Offenbarung ausgewogen zur Geltung bringende(n) Dogmatik ..., die ... in sachgerechter Predigt mündet“,[69] spürbar. Es wäre daher eine Verkürzung, Gabler die Profanierung der biblischen Theologie zuzuschreiben. Seinem Selbstverständnis entspricht es vielmehr, dass auch die biblische Theologie im Dienste der Erfüllung eines theologischen Anliegens steht.[70]

In diesem Zusammenhang ist über den Rahmen der Altdorfer Antrittsvorlesung hinausgehend hinzuzufügen, dass Gabler der Auffassung ist, „‚durch die Vernunft selbst die christliche Religion als eine göttliche Offenbarung begründen zu können‘, in der diese göttliche Offenbarung mit der Vernunft ‚auf das genaueste harmonirt‘.“ Die Aufgabe der Vernunft sei es, „‚das Göttliche und das Menschliche in einer Offenbarungsurkunde (zu) scheiden‘“.[71] Allerdings reicht Gabler die Durchführung der theologischen

---

[65] G. E. Lessing, Über den Beweis des Geistes und der Kraft, in: Ders., Werke und Briefe in zwölf Bänden, hg. v. W. Barner u. a., Band 8: G. E. Lessing, Werke 1774–1778, hg. v. A. Schilson, Frankfurt a. M. 1989, 437–445, 441.

[66] Gabler verweist hier auf J. G. Töllner, Theologische Untersuchungen, St. 1, Riga 1772/73, 264 ff.; vgl. Gabler bei Merk, Biblische Theologie, 281. Niebuhr/Böttrich, Gabler, 34. Laut Dohmeier, Grundzüge, 119, droht allerdings „Gablers Bestreben, das kirchlich verfaßte Christentum aus seiner Ghettoisierung durch Partizipation an der allgemeinen Vernunft zu befreien“, daran zu scheitern, dass es keine Möglichkeit mehr gab, „sich darüber zu verständigen, was in der Gegenwart als vernünftig zu gelten habe. So wurde ihm der Streit um die Wahrheit des Christentums zugleich ein Streit um die Bestimmung dessen, was Vernunft sei“.

[67] „rectam certamque ... viam et rationem“, Niebuhr/Böttrich, Gabler, 36.

[68] Gabler bei Merk, Biblische Theologie, 281–282, Zitat 282.

[69] O. Merk, Art. Gabler, TRE 12 (1984) (Studienausgabe 1993), 1–3, 1.

[70] Darauf weist bereits Smend, Begründung, 347, mit Recht hin.

[71] Merk, Biblische Theologie, 99, der J. Ph. Gabler, JATL 1, Nürnberg 1804, 675 und J. Ph. Gabler, JTL, Nürnberg 1803, 13, zitiert.

Aufgabe an die Dogmatik weiter. Die biblische Theologie soll die Grundlage für die dogmatische Theologie bereitstellen.[72] Da diese Basis jedoch keine theologische, sondern eine historische ist, fehlt dem Ansatz sein eigenständiges theologisches Fundament.[73] Gabler konzipiert eine biblische Theologie, die von theologischen Implikationen gelöst und strikt historisch angelegt ist. Die in methodischer Stringenz herausgearbeiteten *notiones sacrae* stellen ungeachtet ihrer außerordentlichen Qualität menschliche Gedanken dar. Sie bilden eine Art zeitlosen geistigen Extrakt,[74] dem im Bereich der dogmatischen Theologie theologisches Leben eingehaucht werden soll. Was im ersten Schritt enttheologisiert wurde, dient im zweiten Schritt als Basis der theologischen Reflexion.[75]

---

[72] „‚Dogmatik muß von Exegese und nicht umgekehrt, Exegese von Dogmatik abhängen'". J. Ph. Gabler (Hg.), J. G. Eichhorns Urgeschichte, hg. mit Einleitung und Anmerkungen v. J. Ph. Gabler, Bd. 1, Altdorf und Nürnberg 1790, XV. Diese Umkehrung ist angesichts der Zeitumstände begreiflich. Die Konsequenzen sind allerdings weitreichend. Zum einen bekommt damit letztlich die historische Fragestellung fundierenden Charakter auch für die auf ihr aufbauende Dogmatische Theologie. Zum anderen droht auf diese Weise die Dogmatik als eine kritische Instanz, die die weltanschaulichen Voraussetzungen des neuen methodischen Ansatzes in den Blick nehmen könnte, aufgehoben zu werden, da sie selbst unter die Prämissen der Biblischen Theologie subsumiert worden ist.

Nach R. G. Kratz, Auslegen und Erklären. Über die theologische Bedeutung der Bibelkritik nach Johann Philipp Gabler, in: K.-W. Niebuhr/C. Böttrich (Hg.), Johann Philipp Gabler 1753–1826 zum 250. Geburtstag, Leipzig 2003, 53–74, beruht Gablers „Versuch, die Exegese von der Dogmatik zu befreien und gleichzeitig die Dogmatik an die Exegese zu binden ... auf der Illusion, daß sich das Menschliche und das Göttliche nach Maßgabe der Vernunft säuberlich trennen ließen, methodisch wie sachlich" (70). In seinem Ergebnis bleibt Kratz jedoch nahe bei Gabler: „Die historische Bibelkritik braucht Theologie und Kirche nicht, aber Theologie und Kirche brauchen die historische Bibelkritik." (73) Das stimmt in historischer Hinsicht und unter kultur- wie religionsgeschichtlicher Perspektive. Aber die Frage nach der Bedeutung historischer Kritik für das *theologische* Ergebnis ist damit noch nicht beantwortet, selbst wenn Kratz unter Berufung auf J. Ph. Gabler, NThJ 5, 1800, 411, konzediert: „Die historische Kritik ist und bleibt ‚ihrer Natur nach mehr negativ als positiv'." (73).

[73] Auf den hier vorliegenden Selbstwiderspruch weist bereits Merk, Biblische Theologie, 43, hin: „Der in der Rede grundsätzlich herausgearbeitete Nachweis, dass nur durch die ‚profane Methode' historisch-kritischer Exegese eine Biblische Theologie erstellt werden kann, ist also, sobald das für die Dogmatik erstrebte Ergebnis gewonnen ist, preisgegeben."

[74] Merk, Biblische Theologie, 97, verwendet für diesen Vorgang das Verb „herausfiltrieren". Es ist die Aufgabe der Vernunft, „‚das Göttliche und das Menschliche in einer Offenbarungsurkunde (zu) scheiden'".

[75] Die im Zuge dieses Verfahrens einfließende Subjektivität wird von Gabler nicht reflektiert. Vgl. Merks Kritik an diesem Vorgehen, derzufolge Gabler „eine für die dog-

Mit der Substituierung der Auffassung von der Selbstoffenbarung Gottes durch heilige menschliche Vorstellungen hält eine Vergeistigung in die bibelwissenschaftliche Grundlegung Einzug, deren Folgen in der fortlaufenden Wirkungsgeschichte entweder in Form einer Verflüchtigung der theologischen Referentialität oder in Gestalt der Kompensation sichtbar werden. Konkret steuert die Entwicklung entweder auf eine konsequent historisch aufgefasste religionsgeschichtliche Forschung unter Abstreifen der theologischen Restverpflichtung zu, oder sie läuft auf die Hochstilisierung der Person Jesu zur tragenden Säule der christlichen Welt hinaus.

Die Methodisierung, die Gabler vornimmt, geschieht im Interesse der Historisierung der Biblischen Theologie. An die Stelle des alten, in der Orthodoxie zur Vollendung gelangten Ordnungsprinzips der *loci*-Methode ist die chronologische Ausrichtung am Zeitstrahl getreten. Mit dieser Chronologisierung der biblischen Stoffe kündigt sich bereits die nächste Stufe der kommenden Forschung an: Die Ablösung der Biblischen Theologie bzw. der Theologie des Alten und des Neuen Testaments durch die Geschichte der christlichen Religion.

Bereits mit Gabler sind – *nolens volens* – die geistigen Grundlagen für eine Biblische Theologie gelegt, die sich von der eigenen theologischen Rechenschaftsverpflichtung dispensiert und nur noch propädeutisch im Blick auf die Theologie tätig ist.[76] Biblische Theologie wird als Geschichtswissenschaft betrieben. Die vollständige Emanzipation der Theologie des Alten und des Neuen Testaments von der theologischen Aufgabe, die sich in späterer Zeit unter dem aufklärerischen Pathos konsequenter geschichtswissenschaftlicher Behandlung der (Religions-)Geschichte des Urchristentums vollziehen wird, ist damit bereits präjudiziert.[77] In der Folge des Gablerschen Ansatzes mit seiner Tendenz zur Aufgliederung der Theologie in Ge-

---

matische Arbeit normgebende Anfangszeit konstruiert, die ... nicht mehr historischen Fragestellungen gegenüber offen ist." (Biblische Theologie, 43).

[76] Laut Merk, Biblische Theologie, 15, „ist der Ursprung des Begriffs ‚Biblische Theologie'" in „der Kritik an dieser Überwucherung der Exegese durch die Dogmatik ... zu suchen". Die Bereitschaft, „der Dogmatik als Hilfsdisziplin zu dienen", wird in verschiedenen Werken bereits seit dem 17. Jahrhundert dargelegt. Vgl. Merk, Biblische Theologie, 17–18.

[77] Vgl. einhundert Jahre nach Gabler Wrede, Aufgabe, dem es unter Rekurs auf Gabler (81) darum geht, „daß die neutestamentliche Theologie als eine rein geschichtliche Disziplin betrachtet und betrieben wird" (82) und ein weiteres Jahrhundert später Räisänen, Neutestamentliche Theologie?, 66–67. 74–75 u. ö. „Begriffe wie ‚Offenbarung' oder ‚Inspiration' haben keinen Raum in religionswissenschaftlicher Arbeit." (Ebd. 87). Wird die neutestamentliche Theologie, wie Räisänen vorschlägt, zu einer religionswissenschaftlichen Aufgabe umdeklariert, löst sich das theologische Proprium auf. Vgl.

schichtswissenschaft und Philosophie wird die Identität der Bibelwissenschaften als *theologischer* Disziplin(en) problematisch. Der Raum für die Bearbeitung der Offenbarung Gottes als eines genuin theologischen Themas hat sich zu verengen begonnen.[78]

Mit Gabler gewinnt die Geschichtswissenschaft quasi einen Text für ihren Arbeitsbereich hinzu: die als Quelle historischer Untersuchung begriffenen biblischen Schriften des Alten und Neuen Testaments. Die Theologie verliert im Gegenzug aufgrund der konsequenten Historisierung und mit der Preisgabe der Inspirationslehre ihre traditionelle Grundlage: die Bibel als das unmittelbare Gotteswort.[79] Der Unterscheidung zwischen Wort Gottes und Heiliger Schrift war die grundsätzliche Infragestellung der mit den Kanongrenzen gegebenen Vorentscheidungen ohnehin bereits vorangegangen.[80] Unter theologischem Gesichtspunkt rückt damit die neue Frage nach dem Ort der Offenbarung Gottes mit Notwendigkeit heran.[81]

Zu beobachten wird sein, welche wirkungsgeschichtlichen Folgen die neue Verhältnisbestimmung zwischen Biblischer Theologie und Dogmatik nach sich zieht. Einerseits ist im 18. Jahrhundert die Emanzipationstendenz deutlich. Die Biblische Theologie ist bemüht, sich von der Bevormundung durch die Dogmatik zu befreien. Dabei will sie den theologischen Anspruch der Disziplin nicht aufgeben. Aus diesem Bestreben erklärt sich die Bereitschaft zu einer propädeutischen Zuordnung der Biblischen Theologie zur Dogmatik. Andererseits verbindet sich mit dieser Auffassung eine Wahrnehmung der Dogmatik als einer theologischen Disziplin, die der Selbst-

---

auch Hübner, Biblische Theologie, Band 1, 27 Anm. 60, der das „ekklesiologische Defizit" in der Konzeption Räisänens kritisiert.

78 „Sah der biblische Theologe durch die Lehre von der Theopneustie die ganze Bibel als ‚unmittelbare göttliche Offenbarung' an, so ist für den durch die Aufklärung hindurchgegangenen bzw. in ihr stehenden Theologen die praktische Vernunft das Instrument, das ihm die unmittelbare göttliche Offenbarung vermittelt." Merk, Biblische Theologie, 102.

79 Bereits zuvor hatte J. S. Semler, Abhandlung von freier Untersuchung des Canon I, Halle 1771, 75, mit seiner Unterscheidung von Wort Gottes und Heiliger Schrift dieser Entwicklung zu einem Durchbruch verholfen (vgl. den Hinweis von U. Schnelle, Einführung in die neutestamentliche Exegese, Göttingen [7]2008, 12). Wenn Gabler von „Offenbarungsurkunde" spricht, gebraucht er den Begriff als Gegensatz zu „göttlicher Offenbarung" und bringt damit die Differenz zwischen Menschlichem und Göttlichem zum Ausdruck. Vgl. Merk, Biblische Theologie, 102.

80 Einen entscheidenden Schritt stellte in dieser Hinsicht J. D. Michaelis' erstmals 1750 erschienene und in überarbeiteter Form wiederholt aufgelegte „Einleitung in die göttlichen Schriften des Neuen Bundes" dar.

81 Schleiermachers Bemühungen, das fromme Selbstbewusstsein als Ort der Offenbarung auszumachen, sind durch diese Notwendigkeit initiiert.

wahrnehmung der Biblischen Theologie entspringt. Auch die Dogmatik unterliegt, jedenfalls in der Darstellung Gablers, der Logik des historischen Verstehens, wenngleich ihre Verfahrensregeln nicht der Geschichtswissenschaft, sondern der Philosophie entstammen. Damit ist in der Konsequenz auch die Dogmatische Theologie in den Prozess durchgängiger Historisierung der Theologie einbezogen.

In der Weiterentwicklung des Ansatzes kommt es im Laufe des 19. Jahrhunderte zu einer Verselbstständigung der religionsgeschichtlichen Fragestellung, für die das Problem der Einbindung in den Gesamtrahmen der Theologie in den Hintergrund tritt.

2.2.2 Die Ausdifferenzierung der Biblischen Theologie durch Georg Lorenz Bauer

Im Unterschied zu Gabler, dessen Hauptinteresse bei der Erarbeitung der Biblischen Theologie den quasi überzeitlichen *notiones sacrae* gegolten hatte, richtet G.L. Bauer sein Augenmerk vor allem auf den Anteil der Biblischen Theologie, der das Zeitgebundene erfasst. Damit rücken bei ihm die biblischen Aussagen an ihren jeweiligen historischen Orten bzw. in ihren historischen Kontexten in den Vordergrund. Bauer interessiert die Entwicklung der in den biblischen Schriften geäußerten Gedanken, und er stellt die erhobenen Aussagen in eine Reihenfolge. Der Gesichtspunkt der stufenweisen Entwicklung gibt die Basis für die allem Anschein nach von Bauer erstmals so genannte „historisch-kritische“ Schriftauslegung ab.[82] Bauer will ermitteln, wie die Vorgänge in der Vergangenheit tatsächlich gewesen sind und was die einzelnen biblischen Schriftsteller gesagt haben.

In seiner Ablehnung der Theopneustie ist Bauer sich mit Gabler einig. Die Eigenständigkeit eines biblischen Autors als eines autonom handelnden und formulierenden Subjekts lasse sich schon an der Zeitgebundenheit seiner Sprache erkennen. Nicht der göttliche Geist, sondern der menschliche Intellekt führt die Feder. Bauer rechnet die Theopneustie dem Bereich des Mythos zu. Mit ihrem Ende wird daher auch der Mythos und die ihm innewohnende Rationalität in das Gegenüber zur Historie und den in ihr geltenden logischen Gesetzmäßigkeiten gerückt. Theopneustie und Mythos geraten in Opposition zur herrschenden Vernunft.

---

[82] Im Titel seines „Entwurf(s) einer historisch-kritischen Einleitung in die Schriften des Alten Testaments“, Nürnberg 1794. Vgl. A. Beutel, Art. Bauer, Georg Lorenz, RGG[4] I (1998), 1169.

Als ein Problem aufgeklärter Vernunft kristallisiert sich heraus, was auch schon bei Gabler zu beobachten war: Göttlicher Geist und menschliche Rationalität werden als Widerspruch empfunden. Unter der von Gabler wie Bauer propagierten historisch-kritischen Perspektive kommt die Interessegelenktheit bzw. die inhärente weltbildliche Vorprägung des eigenen Zugangs nicht in den Blick und bleibt ausgeblendet. Dies wird sich als wirkungsgeschichtlich folgenreich erweisen, denn die Theopneustie wird der aufgeklärten Rationalität fortan, sofern sie überhaupt noch Erwähnung findet, als fremd und als Relikt voraufgeklärter Vernunft erscheinen und mit dem Gestus der Überlegenheit abgelehnt werden.

Mit der von Bauer vorgetragenen historischen Auffassung ist der Weg zu einer getrennt zu behandelnden alt- und neutestamentlichen Biblischen Theologie beschritten. Bauer ist der erste, der eine Biblische Theologie des Neuen Testaments vorlegt.[83]

Bauers Absicht zielt auf eine „‚Religionstheorie'"[84] des Neuen Testaments. „(D)urch die Herausarbeitung der reinen Biblischen Theologie"[85] will er „‚bestimmen, was allgemeingültiges Christentum sey'".[86] Die Konzentration auf die historisch verorteten biblischen Aussagen stellt in der Sache eine Abkoppelung von der Dogmatik dar.[87] Methodisch verfährt Bauer so, dass das, was sich von jedem einzelnen der biblischen Schriftsteller ermitteln lässt, als dessen Lehrbegriff vorgetragen wird. Seine Kernfrage lautet dabei: „‚(W)as haben Jesus und die Apostel als wesentliche, für alle Menschen und Zeiten geltende Religionswahrheiten gelehrt?'"[88] An der Vernünftigkeit der angewandten historisch-kritischen Methode will Bauer nicht zuletzt die Vernünftigkeit des Christentums selbst erweisen.

Mit seiner Aufgliederung der Biblischen Theologie stellt Bauer die Weichen für die in den folgenden zwei Jahrhunderten immer weiter vorgenommene Ausdifferenzierung der alt- und neutestamentlichen Schriften in den Bibelwissenschaften. Die dadurch angestoßene Entwicklung findet ihren Höhepunkt in der Aufteilung in immer kleinere Überlieferungszusammen-

---

[83] G.L. Bauer, Biblische Theologie des Neuen Testaments, Leipzig 1800–1802.

[84] Bauer bei Merk, Biblische Theologie, 179.181.

[85] Merk, Biblische Theologie, 181.

[86] Bauer bei Merk, Biblische Theologie, 181.

[87] „Als Konsequenz" des von Gabler und Bauer herbeigeführten Umbruchs „definiert sich die Theologie des Neuen Testaments als eine historische Disziplin". F. Vouga, Die Aufgaben der Theologie des Neuen Testaments. Verstehen als interdisziplinäre Kunst der Interpretation, in: C. Breytenbach/J. Frey (Hg.), Aufgabe und Durchführung einer Theologie des Neuen Testaments, WUNT 205, Tübingen 2007, 159–173, 161.

[88] Bauer bei Merk, Biblische Theologie, 181.

hänge und der Zersplitterung in Sinneinheiten, die häufig den Umfang einer Perikope oder eines Herrenwortes nicht überschreiten. Am Ende dieses Prozesses steht das Postulat des völligen Fragmentcharakters der biblischen Traditionen, wie es die Formgeschichte nach dem Ersten Weltkrieg vertrat.[89]

---

[89] Zu den zeitgeschichtlichen und weltanschaulichen Implikationen dieses Verfahrens und der Formgeschichte vgl. P.-G. Klumbies, Der Mythos bei Markus, BZNW 108, Berlin/New York 2001, 8–27.

3. Entstehung und Entwicklung der exegetischen Methoden seit der Aufklärung

Die durch Gabler und Bauer formulierte Neuausrichtung der Bibelwissenschaften wird durch die Entwicklung eines exegetischen Methodeninstrumentariums flankiert, das die biblischen Texten in einer Weise zu einem Untersuchungsgegenstand werden lässt, die den Interessen aufgeklärter Forschung entspricht. Die neu entstandene Kultur des Fragens, die nicht zuletzt Ausdruck eines gewandelten Frömmigkeitsverständnisses ist,[1] wird zum Kennzeichen für die sich entwickelnden Zugangsweisen. Charakteristisch sind auf der Basis des neu erwachten Selbstbewusstseins des erkennenden Individuums die Hochschätzung des Zweifels, insbesondere an Lehrmeinungen und Hierarchen, sowie die Bereitschaft zur Kritik an Tradition und überlieferten Autoritäten. Die als Befreiung aus Bevormundung gefeierte Autonomie gegenüber der für überwunden erklärten alten Heteronomie beflügelt die Fragehaltung im Blick auf die neutestamentlichen Texte, kirchliche Allgemeinüberzeugungen und Gott selbst. Mit dem Abbau bisher gültiger dogmatischer Gewissheiten einher geht die Suche nach neuen tragfähigen Fundamenten für die exegetische Arbeit. Im Blick auf die geforderte Untersuchungshaltung der Wissenschaftler formuliert Lessing 1763/64 klassisch: „Sieh überall mit deinen eigenen Augen. Verunstalte nichts. Beschönige nichts. Wie die Folgerungen fließen, so laß sie fließen. Hemme ihren Strom nicht, lenke ihn nicht."[2]

Die eigene Wahrnehmung gilt als die grundlegende Instanz. In der Folge kommt es zum Siegeszug der an der Empirie orientierten Wissenschaften, steigen Objektivität und Neutralität zu wissenschaftlichen Leitkriterien auf. Ihnen korrespondiert das Insistieren auf Enthaltung von Werturteilen im Vollzug der wissenschaftlichen Arbeit, das der Idee von der sich selbst durchsetzenden Wahrheit folgt. Der Loslösung von den überkommenen

[1] Vgl. C. Danz, Grundprobleme der Christologie, Tübingen 2013, 1.

[2] G.E. Lessing, Von der Art und Weise der Fortpflanzung und Ausbreitung der christlichen Religion, 1763/64, Gotthold Ephraim Lessing's Sämmtliche Werke, Siebenter Band, Berlin 1825, 132.

Autoritäts- und Gewissheitsstrukturen folgt die Suche nach neuen tragfähigen Fundamenten.

Neben dem Aufstieg der durch Nachmessbarkeit und Überprüfbarkeit ausgewiesenen Naturwissenschaften reüssiert im Bereich der Geisteswissenschaften insbesondere die Geschichtswissenschaft. Sie kann den Anspruch erheben, als die zeitgemäße Orientierungswissenschaft wahrgenommen zu werden. Angesichts einer neu angebrochenen Zukunft verspricht sie, auf dem Weg der Quellenforschung erprobte Maßstäbe aus der Vergangenheit ans Licht zu holen und damit einen Beitrag zur Neustrukturierung des gesellschaftlichen Lebens zu leisten. Im Zuge der Aufklärung boomen jene Wissenschaften, die annehmen lassen, dass sie die Welt auf verlässliche Grundlagen stellen. Nach dem Umsturz zahlreicher bis dahin geltender Normen äußert sich in der Wegwendung von Meinungs- und Glaubenswissenschaften zu Beobachtungs- und Analysewissenschaften ein Bedürfnis nach Objektivität und Erkenntnissicherheit, das angesichts der Umbrüche im ausgehenden 18. Jahrhundert nachvollziehbar ist.

Die biblische Exegese hat sich dem Zug der Zeit nicht verweigert. Auch in den Bibelwissenschaften besteht das Interesse, alt von neu zu trennen und einen theologischen Neubeginn auf sicherer historischer Grundlage zu unternehmen. Zunächst zielt die Bemühung darauf, über den durch selbstverständlichen und langjährigen Gebrauch geadelten *textus receptus* hinaus zu einer verlässlichen Textgrundlage des Neuen Testaments zu gelangen. Der aufklärerische Ruf *ad fontes* führt zu erheblichen Anstrengungen im Bereich der Textkritik.

In inhaltlicher Hinsicht befindet sich insbesondere seit der altprotestantischen Orthodoxie die Christologie im Zentrum der theologischen Denkbemühungen. Auch wenn mit der Jesusfrömmigkeit des Pietismus ein Gegenakzent vereinzelt sogar in die universitäre Landschaft gerät, ist es doch bis zur Aufklärung die Christologie, die zeichenhaft für das spekulative Element in der Theologie steht. Die Wissenschaft vom Neuen Testament ist mit der Aufklärung an dieser zentralen Stelle in die kritische Auseinandersetzung mit der eigenen Tradition eingetreten. Die Beschäftigung mit dem Christus-Dogma soll abgelöst werden durch die Suche nach dem ältesten, dem authentischen, dem historischen Jesus des Urchristentums. Das Pathos des Ursprünglichen verbindet sich mit der Überzeugung, dass die Wahrheit am Anfang einer weitergehenden Entwicklung zu finden sei. An dieser Stelle erhält das historische Interesse zugleich seine normative Bedeutung. Nur das, was sich historisch auf Jesus, wie er sich aus den Quellen rekonstruieren lässt, zurückführen lässt, soll fortan Maßstab für den Inhalt der christlichen Verkündigung werden. Die historische Forschung erhebt unmittelbar ihren dogmatischen Anspruch.

Die in der Gegenwart praktizierten exegetischen Methoden gehen auf eine lange Tradition der Auslegung der biblischen Schriften zurück. Methoden bahnen, wie der Begriff besagt, „Wege" zum Untersuchungsgegenstand. Gleichzeitig wirken sie an der Formung ihres Gegenstandes insofern mit, als dieser sich unter der Perspektive der jeweils gewählten Methode als eben der zu erkennen gibt, als der er sich gerade im Licht dieser Methode zeigt. Insofern ist es von Bedeutung, Methoden nicht lediglich zu praktizieren, sondern je und je zu reflektieren, im Dienste welcher Theorie die gewählten Methoden zur Anwendung gelangen.[3]

Geschieht die Gegenstandskonstitution in Abhängigkeit von Theoriebildung und Methodenauswahl, kommt der Erhellung der im Hintergrund stehenden Voraussetzungen hohe Bedeutung zu.[4] Im Folgenden werden daher zunächst die Prämissen exegetischer Arbeit dargestellt.

3.1 Geschichte und Grenze historisch-kritischer Exegese

3.1.1 Anliegen und Ziel historisch-kritischer Exegese

Im Gefolge der Aufklärung hat sich die historisch-kritische Bibelexegese als das klassische Instrument für den Zugang zu den biblischen Schriften des Alten und Neuen Testaments etabliert. Die Bezeichnung „historisch-kritische Exegese" ist seit dem 18. Jahrhundert geradezu zum Synonym für den wissenschaftlichen Umgang mit der Bibel geworden.[5] Die Erforschung der

---

[3] V. Nünning/A. Nünning, Wege zum Ziel: Methoden als planvoll und systematisch eingesetzte Problemlösungsstrategien, in: V. Nünning/A. Nünning (Hg.), Methoden der literatur- und kulturwissenschaftlichen Textanalyse. Ansätze – Grundlagen – Modellanalysen, Weimar/Stuttgart 2010, 1–27, 1, eröffnen ihren Beitrag mit einem Wittgenstein-Zitat: „‚Die eigentlichen Grundlagen seiner Forschung fallen dem Menschen gar nicht auf. Es sei denn, daß ihm dies einmal aufgefallen ist.'" L. Wittgenstein, Philosophische Untersuchungen (1958), Frankfurt a. M. 1971, 84.

[4] „In einer Vielzahl von Textinterpretationen werden die theoretischen Hintergrundannahmen und die methodischen Verfahren, also die ‚eigentlichen Grundlagen seiner Forschung', meist stillschweigend vorausgesetzt, nicht aber Gegenstand selbstreflexiver Erörterung." Nünning/Nünning, Wege zum Ziel, 5.

[5] Zur Debatte über den genauen zeitlichen Beginn der historischen Bibelkritik und die exponierte Rolle Johann Salomo Semlers vgl. K. Nowak, Vernünftiges Christentum? Über die Erforschung der Aufklärung in der evangelischen Theologie Deutschlands seit 1945, ThLZ.F 2, Leipzig 1999, 26–36.

Entstehung und Genese des israelitisch-jüdischen und des christlichen biblischen wie außerkanonischen religiösen Schrifttums, die Entfaltung seiner theologischen Inhalte sowie die historische Darstellung der Geschichte Israels und des frühen Christentums in ihren zeitgeschichtlichen Kontexten haben in dem Zeitraum von 1750 bis heute zu einem differenzierten Bild der Religionen, Kulturen und Gesellschaften des Mittelmeerraums und des Orients in der Antike geführt, das sich in hohem Maße den Mitteln historisch-kritischer Arbeit verdankt. In historischer und philologischer Hinsicht hat dieser Zugang zur Bibel seine Leistungsfähigkeit über Generationen hinweg nachdrücklich unter Beweis gestellt.

Einschränkend ist allerdings darauf hinzuweisen, dass neben der historischen Einleitungswissenschaft und der auf dogmatische Ungebundenheit pochenden Philologie sowie neben der Text-, der Literar- und der Redaktionskritik ein wesentlich breiteres Spektrum des Umgangs mit den biblischen Texten zu beobachten ist. Besonders im 18. Jahrhundert herrscht eine große methodische Vielfalt. Zu den Bezugspunkten der Textauslegung gehören neben der „geschichtliche(n) Kontextualisierung" insbesondere auch „Erfahrung, Philosophie, dogmatische und exegetische Tradition sowie innerbiblische Referenzen". Erst im 19. Jahrhundert erlangen die historischen und philologischen Methoden im Zuge permanenter Verfestigung quasi die Alleinherrschaft.[6]

An ihre Grenzen stoßen die traditionellen Methoden historisch-kritischer Exegese in dem Augenblick, in dem die biblischen Bücher als Erzählwerke in das Blickfeld treten. Dies gilt für das Neue Testament insbesondere hinsichtlich der Evangelien, deren narrativer Charakter evident ist. Der Grund für diese Limitierung liegt darin, dass Literarkritik, Formgeschichte und Redaktionsgeschichte vor allem nach den Entstehungsverhältnissen der Evangelien fragen. Sie sind vorrangig an den Produktionsbedingungen interessiert, die zu den Evangelienschriften in ihrer vorliegenden Gestalt geführt haben. Ihr Gegenstand ist primär die Vorgeschichte der literarischen Werke. Deren Weg vom frühesten Stadium der Entstehung bis zum Erscheinen der ältesten griechischsprachigen Fassung des Gesamttexts nachzuzeichnen, ist ihr Anliegen. Auf der Basis des durch die Textkritik erstellten mutmaßlich ältesten griechischen Grundtextes versuchen sie, die Vorgeschichte und das Wachstum der Überlieferung zu erheben.

---

[6] Vgl. dazu im Einzelnen H. Kauhaus, Vielfältiges Verstehen. Wege der Bibelauslegung im 18. Jahrhundert, AKTh 35, Leipzig 2011, hier 311–313, Zitate 311.

Die Evangelienschriften besitzen für die historisch-kritische Forschung des 18./19. Jahrhunderts den Status von Quellen. Sie gelten als literarische Zeugnisse der christlichen Gemeinden des ausgehenden 1. Jahrhunderts n. Chr. In historischer Perspektive versprechen sie zunächst, Aufschluss über die Geschichte und Theologie des frühen Christentums der 70er bis 90er Jahre zu geben. Da sich in den Evangelienschriften nach Überzeugung der historischen Kritik jedoch Teiltexte, Traditionen, Begriffe und Motive finden, die in eine deutlich frühere Phase der Geschichte des ältesten Christentums zurückverweisen, verbindet sich mit der Erforschung dieser Schriften auch die Hoffnung, eine Anschauung der davorliegenden Ereignisse zu erlangen und im Idealfall über die vorliegenden Evangelientexte zurück in die Epoche der Lebenszeit Jesu zu gelangen. Die Texte werden als Vehikel angesehen, um Auskünfte über den Menschen Jesus, sein religiöses Anliegen und seine Lebensumstände zu erhalten. Das Untersuchungsinteresse historisch-kritischer Forschung richtet sich also streng genommen auf Vorgänge, die chronologisch vor bzw. in methodisch-sachlicher Hinsicht hinter den Texten gesucht werden. Der Text gilt als ein Medium, durch das hindurch Einsichten in historische Vorgänge zur Zeit Jesu gewonnen werden können.

Dieser in der Aufklärung des 18. Jahrhunderts begründete Zugang zu den neutestamentlichen Schriften basiert auf der Überzeugung, dass die normativen Grundlagen des sich schnell entwickelnden Christentums in der Anfangszeit gesucht werden müssen. Hier wirkt die für den Umgang mit Geschichte populäre Idee des „goldenen Anfangs" nach. Im Ursprung einer neuen Weltanschauung ist die Wahrheit noch in reiner Gestalt zu finden, lautet das Credo dieser Theorie. Am Anfang der neuen religiösen Bewegung des Christentums, in der Lebensgeschichte ihrer Gründergestalt Jesu, seien die unverfälschten Grundlagen der christlichen Lehre zu finden. Die Evangelienschriften, als historische Quellen ausgewertet, eröffnen den Zugang zur Gestalt des historischen Jesus. Auf ihn, konkret auf seine Lehre von einem gottgemäßen Leben, haben sich die Theologie und die kirchliche Verkündigung zurückzubeziehen.[7] Nicht länger die von vielen Zeitgenossen des 18. und 19. Jahrhunderts als verkrustet empfundene Dogmatik solle zukünftig die Grundlage für die autoritativen Aussagen der christlichen Lehre darstellen. Nur was sich auf Jesus und seine Verkündigung zurückführen

[7] Vgl. H. Weder, Art. Bibelwissenschaft II. Neues Testament, RGG[4] I (1998) (Ungekürzte Studienausgabe 2008), 1529–1538, 1533: „Gefragt wurde jetzt nicht mehr nach der Gestalt der Texte, sondern nach einer Gestalt hinter den Texten, nach einer Wirklichkeit, auf welche die Texte bloß zeigen."

lasse,[8] könne nach der Aufklärung noch als Maßstab für die christlichen Inhalte gelten.

Für den exegetischen Umgang mit den Evangelienschriften wurde unter diesen Vorzeichen die Auffassung erkenntnisleitend, dass das Verständnis eines Textes aus der Geschichte seiner Entstehung resultiert. Der Sinn der Endfassung ergibt sich aus dem Nachvollzug der Vorstadien. Das Wachstum der Überlieferung dokumentiert einen inneren Dialog zwischen aufeinander folgenden Phasen der Überlieferung. Die Rekonstruktion dieses Gesprächsprozesses innerhalb der Tradition erschließt die Bedeutung der Endfassung. Der sorgfältigen Unterscheidung der verschiedenen Überlieferungsstufen und Textschichten kommt daher für das Verständnis der textlichen Endfassung konstitutive Bedeutung zu.[9]

3.1.2 Geschichte und Methodik historischer Jesusforschung

Nachdem in den 1830er Jahren die Abhängigkeitsverhältnisse zwischen den synoptischen Evangelien mit der Feststellung der Markuspriorität geklärt[10]

---

[8] Beispielhaft fasst im Wintersemester 1899/1900 auf dem Höhepunkt dieser sich bereits ihrem Ende zuneigenden Epoche die damals gültige Überzeugung A. Harnack, Das Wesen des Christentums. Sechzehn Vorlesungen vor Studierenden aller Facultäten im Wintersemester 1899/1900 an der Universität Berlin gehalten, Akademische Ausgabe, Leipzig 1902, 32–50.115, zusammen.

[9] Das bekräftigt M. Wolter, Das Lukasevangelium, HNT 3, Tübingen 2007, V, wenn er seinem Kommentar im Vorwort als Ziel voranstellt, das Lukasevangelium insbesondere unter Berücksichtigung „formgeschichtliche(r) Gesichtspunkte" „traditionsgeschichtlich zu erschließen, um auf diese Weise das theologische Anliegen der lukanischen Jesusgeschichte zu profilieren". Die Frage ist, in welchem Umfang das unter diesen Voraussetzungen gelingen kann.

Die Konzentration auf die Traditionsgeschichte hat in den traditionellen Kommentarreihen faktisch dazu geführt, dass dort primär Informationen zu Einzelheiten vor, hinter und neben den Texten geliefert werden. Einzelteile des jeweiligen Gesamtwerks werden analysiert und erklärt und nach Kräften zu verbinden versucht. Die Interpretation des Textes in seiner vorliegenden Endgestalt, für die qua Definition die Gesamtwahrnehmung des Ganzen die Grundlage bildet, bleibt dementsprechend von nachrangiger Bedeutung.

[10] Grundlegend war die Beobachtung von C. Lachmann, De ordine narrationum in evangeliis synopticis, ThStKr 8, Tübingen 1835, 570–590, derzufolge das Matthäus- und das Lukasevangelium in der Reihenfolge ihres mit dem Markusevangelium gemeinsamen Stoffes solange untereinander übereinstimmen, wie sie auch mit dem Markusfaden übereinstimmen. Weicht einer der beiden Seitenreferenten von der Markusreihenfolge ab, stimmen sie in der Reihenfolge auch untereinander nicht mehr überein. Daraus ergab sich für Lachmann als Folgerung, dass sich Matthäus wie Lukas am Markusevangelium als Vorlage orientiert hatten. Vgl. auch W. G. Kümmel, Einleitung in das Neue Testament, Heidelberg [18]1976, 31.

und mittels der Zweiquellentheorie die Quellenfrage als gelöst betrachtet werden konnte,[11] war die Bahn für die historische Jesusforschung geebnet.[12] Denn nun war in methodischer Hinsicht klar, dass der historische Zugang über das Markusevangelium, die Logienquelle und ggfs. das Sondergut der beiden Seitenreferenten Matthäus und Lukas zu erfolgen habe. Die Suche nach den authentischen und unverfälschten Anfängen der Geschichte des Christentums in der Lebensgeschichte Jesu führte im 19. Jahrhundert zu einem Boom der Leben-Jesu-Forschung.[13] Dieser endete 1905/06 jäh mit Albert Schweitzers Nachzeichnung dieser Bemühungen, die erkennen ließ, in welchem starken Maße die Darstellungen Jesu aufgrund der lückenhaften Quellenlage von den subjektiven Ergänzungen und Interessen der modernen Autoren gesteuert waren: „jeder einzelne schuf ihn nach seiner eigenen Persönlichkeit".[14] Da die von der Dialektischen Theologie beeinflusste Exegese um Bultmann herum aus theologischen Gründen ohnehin an der Per-

---

[11] C.H. Weisse, Die evangelische Geschichte kritisch und philosophisch bearbeitet I.II, Leipzig 1838. Zur Darstellung der Geschichte der synoptischen Frage vgl. im Einzelnen Kümmel, Einleitung, § 5 Die synoptische Frage, 13–53; Ph. Vielhauer, Geschichte der urchristlichen Literatur. Einleitung in das Neue Testament, die Apokryphen und die Apostolischen Väter, Berlin/New York 1975, § 19. Das synoptische Problem und die älteren Lösungsversuche, § 20. Die Zwei-Quellen-Theorie, 263–280; W. Schmithals, Einleitung in die drei ersten Evangelien, Berlin/New York 1985, Kap. 3 Die synoptische Quellenkritik, 44–233; U. Schnelle, Einleitung in das Neue Testament, Göttingen [4]2002, Kap. 3.2 Das synoptische Problem, 185–219; I. Broer, Einleitung in das Neue Testament, Band I und II. Studienausgabe, Würzburg 2006, § 3 Die synoptische Frage, oder: Die literarischen Beziehungen zwischen den ersten drei Evangelien, 39–53; M. Ebner, Die synoptische Frage, in: M. Ebner/S. Schreiber (Hg.), Einleitung in das Neue Testament, Kohlhammer Studienbücher Theologie Band 6, Stuttgart 2008, 67–84; vgl. aber auch die Bedenken, die gegenüber der klassischen Zweiquellentheorie vorgetragen werden von W. Kahl, Vom Ende der Zweiquellentheorie oder Zur Klärung des synoptischen Problems, in: C. Strecker (Hg.), Kontexte der Schrift Band II. Kultur, Politik, Religion, Sprache – Text. Wolfgang Stegemann zum 60. Geburtstag, Stuttgart 2005, 404–442.

[12] Einen Überblick über die Geschichte der Forschung vom 18.–21. Jahrhundert vermittelt Danz, Christologie, 13–49; vgl. auch die Skizze von J. Frey, Der historische Jesus und der Christus der Evangelien, in: J. Schröter/R. Brucker (Hg.), Der historische Jesus. Tendenzen und Perspektiven der gegenwärtigen Forschung, BZNW 114, Berlin/New York 2002, 273–336, 273–293.

[13] Vgl. auch M. Ebner/B. Heininger, Exegese des Neuen Testaments. Ein Arbeitsbuch für Lehre und Praxis, Paderborn u. a. 2005: Die Schritte der historisch-kritischen Analyse „wurden im Zusammenhang (19) mit der Leben-Jesu-Forschung, also der Frage nach dem historischen Jesus entwickelt – gemäß dem Motto: von den Quellen (synoptische Frage), ihren Vorstufen (Literarkritik) und ihrer strukturellen Prägung (Gattungskritik) hin zum historischen Jesus (Rückfrage)." (20).

[14] A. Schweitzer, Geschichte der Leben-Jesu-Forschung, zwei Bände, Gütersloh [3]1977, 48. Vgl. auch ebd. 50.

son Jesu desinteressiert war, dauerte es bis in die 1950er Jahre, ehe die historische Jesusforschung unter präzisierten methodischen Voraussetzungen eine Wiederbelebung erfuhr. Im Zuge der rasanten Aufholbewegung der amerikanischen Exegese gegenüber der deutschen seit den 1980er Jahren gewann die historische Jesusforschung ein drittes Mal an Dynamik. Die „Third Quest" hat ihr Profil insbesondere daraus bezogen, dass sie die Quellenbasis, anhand derer die Jesusdarstellungen entwickelt wurden, über das Neue Testament hinaus ausgeweitet hat.

Beim gegenwärtigen Stand der Dinge lassen sich in der historischen Jesusforschung vom 19. bis zum 21. Jahrhundert zusammengefasst drei große Linien erkennen: Für die Exegese des 19. Jahrhunderts ist der zentrale Gegenstand *der verkündigende Jesus.* Insbesondere die Rekonstruktion der Lehre bzw. Predigt Jesu geschieht in der Erwartung, in diesem Überlieferungssegment historisch der ursprünglichen Verkündigung Jesu und mit ihr der unverfälschten Wahrheit des Anfangs der Geschichte des Christentums auf die Spur zu kommen. Im 20. Jahrhundert steht nach dem Umschlag von der Liberalen zur Dialektischen Theologie *der verkündigte Christus* im Mittelpunkt des Interesses. Als theologische Mitte gilt nicht mehr die Verkündigung Jesu, sondern das Heilsgeschehen von Tod und Auferstehung Jesu Christi, d. h. die Phase des auf Jesus als den Christus bezogenen nachösterlichen Glaubens, die Jesu Tod und damit das Ende seines Erdenwirkens voraussetzt.[15] Im Blick auf das begonnene 21. Jahrhundert zeichnet sich tendenziell eine Hinwendung zum *verkündigten Jesus* ab. Jesus unter dem Gesichtspunkt seiner Wirkung und hinsichtlich der Bedeutung, die er bei den Glaubenden entfaltet hat und die sich den Darstellungen seiner Lebensgeschichte in den Evangelien entnehmen lässt, ist das Thema sowohl neo-historischer Rekonstruktionsversuche[16] als auch narratologisch begründeter Interpretationen. Für das 19. und 20. Jahrhundert wurden mit den Bezeichnungen *der historische Jesus* und *der kerygmatische Christus* bereits die Zen-

---

[15] Vgl. dazu die Debatte R. Bultmanns mit seinen Schülern. R. Bultmann, Das Verhältnis der urchristlichen Christusbotschaft zum historischen Jesus, SAHW.PH Jg. 1960, 3. Abh. 1960, 5–27 (wieder abgedruckt in: Ders., Exegetica. Aufsätze zur Erforschung des Neuen Testaments, hg. v. E. Dinkler, Tübingen 1967, 445–469).

[16] Wengst, Der wirkliche Jesus?, 225–230, deckt sehr präzise auf, dass das Konzept des „erinnerten Jesus" in der Sache lediglich eine sanfte Version der klassischen historischen Jesusforschung darstellt. Es handelt sich um den Versuch, auf dem Weg über die Texte wiederum nach einem älteren, diesen zuvorliegenden Stadium zu fragen – diesmal nicht mit Ziel eines direkten Zugriffs auf den faktischen Jesus, sondern im Modus der „vermeintlich ältesten Erinnerungen" (230) an ihn. Die kritische Grundfrage bleibt die gleiche: Zu welchem Zweck geschieht das?

tralbegriffe geprägt, die den entsprechenden Forschungsrichtungen ihren Namen gaben. Die beiden Termini haben dem Jahrhundertprojekt der historischen Jesusforschung und der Epoche der sog. Kerygmatheologie ihre Etiketten verliehen. Im Zentrum der Bemühungen am Beginn des 21. Jahrhunderts steht *der erzählte Jesus*. Diese Zuschreibung erscheint bei Berücksichtigung der unter erzähltheoretischen Aspekten gewonnenen Einsichten als treffend; er erweist sich zudem als auf einen traditionell historischen Zugriff anwendbar, der sich seiner eigenen narrativ-konstruierenden Implikationen bei der Präsentation der Ergebnisse bewusst ist.

Bei dem Versuch des 19. Jahrhunderts, dem historischen Jesus und seiner Verkündigung auf die Spur zu kommen, geht es im Kern um die *Theo-logie* im engeren Sinne, d.h. um das Gottesverständnis, sowie um das Verhältnis von Theologie und Anthropologie. Auf den Nenner gebracht hat Adolf Harnack die Reich-Gottes-Predigt Jesu mit der Formulierung, der Inhalt der Verkündigung Jesu seien „Gott der Vater und der unendliche Wert der Menschenseele".[17] Genau an diesem Verständnis entzündet sich nach dem Ersten Weltkrieg und der Wende zur Dialektischen Theologie die Kritik Bultmanns: „der Vorwurf gegen die liberale Theologie ist der, daß sie nicht von Gott, sondern von Menschen gehandelt hat."[18] Mit der vornehmlich durch Karl Barth initiierten theologischen „Kehre" verlagert sich das Thema auf die Christologie. Nun steht das Kerygma vom gekreuzigten und auferstandenen Christus im Mittelpunkt der theologischen Bemühung. [19] Dieser Ansatz wird seit den fünfziger Jahren des 20. Jahrhunderts auch unter den Schülern Bultmanns kontrovers diskutiert und führt zu der durch E. Käsemann angestoßenen „Neuen Frage nach dem historischen Jesus"[20]. Das von Bultmann vertretene pure „Daß" des Gekommenseins Jesu müsse, so neben

---

[17] Harnack, Wesen des Christentums, 33.

[18] R. Bultmann, Die liberale Theologie und die jüngste theologische Bewegung, Glaube und Verstehen I, Tübingen [8]1980 (ursprgl. 1924), 1–25, 2.

[19] Dieser Ansatz wirkt sich maßgeblich auf das Werk Bultmanns aus, dessen erster Satz in seiner Theologie des Neuen Testaments auf Seite 1 Programm ist: „Die Verkündigung Jesu gehört zu den Voraussetzungen der Theologie des NT und ist nicht ein Teil dieser selbst." Bultmann setzt fort: „Christlichen Glauben aber gibt es erst, seit es ein christliches Kerygma gibt, d.h. ein Kerygma, das Jesus Christus als Gottes eschatologische Heilstat verkündigt, und zwar Jesus Christus, den Gekreuzigten und Auferstandenen." Bultmann, Theologie, 1–2.

[20] E. Käsemann, Das Problem des historischen Jesus, in: Ders., Exegetische Versuche und Besinnungen, Erster Band, Göttingen 1960 (ursprgl. 1953/54), 187–214.

Käsemann auch G. Bornkamm[21] und G. Ebeling[22], um die Frage nach dem „Was" und dem „Wie" erweitert werden. Außer Frage steht in dieser Diskussion weiterhin die vorgeordnete Rolle der Christologie.

Die methodische Ausrichtung dieses Neuanfangs in der historischen Jesusforschung haben klassisch Käsemann und H. Conzelmann mit der Einführung des Differenzkriteriums[23] formuliert. Demnach gilt als methodischer Grundsatz für die Rekonstruktion der Lehre Jesu, dass das als echt anzusehen ist, „was sich weder in das jüdische Denken einfügt noch in die Anschauungen der späteren Gemeinde."[24] An diesem methodischen Grundsatz entzündet sich der Widerspruch der in den USA begründeten und in Deutschland rezipierten „Third Quest". Das charakteristische Anliegen der „dritten Suche" nach Jesus besteht darin, den historischen Jesus nicht, wie es die sog. „Neue Frage nach dem historischen Jesus" in den 1950er Jahren getan hat, aus einer angenommenen Differenz gegenüber dem Judentum zu verstehen, sondern gerade die Einbindung Jesu in das zeitgenössische Judentum herauszustellen.[25] Durch das Fazit A. Schweitzers[26] keineswegs entmutigt versucht die „Third Quest" auf dem Wege der Methodenrevision zu zuverlässigeren Ergebnissen zu gelangen, als dies in der Vergangenheit mög-

---

[21] G. Bornkamm, Jesus von Nazareth, Stuttgart/Berlin/Köln/Mainz [15]1995 (ursprgl. 1956).

[22] G. Ebeling, Jesus und Glaube, ZThK 55 (1958), 64–110; Ders., Die Frage nach dem historischen Jesus und das Problem der Christologie, ZThK Beiheft 1 (1959), 14–30; Ders., Das Wesen des christlichen Glaubens, Tübingen 1959, 48–85.

[23] Vgl. dazu ausführlich D.S. du Toit, Der unähnliche Jesus. Eine kritische Evaluierung der Entstehung des Differenzkriteriums und seiner geschichts- und erkenntnistheoretischen Voraussetzungen, in: J. Schröter/R. Brucker (Hg.), Der historische Jesus. Tendenzen und Perspektiven der gegenwärtigen Forschung, BZNW 114, Berlin/New York 2002, 89–129.

[24] H. Conzelmann, Art. Jesus Christus, RGG[3] III (1959) (Ungekürzte Studienausgabe 1986), 619–653, 623. Ebenso Käsemann, Problem, 205: „Einigermaßen sicheren Boden haben wir nur in einem einzigen Fall unter den Füßen, wenn nämlich Tradition aus irgendwelchen Gründen weder aus dem Judentum abgeleitet noch der Urchristenheit zugeschrieben werden kann, speziell dann, wenn die Judenchristenheit ihr überkommenes Gut als zu kühn gemildert oder umgebogen hat."

[25] Vgl. G. Theißen/A. Merz, Der historische Jesus. Ein Lehrbuch, Göttingen 1996, 117–119. T. Schramm, Die dritte Runde. Der historische Jesus im Spiegel der neueren Forschung, in: E. Brandt/P. S. Fiddes/J. Molthaben (Hg.), Gemeinschaft am Evangelium, FS Wiard Popkes, Berlin 1996, 257–280, 267–268 und 278.

[26] Siehe oben 47. Vgl. die differenzierte Darstellung der Position Schweitzers durch Wengst, Der wirkliche Jesus?, 130–133, der herausarbeitet, dass Schweitzer selbst im Unterschied zu der Forschung, die sich auf ihn berief, gerade nicht den „Totenschein" (130) für die historische Jesusforschung als solche ausstellte, sondern primär die Art und Weise kritisierte, in der diese praktiziert wurde.

lich gewesen sei. Von zentraler Bedeutung ist, dass sie das von Conzelmann und Käsemann zugrunde gelegte Differenzkriterium durch das sog. „historische Plausibilitätskriterium", „das mit Wirkungen Jesu auf das Urchristentum und seiner Einbindung in einen jüdischen Kontext rechnet"[27], sowie durch das Kriterium der vielfachen unabhängigen Bezeugung ersetzt.[28] An die Stelle des Unähnlichkeits- ist das Kohärenzkriterium getreten.[29]

Mittlerweile sind die hohen Erwartungen an die Leistungsfähigkeit des Ansatzes und die Einschätzung des Neuheitswertes der erzielten Ergebnisse einer nüchternen Betrachtung gewichen.[30] K. Wengsts Aufarbeitung des Forschungsstandes ist an der Quellen- und Methodenfrage, den Auffassungen zum Judesein Jesu, dem Zirkel von Erkenntnisinteresse und Resultat, den historischen Ergebnissen zu den diversen Themenfeldern der Jesusforschung sowie der Frage nach neuen theologischen Argumenten für die historische Recherche orientiert. Seine Ausführungen, die unter der Überschrift „Was gibt es Neues bei der ‚dritten Suche' nach dem ‚historischen Jesus'?" stehen, gipfeln in dem pointierten Fazit: „nichts."[31]

3.1.3 Der Zusammenhang von Methodik und theologischer Programmatik in der Synoptiker-Exegese

Die Literarkritik war das neue methodische Instrument für die Exegese der Aufklärung. Mit der Schere in der Hand vollzogen ihre Anwender scharfe Schnitte an den als Quellen verstandenen Texten.[32] Durch konsequente Scheidung von Tradition und Redaktion trennte die Literarkritik vermeintliche Überlieferungsstufen voneinander. Die treibende Kraft der literarkritischen Arbeit war der Wunsch, Vorstufen der vorliegenden Texte zu ermitteln. Die Literar- bzw. Quellenkritik suchte nach den Texten im Text.[33] Sie

---

[27] Theißen/Merz, Jesus, 117. „Historisch ist in den Quellen das, was sich als Auswirkung Jesu begreifen läßt und gleichzeitig nur in einem jüdischen Kontext entstanden sein kann." Ebd. O. Wischmeyer, Hermeneutik des Neuen Testaments. Ein Lehrbuch, NET 8, Tübingen und Basel 2004, 102.

[28] Vgl. Schramm, Der historische Jesus, 264.268.

[29] Vgl. J. Roloff, Art. Jesus Christus I.1. Jesus von Nazareth, RGG[4] IV (2001) (Ungekürzte Studienausgabe 2008), 463–467, 465.

[30] Vgl. die kritische Auseinandersetzung mit den Authentizitätskriterien der historischen Jesusforschung in den Beiträgen des Buches von C. Keith/A. Le Donne (Eds.), Jesus, Criteria, and the Demise of Authenticity, London 2012.

[31] Wengst, Der wirkliche Jesus?, 215–302, Zitate 215.

[32] Zu dieser Thematik vgl. P.-G. Klumbies, Die Grenze form- und redaktionsgeschichtlicher Wunderexegese, BZ NF 58 (2014), 21–45, hier 24.

[33] Vgl. J. Roloff, Neues Testament, Neukirchen-Vluyn 1977, 4–5.8.

wurde getrieben von dem Bestreben, dogmatische Übermalungen von ursprünglichen Überlieferungen abzulösen, und der Hoffnung, die unverfälschten Anfänge in der Vergangenheit aufzudecken und zur ältesten Überlieferung über den historischen Jesus zurückzugelangen.

Die Sehnsucht nach authentischen Ursprüngen und das Bedürfnis nach belastbaren Grundlagen teilte die historische Arbeit in Theologie und Exegese mit dem ganzen aufgeklärten Zeitalter. In allen Bereichen der Gesellschaft sah man sich vor der Notwendigkeit, alten, überkommenen Auffassungen neue handlungsleitende Überzeugungen entgegenzusetzen. Neues galt es von Altem abzusetzen.

In diesem Zusammenhang ist auf eine chronologische Koinzidenz zu verweisen: Während im politischen Frankreich die Guillotine als neues Hinrichtungsinstrument blutige Triumphe feierte und zugleich ein Fanal für den sauberen Schnitt zwischen altem und neuem politischen System darstellte[34], wurde in der Exegese die Schere zum sezierenden Operationsbesteck der Theologen. In der Hoffnung, an den Ursprung der christlichen Tradition zu gelangen, begab sich die Exegese unverzüglich auf die Suche nach der ältesten Überlieferung von Jesus. Im Vollzug der literarkritischen Analysen trennte sie sekundäre Überformungen von vermeintlich ursprünglicher, alter Überlieferung.

Solcher Zugriff auf die Vergangenheit entsprang der unmittelbaren Notwendigkeit nach Legitimation. Denn in dem Augenblick, in dem die Aufklärung die theonome Fundierung der Gesellschaft negiert und die altvertraute dogmatische Christologie ihre Plausibilität in Theologie und Kirche verloren hatte, war ein Bedarf nach tragfähigen Fundamenten entstanden.[35] Damit stand die Theologie Seite an Seite mit den vom Streben nach Autonomie und Emanzipation getriebenen universitären Wissenschaften. Mit ihnen teilte sie auch das Objektivitätsideal wissenschaftlicher Arbeit. *Via* Literarkritik wollte die auf das Neue Testament bezogene Bibelwissenschaft die Brücke zu den authentischen Grundlagen am Anfang des Christentums schlagen. Dort, so die Verheißung, wartete ein historischer Jesus, der in neuer Weise Orientierung für die Gegenwart versprach.

---

[34] Die Guillotine diente erklärtermaßen einer Humanisierung der Todesstrafe; zugleich demonstriert ihr furchtbarer Einsatz auch den tödlich scharfen Schnitt, den das neue politische System gegenüber der alten Herrschaft des Absolutismus vollzog.

[35] Frey, Der historische Jesus, 274, schreibt zutreffend vom „Plausibilitätsverlust der altkirchlichen Christologie“; zustimmend zitiert von W. Stegemann, Jesus und seine Zeit, Biblische Enzyklopädie 10, Stuttgart 2010, 398, demzufolge der Impetus der historischen Jesusforschung darin besteht, diesen „Plausibilitätsverlust“ zu „kompensieren“.

Im Rahmen ihrer Anwendung auf die synoptischen Evangelien vollzog die Literarkritik Weichenstellungen, die für das Verständnis der Texte weitreichende Konsequenzen nach sich zogen. Da sowohl die spätere Form- als auch die Redaktionsgeschichte auf der Literarkritik aufbauten und deren Voraussetzungen beibehielten, wirkten diese Vorentscheidungen in einer Zeit weiter, die die Liberale Theologie des 19. Jahrhunderts und deren geistige Prämissen inzwischen hinter sich gelassen hatte. Ungeachtet des tiefen Einschnitts, den der Erste Weltkrieg auch für die Arbeit der Theologie und der Exegese bedeutete, lebten die literarkritischen Grundlagen in der anschließenden dialektisch-theologisch geprägten Epoche fort.

Die Scheidung von Tradition und Redaktion, die die Grundlage für die Arbeit der Literarkritik darstellt, ging einher mit der Voraussetzung, Figurenrede und Erzählerstimme in den Texten voneinander zu separieren und zwei unterschiedlichen historischen Ebenen zuzuweisen. Tendenziell sah man in der Figurenrede sprachliche Zeugnisse aus älterer Zeit, im günstigsten Fall aus der Jesuszeit und – sofern es sich um Worte im Munde Jesu selbst handelte – möglicherweise um originale Jesusworte, die als Zitate Eingang in die Texte gefunden hätten. Die Erzählerstimme hingegen galt als kommentierende Hinzufügung, die man für später hinzugetreten hielt und die daher lediglich in redaktioneller Hinsicht von Interesse war.

Die Vorordnung des gesprochenen Wortes vor der erzählten Tat gab auch nach der Zäsur des Ersten Weltkriegs das Gliederungsprinzip von Bultmanns für die formgeschichtliche Arbeit des 20. Jahrhunderts einflussreicher „Geschichte der synoptischen Tradition“ ab. Bultmann gliederte sein Buch I. in „Die Überlieferung der Worte Jesu“ und II. in „Die Überlieferung des Erzählungsstoffes“.[36] Bultmanns axiomatische Festschreibung, dass in apophthegmatischen Szenen, also kleinen Erzählungen, in denen eine Episode seines Lebens mit einem Ausspruch Jesu verbunden ist, die Pointe in dem Ausspruch Jesu zu sehen ist, hat sich als stilbildend durchgesetzt und bei Bultmanns Schülern wie Kritikern ihre Fortsetzung gefunden.[37]

Im Unterschied zur Literarkritik mit ihrem Interesse an durchlaufenden Textsträngen ist die Formgeschichte die Methode des Fragments. Zwar hatte sie sich etwa im Werk Hermann Gunkels schon vor dem Ersten Weltkrieg

---

[36] R. Bultmann, Die Geschichte der synoptischen Tradition, FRLANT 29, Göttingen [8]1970 ([1]1921): Teil I Seite 8–222, Teil II Seite 223–348.

[37] Selbst W. Schmithals' Kritik der Formgeschichte folgt an dieser Stelle der Vorentscheidung Bultmanns. Vgl. W. Schmithals, Kritik der Formkritik, ZThK 77 (1980), 149–185, sowie W. Schmithals, Einleitung in die drei ersten Evangelien, Berlin/New York 1985, 299–318.

entwickelt.[38] Aber erst nach dem Zerbrechen der überlieferten Kontinuitäten in Gesellschaft und Geistesleben stieg sie zur dominierenden exegetischen Methode auf. Fast gleichzeitig gelangten zwischen 1919 und 1921 K. L. Schmidt,[39] M. Dibelius[40] und Bultmann zu der Erkenntnis, dass in den Evangelien Perikopenüberlieferung vorlag. Statt wie bisher angenommen mit durchlaufenden Texten habe man es mit einer schwach geordneten Anhäufung von Einzelperikopen und Logien zu tun. Diese seien nur durch ein loses Netz von Überleitungen zusammengehalten.[41] Die Formgeschichte wurde zur Methode für den Umgang mit angenommener textlicher Diskontinuität. In einer Zeit, in der in Politik, Kirche und Kunst die Oberflächen zersprungen waren, trug die Formgeschichte den expressionistischen Grundzug jener Jahre in die exegetische Methodik hinein. Zugleich verlieh die Formgeschichte der Christologie neue Geltung. Unter dialektisch-theologischem Einfluss trat an die Stelle des verkündigenden Jesus der literarkritisch-liberaltheologischen Phase der verkündigte Christus in das theologische Zentrum formgeschichtlich ausgerichteter Exegese.

Zur Signatur formgeschichtlicher Arbeit gehören mehrere Einzelschritte. Am Beginn steht unter Zuhilfenahme der literarkritischen Textscheidungskompetenz die Dekontextualisierung einer Perikope. Eine Erzählung wird aus ihrem vorliegenden Kontext herausgelöst und als dekontextualisiertes Fragment zur isolierten Einzelanalyse freigegeben. Dahinter steht als Leitbild der Gedanke, dass alle frühchristliche Überlieferung zunächst mündlich in Kleinstteilen weitergegeben und in einem allmählichen mündlich-schriftlichen Wachstumsprozess sich um einen Kern herum verfestigt habe und angewachsen sei. Schmidts Feststellung des Perikopencharakters der Überlieferung gibt dieser Auffassung ihr theoretisches Fundament. Im Zuge eines mehrstufigen Entstehungsvorgangs, so die Überzeugung der Formgeschichtler, seien die Überlieferungen nach einem kürzeren oder längeren Wachstumsstadium schließlich in ihre vorliegenden Kontexte eingerückt. Dies entspricht auch der Vorstellung Bultmanns, demzufolge die Traditions- bzw. Überlieferungsgeschichte der Texte auf anfängliche kleinste

[38] Vgl. H. Gunkel, Zum religionsgeschichtlichen Verständnis des Neuen Testaments, FRLANT 1, Göttingen 1903; Ders., Art. Literaturgeschichte Israels, RGG[1] III (1909), 1189–1194; Ders., Reden und Aufsätze, Göttingen 1913; vgl. auch ders., Das Märchen im Alten Testament, Frankfurt a. M. 1987 (ursprgl. Tübingen 1921).

[39] K. L. Schmidt, Der Rahmen der Geschichte Jesu. Literarkritische Untersuchungen zur ältesten Jesusüberlieferung, Darmstadt, 2. Nachdruck 1969 (ursprgl. 1919).

[40] M. Dibelius, Die Formgeschichte des Evangeliums, mit einem Nachtrag von G. Iber hg. v. G. Bornkamm, Tübingen [6]1971 (ursprgl. 1919).

[41] Schmidt, Rahmen, V–IX und 317.

Einheiten, sog. „ideale Szenen",[42] zurückführe. In der Konsequenz hat es sich die formgeschichtliche Analyse zu ihrer vornehmsten Aufgabe gemacht, die Einzelüberlieferungen an ihrem ursprünglichen Entstehungsort in der frühchristlichen Gemeinde aufzusuchen. Dort, wo sie ihren „Sitz im Leben"[43] besäßen, habe ihre weitere Untersuchung zu erfolgen. Diese bezieht sich vornehmlich auf die Bestimmung ihrer Gattung. Die Form- bzw. Gattungsanalyse geschieht durch den Vergleich mit weiteren ähnlich strukturierten Klein- bzw. Teiltexten.

Diese Vorgehensweise entstammt den Textvergleichen der Religionsgeschichtlichen Schule an der Wende vom 19. zum 20. Jahrhundert. Ursprünglich stand die methodische Praxis der Religionsgeschichtlichen Schule unter der Erwartung, dass auf diese Weise die Einzigartigkeit der biblischen Überlieferung zutage träte. Angesichts der Fülle ganz ähnlicher Überlieferungen im Umfeld der biblischen Texte wuchs allerdings allmählich das Bewusstsein, dass das Vergleichsverfahren zu einer Relativierung der biblischen Überlieferung hinsichtlich ihrer Exklusivität und Singularität führte. Unter dem Gattungsaspekt mündete das Verfahren in eine Nivellierung zwischen inner- und außerbiblischen Texten.

Sofern die Texte einen Einblick in die weitere Geschichte einer Gattung erlaubten, bemühte sich die Formgeschichte um die Erhellung und Nachzeichnung der Überlieferungsgeschichte einer Gattung. Aufgrund der kurzen Zeitspanne, innerhalb derer die neutestamentliche und insbesondere die synoptische Überlieferung entstanden sind, waren diesem Untersuchungsinteresse freilich enge zeitliche Grenzen gesteckt, so dass dieser Aspekt formgeschichtlicher Arbeit in der alttestamentlichen Wissenschaft ambitionierter vorangebracht werden konnte als in der neutestamentlichen Forschung.

Die Folgen dieses methodischen Verfahrens sind für das Verständnis der in den neutestamentlichen Texten erzählten Inhalte tiefgreifend. Auf der Grundlage der Dekontextualisierung der Einzelerzählungen werden die einzelnen Formen mit ihrer Zurückführung auf „ideale Szenen" und der

[42] „Ideale Szenen" sind laut Bultmann, Geschichte, 40, „Konstruktionen, die eine Idee in einer konkreten Szene bildhaft zum Ausdruck bringen". Vgl. die Darstellung von E. Fascher, Die formgeschichtliche Methode. Eine Darstellung und Kritik. Zugleich ein Beitrag zur Geschichte des synoptischen Problems, BZNW 2, Gießen 1924, 96–97.

[43] Den Terminus verwendet vor Bultmann bereits H. Gunkel, Die Grundprobleme der israelitischen Literaturgeschichte, DLZ 27 (1906), 1797–1800 und 1861–1866, 1861. Gunkel spricht dort vom „Sitz im Volksleben Israels", den jede alte literarische Gattung ursprünglich habe (Hinweis von PD Dr. Nils Neumann).

Zuweisung an einen postulierten „Sitz im Leben“ der frühen Gemeinde in fragmentarisierter Gestalt aus dem Gesamtzusammenhang der Evangelienschriften herausgelöst. Die unmittelbare Folge ist, dass auf diese Weise ursprünglich zusammengehörige Textteile für die weitere exegetische Untersuchung auseinander gerissen werden. Vorgängige Einheit wird in Einzelteile zerlegt und steht für die Wahrnehmung als Gesamttext nicht mehr zur Verfügung.[44] Durch die Standardisierung der Gattungsbeschreibungen treten zudem die narrativen Eigenwilligkeiten der Einzelformen als für die Gattung insignifikant in den Hintergrund. Es entstehen schematisierte Einzelformen, die anschließend zur weiteren Analyse freigegeben werden. Diese Bearbeitung erfolgt kontextunabhängig.

An dieser Stelle kommt es jedoch zu jenseits der Texte liegenden Rekontextualisierungen. Die Überlieferungen werden neuen – außerhalb der Perikopen liegenden – Kontexten in der Geschichte des frühen Christentums zugeführt. Auch stellen diese Rekontextualisierungen ein Einfallstor für theologische Zeitströmungen dar. Unter dem Einwirken dialektisch-theologischer Einflüsse ist dies in der theologisch bestimmten Tradition der Formgeschichte Bultmannscher Prägung die Beziehung zur Christologie gewesen.

Für Bultmann steht die formgeschichtliche Arbeit unter christologischem Vorzeichen im Dienst der Abgrenzung von den theologischen Grundlagen der Liberalen Theologie. Formgeschichte wird zum Mittel im theologischen Kampf mit der Liberalen Theologie. Ausgetragen wird die Auseinandersetzung auf dem Feld der historischen Arbeit,[45] und zwar konkret in Verständnis und Anwendung der exegetischen Methodik. Dies lässt sich an drei Punkten fassen:

---

[44] Zu diesem Verfahren bei der Exegese von Wundererzählungen vgl. im Einzelnen Klumbies, Grenze, 26–29.

[45] Bereits 1892 hatte freilich M. Kähler, Der sogenannte historische Jesus und der geschichtliche, biblische Christus. Neu hg. v. E. Wolf, ThB 2, München 1953 (ursprgl. 1892), aus christologischer Perspektive der historischen Jesusforschung nur ein eng limitiertes dogmatisch-theologisches Recht zugesprochen. Vgl. dazu U.H.J. Körtner, Historischer Jesus – geschichtlicher Christus. Zum Ansatz einer rezeptionsästhetischen Christologie, in: K. Huizing/U.H.J. Körtner/P. Müller, Lesen und Leben. Drei Essays zur Grundlegung einer Lesetheologie, Bielefeld 1997, 99–135, hier 108–114. Auf den Einfluss von Kählers „Alternativmodell“ für das theologische Denken vornehmlich in der ersten Hälfte des 20. Jahrhunderts, aber auch bis in die Gegenwart verweist zu Recht W.H. Kelber, Der historische Jesus. Bedenken zur gegenwärtigen Diskussion aus der Perspektive mittelalterlicher, moderner und postmoderner Hermeneutik, in: J. Schröter/R. Brucker (Hg.), Der historische Jesus. Tendenzen und Perspektiven der gegenwärtigen Forschung, BZNW 114, Berlin/New York 2002, 15–66, 27.

In der für die Formgeschichte konstitutiven Gattungsfrage stellt Bultmann den von der Literarkritik für *historisch* zuverlässig gehaltenen durchlaufenden Quellen in den Evangelien die Aneinanderreihung ursprünglich eigenständiger *kerygmatischer* Einzelüberlieferungen entgegen.[46] Am Anfang, so die Überzeugung der Formgeschichte, steht perikopische Überlieferung. Durchlaufende schriftliche Erzählfäden, aus denen sich ein Leben Jesu rekonstruieren ließe, hat es nach Bultmann nicht gegeben. Damit entzieht Bultmann der liberal-theologischen Jesusforschung die Quellengrundlage.

Hinsichtlich der historischen Verankerung der Überlieferung betont Bultmann in seiner „Geschichte der synoptischen Tradition" die produktive Kraft der Urgemeinde. Im Blick auf den „Sitz im Leben" richtet sich das Augenmerk auf die frühe Gemeinde statt auf den historischen Jesus als die Keimzelle für die Entstehung der urchristlichen Überlieferung. Das theologische Interesse liegt in der historisch begründeten Möglichkeit der Ablösung der Tradition von der Person Jesu. Szenen, die sich um die Gestalt Jesu ranken, führen nicht in das Leben Jesu, sondern in die Urgemeinde zurück.[47] Diese historische Zuweisung impliziert eine Distanzierung von einem zentralen theologischen Gedanken der Liberalen Theologie. Ihm zufolge sollte nur das, was sich historisch auf Jesus zurückführen ließe, auch dogmatisch von Bedeutung sein.

Die Überlieferungsgeschichte schließlich ordnet die mündliche Überlieferung den schriftlichen Quellen als *point of departure* vor. Stoßrichtung ist wiederum die Liberale Theologie: Die postulierte Zeitspanne zwischen Jesus und den ältesten schriftlichen Aufzeichnungen über ihn, die Phase der mündlichen Überlieferung, verunmöglicht einen direkten Zugriff auf den historischen Jesus über die Texte.[48]

Knapp vier Jahrzehnte dauerte es, bis in den 1950er Jahren mit der Redaktionsgeschichte ein neues Nachdenken über den literarischen Zusammenhang der Textüberlieferung einsetzte. Es bedurfte stabiler Lebensverhaltnisse und eines zeitlichen Abstands zu den Verwerfungen der Jahre zwischen 1914/18 und 1945, ehe der Kontinuitätsgedanke wieder eine Chance auf Gehör bekam. Denn Kontinuität war ja ein Merkmal liberal-theologischer Exegese und im dialektisch-theologischen Zeitalter des Fragments verpönt gewesen. Die Redaktionsgeschichte ist die Methode, die die Wahr-

---

[46] Hier arbeitet Bultmann auf der Basis der Vorgaben von SCHMIDT, Rahmen, weiter.
[47] Vgl. BULTMANN, Synoptische Tradition 8; 41–42; 49 u. ö.
[48] Vgl. KLUMBIES, Mythos, 23–24.

nehmung textlicher Kontinuität wieder zulässt. Sie ist es auch, die für die Rehabilitation der Evangelienerzähler verantwortlich zeichnet. Galten diese unter formgeschichtlicher Ägide lediglich als „Sammler und Tradenten", die lediglich „Kleinliteratur" hervorgebracht hätten,[49] stiegen sie in der Bewertung durch die Redaktionsgeschichte in den Rang von Redaktoren und Theologen auf.[50]

Die Weiterbearbeitung der literarkritisch zunächst auseinander gelegten und anschließend formgeschichtlich präparierten Textteile durch die Redaktionsgeschichte zielte darauf, die theologischen Interessen der Endredaktoren kenntlich zu machen. Auf vier Elemente konnte sich die Redaktionsgeschichte bei der Erhebung des redaktionellen Profils stützen: Erstens auf die Einordnung des Einzeltextes in die Gesamtheit einer Evangelienschrift und das Arrangement der Reihenfolge, zweitens auf die Ein- und Ausleitungsverse der Perikopen, drittens auf die Eingriffe in die der Tradition zugeschriebene Einzelform und viertens auf die Überzeugung, dass Teile des Sonderguts Kreationen des jeweiligen Evangelisten sein könnten.[51] Diese Begrenzung macht ein tiefgreifendes Handicap der Redaktionsgeschichte sichtbar: Die textliche Basis zur Erhebung des redaktionellen Profils ist denkbar schmal. Der Grund liegt darin, dass die quellenkritische Trennung von Tradition und Redaktion auch unter den geänderten theologischen Vorzeichen der formgeschichtlichen Forschung nach 1918 in Geltung blieb; und als Arbeitsvoraussetzung wurde sie auch von der Redaktionsgeschichte akzeptiert. Ungeachtet der christologischen Weiterentwicklungen, die nach dem Ende der liberaltheologischen Ära erfolgten, blieb die

---

[49] So DIBELIUS, Formgeschichte, 2; ähnlich SCHMIDT, Rahmen, V und 317.

[50] Diese Aufwertung war das Verdienst der drei Pionierarbeiten auf dem Gebiet der redaktionsgeschichtlichen Erforschung der synoptischen Evangelien. H. CONZELMANN, Die Mitte der Zeit. Studien zur Theologie des Lukas, BHTh 17, Tübingen [6]1977 (ursprgl. 1954); W. MARXSEN, Der Evangelist Markus. Studien zur Redaktionsgeschichte des Evangeliums, FRLANT 67, Göttingen [2]1959 (ursprgl. 1956); G. BORNKAMM/G. BARTH/ H.J. HELD, Überlieferung und Auslegung im Matthäusevangelium, WMANT 1, Neukirchen-Vluyn [5]1968 (ursprgl. 1960).

[51] Vgl. MARXSEN, Evangelist, 12. Marxsen zeigt sich im Übrigen verwundert darüber, dass nach dem Ende der Literarkritik die Untersuchung der Einzeltraditionen in den Evangelien und nicht die der Rahmenstücke auf die Agenda der exegetischen Arbeit gesetzt wurde (ebd. 11). Demgegenüber ist festzustellen, dass eine Untersuchung der durchlaufenden Erzählfäden unmittelbar nach dem Ersten Weltkrieg noch zu nah bei den Voraussetzungen und textlichen Annahmen der Literarkritik gestanden hätte. Vgl. dazu KLUMBIES, Mythos, 16. Darüber hinaus bietet der Theologiebegriff in der theologiegeschichtlichen Phase zwischen 1918 und 1945 wenig Anlass, auf mythosnahe narrative Konzepte zu setzen.

Scheidung von Tradition und Redaktion auch die Herrin des form- und redaktionsgeschichtlichen Verfahrens.

Mit dem Nachlassen des Einflusses der Dialektischen Theologie auf die Ergebnisse der neutestamentlichen Exegese zeichnet sich seit dem letzten Viertel des 20. Jahrhunderts ein weiterer Wandel in der theologischen Zentralthematik ab. Tendenziell rückt anstelle der weithin dominierenden Christologie die Soteriologie in den Vordergrund.

Das wirft die Grundsatzfrage nach der Verhältnisbestimmung zwischen Christologie und Soteriologie auf. N. Slenczka macht in F. Hahns „Theologie des Neuen Testaments" als wiederkehrendes Strukturprinzip die Abfolge zwischen einer „objektive(n) Ursache" und deren „subjektive(r) Wirkung"[52] aus. Dieses Schema betrifft das Verhältnis zwischen göttlicher Offenbarung, die der menschlichen Aneignung vorausgeht, und dem Reden über die Wirkung solcher Offenbarung. Gegenständliche Feststellungen werden als Basis den Aussagen über ihre heilvollen Wirkungen vorangestellt,[53] so dass soteriologische Erfahrungen aus christologischen Prämissen abgeleitet werden. Diese Verhältnisbestimmung kehrt Slenczka in abgewogener Weise um. Die Erfahrung erlebten Heils findet ihren Ausdruck in christologisch qualifizierten Aussagen. Die Inhalte der neutestamentlichen Texte verweisen auf ein soteriologisches Geschehen, das eine christologische Explikation nach sich zieht. Die christologische Entfaltung folgt dem soteriologischen Ereignis.[54] Indem das glaubende Subjekt seine eigene Heilserfahrung reflektiert, leitet es sie freilich aus der vorausgesetzten Hoheit Jesu Christi ab, da es sich nicht selbst zur Ursache seiner soteriologischen Erfahrung erhebt.[55]

Beim Blick auf den Fortgang der Forschung wird deutlich, dass die Ausrichtung auf den in Wort und Tat heilenden Jesus, der die Menschen in ein heilsames Gottesverhältnis führt, unter divergierenden Grundannahmen

---

[52] N. Slenczka, Systematische Bemerkungen über die Aufgabe und den Ansatz einer Theologie des Neuen Testaments am Beispiel des Entwurfs von Ferdinand Hahn, in: C. Breytenbach/J. Frey (Hg.), Aufgabe und Durchführung einer Theologie des Neuen Testaments, WUNT 205, Tübingen 2007, 275–286, 280.

[53] Slenczka, Aufgabe, 280–281.

[54] Vgl. Slenczka, Aufgabe, 283–284.

[55] Slenczka, Aufgabe, 285: „Damit spricht sich der Glaube gerade darin aus, daß er die Hoheit der Person Jesu von Nazareth als die Voraussetzung seiner selbst versteht; das ändert aber nichts daran, daß derjenige, der diese Theologie der neutestamentlichen Autoren darzustellen hat, nicht einfach die von diesen Autoren gesetzte Sachordnung vom Grund des Glaubens zum Glauben selbst nachzuvollziehen, sondern die Frage nach den Bedingungen der Möglichkeit dieser Theologie zu stellen hat."

erfolgt. In zumindest zwei einander gegenüberstehenden Hauptströmungen wird diese Untersuchungsperspektive verfolgt. Neben der bereits genannten historisch ausgerichteten „Third Quest" hat sich zunächst wiederum im amerikanischen sowie im außerdeutschen europäischen Kontext eine Richtung herausgebildet, die auch im deutschsprachigen Raum an Bedeutung gewonnen hat. Der „New Literary Criticism" richtet sein Augenmerk auf die vorliegenden literarischen Endfassungen der Evangelien. Den Untersuchungsgegenstand bilden die Erzählungen der vier Evangelienschriften als Erzählungen. Unter Verzicht auf die Rekonstruktion hypothetischer Vorstadien bearbeitet der „New Literary Criticism" diese unter dem Aspekt der Leserorientierung. Nicht Jesus zeitlich „vor" oder sachlich „hinter" den Evangelien, sondern Jesus *in* den Evangelien, lautet sein Programm.[56] Anstelle der Frage nach den Produktionsbedingungen für die Evangelien steht der Blick auf die Rezeption im Vordergrund. Zur Anwendung kommt ein interpretierender Zugang zu den Evangelientexten, der von der Leserschaft beobacht- und kontrollierbar sowie offen für eine Korrektur durch gegenläufige Leseperspektiven ist.

Die Bereitschaft zur Auseinandersetzung mit den neutestamentlichen Schriften in ihren vorliegenden Endfassungen und das Interesse an den erzählten Inhalten hat dazu geführt, dass zunehmend Einsichten der Erzähltheorie Eingang in die exegetische Methodik gefunden haben.[57] Mehr und mehr werden dabei Erkenntnisse der in den neusprachlichen Philologien entwickelten Narratologie[58] für die Interpretation der neutestamentlichen Texte fruchtbar gemacht.[59]

---

[56] Vgl. auch J. Schröter, Überlegungen zum Verhältnis von Historiographie und Hermeneutik in der neutestamentlichen Wissenschaft, in: Ders., Von Jesus zum Neuen Testament. Studien zur urchristlichen Theologiegeschichte und zur Entstehung des neutestamentlichen Kanons, WUNT 204, Tübingen 2007, 23–35, 32–33, dem es allerdings darum geht, die literarische Zugangsweise mit der eher klassischen historischen Fragestellung „nach den Ereignissen, die den ersten Jesuserzählungen zugrunde liegen," (32) zu verknüpfen.

[57] Vgl. U.E. Eisen, Das Markusevangelium erzählt. Literary Criticism und Evangelienauslegung, in: S. Alkier/S. Brucker (Hg.), Exegese und Methodendiskussion, TANZ 23, Tübingen 1998, 135–153; Dies., Die Poetik der Apostelgeschichte. Eine narratologische Studie, NTOA/StUNT 58, Göttingen 2008; P.-G. Klumbies, Narrative Kreuzestheologie bei Markus und Lukas, in: C. Landmesser/A. Klein (Hg.), Kreuz und Weltbild. Interpretationen von Wirklichkeit im Horizont des Todes Jesu, Neukirchen-Vluyn 2011, 47–65.

[58] Diese gründet freilich in den Entwürfen der antiken Rhetorik, vgl. insbesondere Marcus Fabius Quintilianus, Ausbildung des Redners. Zwölf Bücher, Lateinisch und deutsch, hg. u. übers. v. H. Rahn, Sonderausgabe Darmstadt ^{5}2011.

[59] S. Finnern, Narratologie und biblische Exegese. Eine integrative Methode der Erzählanalyse und ihr Ertrag am Beispiel von Matthäus 28, WUNT II/285, Tübingen 2010.

3.1.4 Der emanzipatorische Impetus historisch-kritischer Exegese

Die Entstehung und Entwicklung der historisch-kritischen Exegese zeigt, dass die in der deutschen evangelischen Theologie seit der Aufklärung formulierte Option für die historische und philologische Ausarbeitung der Bibelwissenschaften sich mit einem emanzipatorischen Anspruch verbunden hat.[60] Autonomieanspruch und Objektivitätsideal gingen dabei Hand in Hand. Der Wunsch nach Loslösung von einer als Bevormundung empfundenen Dogmatik und die als Befreiung empfundene Konzentration auf die historische Aufgabe führten in dem „langen" 19. Jahrhundert zwischen Französischer Revolution 1789 und Erstem Weltkrieg 1914 zu einer teilweise enthusiastischen Fokussierung der historischen Dimension innerhalb der Theologie.[61] Stellenweise wirkte es geradezu so, als könnte die theologische Gesamtverantwortung von der kirchenhistorischen Forschung übernommen werden.[62] Die Auseinandersetzung zwischen Rudolf Sohm und Adolf Harnack zu Beginn des 20. Jahrhunderts über das Verhältnis zwischen Geist und Recht in der Kirche ist ein Beispiel dafür, wie eine kirchenrechtlich relevante Frage der Gegenwart durch eine Debatte über die historische Ursprungssituation im Christentum des 1. und 2. Jahrhunderts einer Entscheidung zugeführt werden sollte.[63]

---

[60] Darauf weist bereits H. SCHLIER, Über Sinn und Aufgabe einer Theologie des Neuen Testaments, in: G. Strecker (Hg.), Das Problem der Theologie des Neuen Testaments, WdF 367, Darmstadt 1975 (ursprgl. 1957), 323–344, 341 Anm. 26, hin.

[61] Zum Epochecharakter des 19. Jahrhunderts vgl. W. TELESKO, Das 19. Jahrhundert. Eine Epoche und ihre Medien, Wien u. a. 2010, 11–14; J. OSTERHAMMEL, Die Verwandlung der Welt. Eine Geschichte des 19. Jahrhunderts, München 2009 (Sonderausgabe 2011), 84–89.

[62] Harnacks Vorlesungen über das Wesen des Christentums bringen das Selbstbewusstsein, auf dem Weg der historischen Rekonstruktion zu normativen Aussagen für die Gegenwart zu gelangen, zum Ausdruck. Vgl. HARNACK, Wesen des Christentums, 4: „Was ist Christentum? – lediglich im historischen Sinn wollen wir diese Frage hier zu beantworten versuchen, d. h. mit den Mitteln der geschichtlichen Wissenschaft und mit der Lebenserfahrung, die aus erlebter Geschichte erworben ist."

[63] R. SOHM, Kirchenrecht, Band 1. Die geschichtlichen Grundlagen, Systematisches Handbuch der deutschen Rechtswissenschaft, Abt. 8, Leipzig 1892, 1, vertrat die These: „Das Kirchenrecht steht mit dem Wesen der Kirche in Widerspruch." Sohms Begründung lautete: „Das Wesen der Kirche ist geistlich; das Wesen des Rechts ist weltlich." A. HARNACK, Entstehung und Entwickelung der Kirchenverfassung und des Kirchenrechts in den zwei ersten Jahrhunderten. Nebst einer Kritik der Abhandlung R. Sohm's: „Wesen und Ursprung des Katholizismus" und Untersuchungen über „Evangelium", „Wort Gottes" und das trinitarische Bekenntnis, Leipzig 1910, 143–173, insistiert dagegen auf dem Nebeneinander von Geist und Recht; ebenso HARNACK, Wesen des Christentums, 68–71; zur Nachzeichnung und Kritik der Position Sohms vgl. W. MAURER, R. Sohms Rin-

In der katholischen Theologie, in der die Bibelexegese innerhalb der Kirche traditionell eine der Dogmatik untergeordnete Rolle einnimmt, hat sich nach der Öffnung durch das Vaticanum II[64] seit den 1960er Jahren wie in einem Schnelldurchlauf innerhalb eines halben Jahrhunderts die Entwicklung vollzogen, mit der die evangelische Bibelwissenschaft seit dem 18. Jahrhundert befasst war. Binnen kürzester Frist erreichte die historisch ausgerichtete katholische Bibelexegese durch eine enorme exegetische Produktionsleistung den Gleichstand mit der evangelischen Bibelwissenschaft. Auch hier war der emanzipatorische Aufbruch spürbar.[65] Er führte u. a. auf dem Feld der historischen Jesusforschung zu Jesusbildern, die sich von den bisherigen dogmatisch-christologischen Vorstellungen unterschieden und eine eigene Wirkungsgeschichte aus sich heraussetzten.[66] Mittlerweile weicht auch in der katholischen Exegese die Abgrenzung vom kirchlichen Dogma und Lehramt zunehmend der Frage nach dem Zusammenwirken zwischen systematisch-theologischer Erkenntnis und historisch-philologischer Arbeit. Das Nachdenken über die theologische Bedeutung der historischen Arbeit und die hermeneutische Reflexion sind zunehmend von Seiten der Exegese in das Bewusstsein zurückgeholt worden.[67]

---

gen um den Zusammenhang zwischen Geist und Recht in der Geschichte des kirchlichen Rechtes, in: Ders., Die Kirche und ihr Recht. Gesammelte Aufsätze zum evangelischen Kirchenrecht, hg. v. G. Müller und G. Seebass, JusEcc 23, Tübingen 1976, 328–363; die detaillierte Aufarbeitung der Kontroverse bietet W. Maurer, Die Auseinandersetzung zwischen Harnack und Sohm und die Begründung eines evangelischen Kirchenrechtes, in: Ders., Die Kirche und ihr Recht. Gesammelte Aufsätze zum evangelischen Kirchenrecht, hg. v. G. Müller und G. Seebass, JusEcc 23, Tübingen 1976, 364–387.

[64] P. Neuner, Fundamentaltheologische Implikationen einer Theologie des Neuen Testaments, in: C. Breytenbach/J. Frey (Hg.), Aufgabe und Durchführung einer Theologie des Neuen Testaments, WUNT 205, Tübingen 2007, 309–317, 310.

[65] Vgl. R. Hoppe, Überlegungen zur Theologie des Neuen Testaments aus katholischer Sicht, in: C. Breytenbach/J. Frey (Hg.), Aufgabe und Durchführung einer Theologie des Neuen Testaments, WUNT 205, Tübingen 2007, 55–71, 56–57.

[66] So in den Bemühungen der südamerikanischen Theologien der Befreiung, die unter Rekurs auf historisch fundierte Jesusdarstellungen zu normativen und politisch relevanten Aussagen für gegenwärtige Lebenssituationen zu gelangen versuchen. Vgl. L. Boff, Jesus Christus, der Befreier, Freiburg/Basel/Wien 1986; L. und C. Boff, Wie treibt man Theologie der Befreiung? Düsseldorf ²1987; J. Sobrino, Der Glaube an Jesus Christus. Eine Christologie aus der Perspektive der Opfer, hg. v. K. Wenzel, Ostfildern 2008. Zu Sobrino vgl. Stegemann, Jesus und seine Zeit, 430–431.

[67] T. Söding, Inmitten der Theologie des Neuen Testaments: Zu den Voraussetzungen und Zielen neutestamentlicher Exegese, NTS 42 (1996), 161–184, 162, erinnert daran, dass, auch wenn in den neueren Entwürfen zur Theologie des Neuen Testaments mit der Bearbeitung der Frage nach der „Mitte" bzw. der „Einheit" oder der „Ganzheit" dem theologischen Anspruch der Literaturgattung Rechnung getragen werden soll, es

Auch der für die amerikanische neutestamentliche Wissenschaft seit den 1970er Jahren signifikante *historical turn* lässt sich in Verbindung mit einem Ablösungsprozess von einer vorangehenden Epoche affirmativer theologischer Exegese stellen. Zwar mag die teilweise positivistisch vorgetragene Selbstintegration von Teilen der amerikanischen neutestamentlichen Wissenschaft in das historische Paradigma mit dem gegenüber Deutschland andersartigen Status theologischer Ausbildungsstätten in den USA und einer anders gearteten Verhältnisbestimmung zwischen universitärem Studium und kirchlichem Dienst zu begründen sein. Der Stolz, mit dem stellenweise eine sich als exklusiv historisch oder religionswissenschaftlich bezeichnende Forschung ihr theologisches Desinteresse hervorgekehrt hat, lässt allerdings vermuten, dass im Hintergrund die Erleichterung über die Überwindung einer als konfessionell normiert und frömmigkeitsgeschichtlich enggeführt empfundenen Epoche nachwirkt. Auch in der in den USA verbreiteten Auffassung, bei der Biblischen Theologie handele es sich um „,a subject in decline'", spiegelt sich die Wertung, das theologische Paradigma sei einer überholten Phase der Theologiegeschichte zuzurechnen, die von einer historisch arbeitenden Ära abgelöst worden sei.[68] Insofern ist zu bedenken, ob in dieser sich ausgesprochen emanzipatorisch gerierenden Entwicklung nicht ein Nachholbedarf bzw. eine Überkompensation mitschwingen, die aus der Geschichte der amerikanischen Bibelwissenschaft, die sich erst spät von ihren biblizistischen Eierschalen befreit hat, verständlich werden.

In allen drei Situationen und Kontexten scheint sich in ähnlicher Weise das Muster zu wiederholen: Nach einer langen Phase bibelwissenschaftlicher Forschung unter dogmatischen Vorzeichen eröffnet die historische Ar-

---

seit dem Beginn der historisch-kritischen Forschung in Zweifel gestanden hat, dass „es legitim sei, die Schriftauslegung in dieser Weise theologisch zu orientieren".

[68] Zitiert nach J. Reumann, New Testament Theology within Biblical Theology and Beyond, for Ecclesial and Ecumenical Uses, in: C. Breytenbach/J. Frey (Hg.), Aufgabe und Durchführung einer Theologie des Neuen Testaments, WUNT 205, Tübingen 2007, 73–84, 73, der sich auf J. J. Collins, Is a Critical Biblical Theology Possible?, in: W. H. Propp/B. Halpern/D. N. Freeman (eds.), The Hebrew Bible and Its Interpreters, Biblical and Judaic Studies 1, Winona Lake, Ind. 1990, 1, bezieht und gleichzeitig von dieser Sicht abgrenzt. Ebenso F. Hahn, Nachwort, in: C. Breytenbach/J. Frey (Hg.), Aufgabe und Durchführung einer Theologie des Neuen Testaments, WUNT 205, Tübingen 2007, 347–356, 356.

Vgl. in diesem Zusammenhang auch den Aufsatzband M. Bachmann (Hg.), Lutherische und Neue Paulusperspektive, WUNT 182, Tübingen 2005, dessen Titel bereits signalisiert, dass die Distanzierung von der konfessionellen Prägung Bestandteil der Heuristik ist.

beit einen kreativen Freiraum innerhalb der Theologie als Wissenschaft. Entsprechend groß sind die Hoffnungen und Erwartungen, die sich an das historische Paradigma geheftet und phasenweise zu der Illusion geführt haben, mit konsequenter historischer Exegese ließe sich auch die theologische Frage wenn nicht beantworten, so doch die Antwort weitgehend vorbereiten. Entsprechend traten die Fragen nach der Einbindung in die theologische Gesamtaufgabe und nach dem Gottesbezug in der historischen Exegese zurück.

Es liegt nahe, dass nach diesem weiten Ausschlag des Pendels mittlerweile verstärkt der Wunsch nach einer Reintegration des historischen Paradigmas in eine explizit theologische Reflexion aufkommt.

3.2 Exegese als Interpretationsvorgang

Die geistesgeschichtlichen Voraussetzungen der historisch-kritischen Exegese sind evident. Sie zeigen die enge Anbindung der exegetischen Methoden an Überzeugungen, die in der Aufklärungszeit ausformuliert wurden. Die spürbare Faszination der Bibelwissenschaften für historische Ursprünge findet ihre Begründung darin, dass der neutestamentlichen Wissenschaft im Zuge der Aufklärung seit dem 18. Jahrhundert die Aufgabe zufiel, anstelle der überkommenen Christologie neue, historisch fundierte Grundlagen für die Formulierung eines zeitgemäßen Credo bereitzustellen. Mit der gesamten Theologie teilte die Bibelwissenschaft die im 19. Jahrhundert zum Höhepunkt gelangende Leidenschaft für die historische Ausrichtung des Faches, weil sie auf diese Weise die Frage nach dem normativen Anspruch der Theologie mit der historischen Begründbarkeit der Aussagen verbinden konnte. Die Ausformung der Biblischen Theologie zu einer historischen Disziplin geschah unter der Perspektive, auf diese Weise bleibende geistige Wahrheiten als Basis weitergehender Behandlung innerhalb der Theologie zutage zu fördern. Dabei zielte das Unterfangen durchaus nicht auf die Enttheologisierung des Arbeitsbereichs. In dem Maße jedoch, in dem die Einsicht Raum griff, dass es keine situations- und beobachtungsunabhängigen Wahrheiten gibt, sondern auch die „reinen Vorstellungen" zeit- und kontextabhängig sind, lässt sich wirkungsgeschichtlich in der Folge des Ansatzes ein Theologieschwund in der neutestamentlichen Wissenschaft beobachten.

Klassisch ist Exegese bis in die Gegenwart hinein definiert worden als das „Nachsprechen dessen, was ein Schreiber seinen Lesern sagen wollte, in meiner Sprache".[69] Dieses Verständnis von Exegese orientierte sich an dem Modell der Autorzentrierung, das von der Aufklärung dem Inspirationsgedanken entgegengesetzt worden war. Es liegt auf der Linie von Gablers Diktum, demzufolge die Aufgabe der Biblischen Theologie darin besteht, weiterzugeben, „was die heiligen Schriftsteller über die göttlichen Dinge gedacht haben".[70] Seither haben sich Exegeten und Exegetinnen bemüht, die Aussageintentionen der biblischen Autoren nachzubuchstabieren. In der Sache wenig entfernt von diesem Zugang ist die Exegesedefinition von U. Schnelle, wenngleich die verfängliche Autorzentrierung nicht mehr benannt ist. Schnelle zufolge ist Exegese die „Analyse eines neutestamentlichen Textes mit Hilfe der historisch-kritischen Auslegungsmethode". Ein Text soll „hinsichtlich seines ursprünglichen Wortlautes, ... seiner Entstehungsgeschichte, seiner Begriffe und Motive, seiner religionsgeschichtlichen Stellung, seiner redaktionellen Aussagerichtung und seines theologischen Inhalts" analysiert und verstanden werden können. Der explizite Rekurs auf den ursprünglichen Autor ist vermieden, in der Sache jedoch keinesfalls überwunden. Denn die Textanalyse, die sich „der historisch-kritischen Auslegungsmethode"[71] bedient, zielt ja in Gänze gerade auf die Rekonstruktion der Autorintention.

Die Aussichtslosigkeit des Unterfangens, die Absichten eines verstorbenen Schriftstellers der Antike zu rekonstruieren, von dem lediglich sein literarisches Werk erhalten ist, ist inzwischen weithin anerkannt.[72] Akzeptiert ist auch die Einsicht, dass in dem hinterlassenen Text nicht die historische Gestalt eines antiken Autors begegnet. Dennoch sind aus diesen Erkenntnissen in methodischer Hinsicht in der Exegese vergleichsweise wenige Konsequenzen gezogen worden. Trotz zwischenzeitlich theologiegeschichtlich veränderter Rahmenbedingungen, unter denen sich die Wahrheitsfrage anders als unter den Auspizien der Aufklärungszeit darstellt, hat die neutestamentliche Exegese sich in weiten Teilen bis heute nicht davon lösen können, primär eine historisch-rekonstruktive Wissenschaftsdisziplin zu sein. So stellt die Deklaration der Exegese als historische Disziplin inner-

---

[69] W. Marxsen, Einleitung in das Neue Testament. Eine Einführung in ihre Probleme, Gütersloh [4]1978, 21.

[70] Vgl. o. 28–29; Gabler bei Merk, Biblische Theologie, 275–276.

[71] U. Schnelle, Einführung in die neutestamentliche Exegese, Göttingen [6]2005, Zitate 11.

[72] Vgl. J. G. Dunn, Not so much ‚New Testament Theology' as ‚New Testament Theologizing', in: C. Breytenbach/J. Frey (Hg.), Aufgabe und Durchführung einer Theologie des Neuen Testaments, WUNT 205, Tübingen 2007, 225–246, 244.

halb der Theologie bis in die Gegenwart einen *identity marker* des Faches dar. Die Notwendigkeit der Anschlussfähigkeit der Bibelwissenschaften an historisch operierende Universitätsdisziplinen, die gegenwärtig durch die institutionelle Forderung nach interdisziplinärer Forschung noch verstärkt wird, führt dazu, die Fähigkeit zur historisch-philologischen Bearbeitung der biblischen Schriften als Kernkompetenz des Faches noch hervorzuheben. Exegese ist mit der Aufklärung in hohem Maße zu einer historisch-philologischen Disziplin geworden und verharrt, jedenfalls im deutschsprachigen Raum, nach wie vor relativ stabil in dieser Tradition. Der Bezug auf die Theologie und insbesondere zur Dogmatik und Homiletik wird zwar aufs Ganze gesehen nicht bestritten. Aber die Impulse aus der Exegese in diese Richtung sind vergleichsweise gering. Angesichts der deutlichen Trennung der Bereiche in der englischsprachigen wissenschaftlich-theologischen Welt und vor dem Hintergrund der Einbettung der deutschsprachigen Exegese in internationale Forschungszusammenhänge deutet wenig darauf hin, dass sich an dieser Grundsituation in absehbarer Zeit Entscheidendes ändern wird.[73]

Zunehmender Konsens wächst unter dem Einfluss erzähltheoretischer Standards immerhin darüber, dass jede Evangelienschrift durch einen Erzähler, der nicht mit dem Autor des Werkes gleichzusetzen ist, präsentiert wird. Hinsichtlich der Frage nach dem historischen Autor lässt sich allenfalls sagen, dass der konkrete Autor der Antike im Vollzug des Schreibens einen Erzähler kreierte, dessen Perspektiven das Werk strukturieren. Die

---

[73] In Deutschland thematisiert immerhin die Rudolf-Bultmann-Gesellschaft für Hermeneutische Theologie e.V. auf ihren Jahrestagungen und in ihren Tagungsbänden die Beziehung der Exegese zur Theologie und führt anhand theologisch wie gesellschaftlich zentraler Themen den Diskurs an genau dieser Schnittstelle. Gezielt wendet sich auch der Band von M. Ebner/I. Fischer/J. Frey u. a. (Hg.), Wie biblisch ist die Theologie?, JBTh 25 (2010), Neukirchen-Vluyn 2011, der Problematik zu.

Kurzschlüssige Antworten auf biblizistischer wie historistischer Grundlage verbieten sich in diesem Zusammenhang von selbst. Gerade letztere finden freilich im Rahmen eines verbreiteten exegetischen Neohistorismus durchaus Zuspruch. Zu ihrer Signatur gehört, dass historische Rekonstruktionen des Bildes vom frühen Christentum und insbesondere von der Person Jesu und ihrem Werk scheinbar wertneutral, methodisch kontrolliert und strikt gegenstandsbezogen „objektiv" präsentiert werden, während unterschwellig die theologische Apologetik spürbar ist. Kennzeichen sind die Verwendung historischer Ergebnisse zu theologischen Zwecken – erkennbar etwa im Insistieren auf der theologischen Bedeutsamkeit historischer Faktizität – und das vehemente Bedürfnis, die Entwicklungen des frühesten Christentums in den Rahmen historischer Kontinuität zu fassen, da historische Diskontinuität häufig als in theologischer Hinsicht besorgniserregend empfunden wird.

Erzählstrategien dieses Erzählers leiten die Rezeption der Leserschaft.[74] Die Bedeutung der Texte, in diesem Falle der Evangelienschriften, erschließt sich durch die Verstehensbemühung der Leserinnen und Leser, die die Strategien und Perspektiven des Erzählers aufzuschlüsseln beginnen.

In diesem Zusammenhang bekommt die für die Hermeneutik zentrale Kategorie des Vorverständnisses Gewicht.[75] Da „Verstehen" sich grundsätzlich auf Vorgaben zurückbezieht, dabei Sinnzusammenhänge neu konstruiert und auf diese Weise wiederum Prämissen kreiert, die ihrerseits wirkungsgeschichtlich relevant und zur Grundlage neuer Verstehensbemühungen werden, ist die Frage nach dem Vorverständnis Teil des hermeneutischen Zirkels.

Die Verwendung des Begriffs „Vorverständnis" in der neutestamentlichen Exegese ist forschungsgeschichtlich durch die klassisch gewordene Definition Bultmanns geprägt. Danach besteht das Vorverständnis in einem Lebensverhältnis des Exegeten zur „Sache" des biblischen Textes.[76] Diese auf die Suche nach Gott, Heil, Glück, Wahrheit, Rettung vor dem Tod und Sicherheit im Leben gerichtete innere Bewegung ist für den Vollzug der Exegese konstitutiv. Sie bildet die Brücke zwischen dem Text und seinem Ausleger, die in dieser Weise beide Anteil an derselben Sache haben. Das Vorverständnis ist nach Bultmann nicht zu verwechseln mit dem „Vorurteil". Die Exegese ist in dem Sinne vorurteilslos, als sie ihre Ergebnisse nicht voraussetzt. Sie ist aber nicht voraussetzungslos, denn sie setzt zum einen die innere Beziehung zur Sache des Textes gerade voraus und basiert zum anderen auf den Methoden historisch-kritischer Exegese.[77]

---

[74] Mit einem Diktum J.P. Sartres: „‚Der Autor' … ‚erfindet und der Erzähler erzählt, was geschehen ist … . Der Autor erfindet den Erzähler und den Stil der Erzählung, welcher der des Erzählers ist'". Zitiert nach M. Martinez/M. Scheffel, Einführung in die Erzähltheorie, München 1999, 68–69; so auch bei Ebner/Heininger, Exegese, 99.

[75] Die Ausführungen zum Vorverständnis entstammen P.-G. Klumbies, Art. Vorverständnis I. Neutestamentlich, in: O. Wischmeyer (Hg.), Lexikon der Bibelhermeneutik. Begriffe – Methoden – Theorien – Konzepte, Berlin 2009, 644–646.

[76] R. Bultmann, Das Problem der Hermeneutik, in: Ders., Glauben und Verstehen II, Tübingen [5]1968, 211–235, 217. R. Bultmann, Ist voraussetzungslose Exegese möglich?, in: Ders., Glauben und Verstehen III, Tübingen [3]1965, 142–150, 147.

[77] Bultmann, Ist voraussetzungslose Exegese möglich?, 148–149; Bultmann, Problem der Hermeneutik, 216–218.227. Zur Kritik E. Käsemanns an der Position Bultmanns vgl. C. Landmesser, Existentiale Interpretation und historische Kritik. Neutestamentliche Wissenschaft im Gespräch zwischen Rudolf Bultmann und Ernst Käsemann, in: M. Bauspieß/C. Landmesser/F. Portenhauser (Hg.), Theologie und Wirklichkeit. Diskussionen der Bultmann-Schule, Theologie interdisziplinär Band 12, Neukirchen-Vluyn 2011, 5–25, 8.

Solange die Bedeutung eines Textes als mit dem Text gegeben und in ihm enthalten galt, wurde das Vorverständnis als ein Thema der Kommunikation zwischen den gegenwärtigen Auslegern und dem antikem Autor und seinem Text betrachtet. In der gegenwärtigen Debatte hat die Bestimmung des Vorverständnisses durch den Wandel im Verständnis von „Interpretation" und „Text" eine Veränderung erfahren. Im Zuge der Ablösung der produktionsästhetischen Wahrnehmung mit ihrer Autororientierung durch die Rezeptionsästhetik ist unter Vorverständnis primär die Frage nach den Verstehensvoraussetzungen der modernen Rezipienten verstanden worden.[78] Deren bewussten und unbewussten Voraussetzungen, kulturellen, traditionsgebundenen und individuellen Prägungen und Interesseleitungen wird umso mehr Bedeutung beigelegt, je höher ihr Anteil an der Bedeutungskonstitution eingeschätzt wird.

Eine vollständige Funktionalisierung und Vereinnahmung des Textes durch die Leserschaft zu verhindern, ist das Ziel der Werkästhetik. Sie spricht dem Text ein Eigenrecht gegenüber dem Zugriff der Interpreten zu. Zwischen unergründbarer Autorabsicht und anfechtbarer Leserintention steht der in die Autonomie entlassene Text, an dessen Intention unhaltbare Interpretationen scheitern.[79] Der Text besitzt als schriftliches Erzeugnis eine Eigenwertigkeit und entfaltet dadurch Wirkung, dass er als Werk aufgrund seiner Vielschichtigkeit zu ständig neuen Interpretationen herausfordert.[80]

---

[78] Vgl. dazu U.H.J. Körtner, Lector in Biblia. Schriftauslegung zwischen Rezeptionsästhetik und vierfachem Schriftsinn, WuD NF 21, 1991, 215–233; zur theologischen Reflexion des gewandelten Verständnisses von „Text" und „Auslegung" in Beziehung zu Inspirationslehre und Pneumatologie vgl. U.H.J. Körtner, Rezeption und Inspiration. Über die Schriftwerdung des Wortes und die Wortwerdung der Schrift im Akt des Lesens, NZSTh 51 (2009), 27–49, bes. 41–48.

[79] U. Eco, Zwischen Autor und Text, in: Ders., Zwischen Autor und Text. Interpretation und Überinterpretation. Mit Einwürfen von R. Rorty, J. Culler, C. Brooke-Rose und S. Collini, München [2]2004, 75–98, 87. Vgl. auch ebd. 97: „Zwischen der mysteriösen Entstehungsgeschichte eines Textes und dem unkontrollierbaren Driften künftiger Lesarten hat die bloße Präsenz des Textes etwas tröstlich Verlässliches als ein Anhaltspunkt, auf den wir stets zurückgreifen können."

[80] P. Ricœur, Philosophische und theologische Hermeneutik, in: P. Ricœur/E. Jüngel, Metapher. Zur Hermeneutik religiöser Sprache. Mit einer Einführung von P. Gisel, Evangelische Theologie – Sonderheft, München 1974, 24–45, 31–34; U.H.J. Körtner, Einführung in die theologische Hermeneutik, Darmstadt 2006, 72–74; D. Hiller, Gottes Geschichte. Hermeneutische und theologische Reflexionen zum Geschehen der Gottesgeschichte orientiert an der Erzählkonzeption Paul Ricœurs, Neukirchen-Vluyn 2009, 345–347: Kap IV 3.2.4 „Die Welt vor dem Text".

Die Berechtigung, eine neutestamentliche Schrift exklusiv auf der vorliegenden Ebene – synchron – interpretieren zu dürfen, ohne eine postulierte Genese der Vorstufen zu rekonstruieren, wie dies unter dem Alleingeltungsanspruch historisch-kritischer Exegese zwingend notwendig war, ist inzwischen weithin zugestanden. Zur Debatte steht allenfalls noch, ob Diachronie und Synchronie einander ausschließende oder sich wechselseitig ergänzende Zugänge sind. Tendenziell wird in dieser Hinsicht ein harmonischer Synergismus präferiert.[81] Dabei wird allerdings in der Regel nicht reflektiert, dass es unter den divergierenden Zugängen bei der Anwendung der Methoden auf konkrete Einzelperikopen zu einander ausschließenden Resultaten kommen kann. Dies gilt insbesondere hinsichtlich der Frage, an welcher Stelle eines Textes seine Pointe zu finden ist.[82]

Als Konsequenz aus den hier angestellten Überlegungen ergibt sich: Exegese ist als ein Kommunikationsprozess zwischen gegenwärtigem Leser resp. Leserin und dem vorliegenden Gesamtwerk zu realisieren.[83] Damit wird Exegese in der Sache als Interpretation betrieben; denn für den Begriff

---

[81] Vgl. A. Reichert, Offene Fragen zur Auslegung neutestamentlicher Texte im Spiegel neuerer Methodenbücher, ThLZ 126 (2001), 993–1006, 1005–1006.

[82] Ebner/Heininger, Exegese, stellen bei dem von ihnen gewählten Fallbeispiel Mk 2,1–12 im Zusammenhang der literarkritischen Untersuchung als theologischen Ertrag eine christologische Pointe in V.10 fest: Die Vollmacht des Menschensohns, Jesus, zur Sündenvergebung (176). Unter synchroner Wahrnehmung des Textes als eines Ganzen liegt die Pointe gängigen Erzählgesetzen folgend dagegen im Schlussvers 12: Jesus vereint die in der Szene versammelten Personen im gemeinsamen Gotteslob. Das verlagert den Akzent auf eine christologisch fundierte Soteriologie. Vgl. dazu Klumbies, Mythos, 228–229; P.-G. Klumbies, Die Heilung eines Gelähmten und vieler Erstarrter, in: R. Zimmermann (Hg.), Kompendium der frühchristlichen Wundererzählungen, Band 1 Die Wunder Jesu, Gütersloh 2013, 235–247, 237–238. Diese formale wie inhaltliche Verschiebung gerät bei Ebner/Heininger, Exegese, 112–127, trotz vorhergehender narratologischer und linguistischer Analyse nicht in den Blick.

[83] In diesem Zusammenhang ist das Problem der Grenze der Interpretation im Blick zu behalten und jeweils mit zu reflektieren. Eco, Zwischen Autor und Text, 76, weist darauf hin, den Unterschied „zwischen Interpretieren und Gebrauchen von Texten“ zu beachten. Im direkten Widerspruch gegen dieses Anliegen Ecos plädiert R. Rorty, Der Fortschritt des Pragmatisten, in: U. Eco, Zwischen Autor und Text. Interpretation und Überinterpretation. Mit Einwürfen von R. Rorty, J. Culler, C. Brooke-Rose und S. Collini, München ²2004, 99–119, 116, „dafür, die Distinktion zwischen Gebrauchen und Interpretieren einfach fallenzulassen, um nur zwischen den Nutzungsmöglichkeiten für verschiedene Menschen mit abweichenden Motiven zu unterscheiden.“ Allerdings führt Rorty anschließend unter Hinweis auf Kant als Regulativ für den Vorgang der Interpretation eine moralische Kategorie ein: „Nach Kant haben Dinge Wert, Personen aber Würde. So gesehen, sind Texte Personen ehrenhalber. Sie bloß zu gebrauchen … ist unmoralisch.“ (116–117).

der Interpretation ist der methodisch geleitete Bezug auf das Ganze eines Textes konstitutiv.[84] Auf der Grundlage intersubjektiv nachvollziehbarer Methoden wird eine Gesamtwahrnehmung des vorliegenden Endtextes angestrebt.

Im Zuge der Analyse und Interpretation ist der Lenkung der Leserschaft durch den Erzähler nachzuspüren und diese soweit wie möglich offenzulegen.[85] Dabei werden sowohl die erzählten Inhalte als auch die Strategien ihrer Präsentation in den Blick genommen. Unter Berücksichtigung des kreativen Eigenanteils des Exegeten bzw. der Exegetin bei der Analyse und Interpretation der Texte zielt der exegetische Zugang darauf, die Darstellungsweise der Evangelienschriften sichtbar zu machen und zu zeigen, wie diese ihrer Leserschaft in den letzten drei Jahrzehnten des ersten Jahrhunderts n. Chr. aus der Perspektive christlichen Glaubens Auskunft über Jesus Christus, den Protagonisten der erzählten Handlung geben. Über den Gegenwartsaspekt und die Frage nach der Bedeutung für gegenwärtigen christlichen Glauben ist damit noch nichts oder allenfalls nur indirekt etwas ausgesagt.

---

[84] NÜNNING/NÜNNING, Wege zum Ziel, 19, verweisen auf die Definition von A. SPREE, Art. Interpretation, in: H. Fricke et al. (Hg.), Reallexikon der deutschen Literaturwissenschaft, Band II, Berlin/New York 2000, 168–172, 168: „Der Begriff der Interpretation bezeichnet in der Literaturwissenschaft ‚das methodisch herbeigeführte Resultat des Verstehens von Texten in ihrer Ganzheit'".

[85] Obwohl EBNER/HEININGER ihr Arbeitsbuch „Exegese des Neuen Testaments" nennen, kommt der Begriff „Exegese" in dem Buch so gut wie nicht vor. So fehlt auffallenderweise bereits der Versuch einer Definition. Stattdessen ist von „Analyse" und „Methoden" die Rede und nur gelegentlich erfolgt die eher unspezifische adjektivische Verwendung „exegetisch", beispielsweise in der Formulierung „das exegetische Besteck" (1).

4. Das Verhältnis von Text und Interpretation

4.1 Deutung religiösen Erlebens oder Reflexion von Offenbarung?

Die beiden theologischen Hermeneutiken von J. Lauster[1] und U. Körtner[2] markieren zwei unterschiedlich akzentuierte Zugriffsweisen auf die Offenbarungsthematik. Während Lauster das Erbe der Liberalen Theologie des 19. Jahrhunderts neu zur Geltung zu bringen versucht, steht Körtner in der Tradition der Wort-Gottes-Theologie der Dialektischen Theologie. Heißen die Schlagworte und Leitbegriffe bei Lauster „Religion", „Erfahrung", „Deutung", spricht Körtner bevorzugt von „Theologie", „Glaube", „Verstehen". In der Sache geht es um die Bestimmung der Aufgabe der Theologie. Geht es in der Theologie zentral um die Deutung religiösen Erlebens oder um die Reflexion von Offenbarung? Die beiden Ansätze, für die die Arbeiten Lausters und Körtners stehen, machen erneut deutlich, dass die Auseinandersetzung der Theologie der 1920er Jahre mit dem Erbe der vorangehenden Epoche der ausgehenden Kaiserzeit nach wie vor virulent ist. Zwischen Lauster und Körtner wird die Differenz der Ansätze unmittelbar am hermeneutischen Zentralthema sichtbar. In vielen exegetischen Monographien sowohl im Bereich der Jesusforschung als auch in der Arbeit an den Evangelien und zu Paulus schwingt sie unterschwellig oder auch offen mit.[3]

Nach Lauster besteht die zentrale Fähigkeit des Menschen darin, seine Umwelt mit Bedeutsamkeit zu versehen. Sich die Welt durch Verstehen zu

---

[1] Lauster, Religion.

[2] U. H. J. Körtner, Einführung in die theologische Hermeneutik, Darmstadt 2006.

[3] Schnelle, Theologie, 15–46, unternimmt den Versuch, beide theologiegeschichtlich bedeutsame Stränge miteinander zur Geltung zu bringen. Um „den Wirklichkeitsbezug des Offenbarungsbegriffs einsichtig" zu machen, macht U. Schnelle, Offenbarung und/oder Erkenntnis der Vernunft? Zur exegetischen und hermeneutischen Begründung von Glaubenswelten, in: C. Landmesser/A. Klein (Hg.), Offenbarung – verstehen oder erleben? Hermeneutische Theologie in der Diskussion, Neukirchen-Vluyn 2012, 119–137, 128, „den Deutungs- und den Sinnbegriff" stark. Zur Kritik an der Position Schnelles vgl. u. 137–138.

erschließen, ist die anthropologische Kernkompetenz. Sich religiös zu orientieren, stellt eine Spezialrubrik dieser allgemeinen Befähigung dar. Die christliche Religion ist „die Form menschlicher Lebensdeutung im Horizont der Erfahrung von göttlicher Transzendenz in der Welt".[4]

Lauster setzt mit seinem Entwurf bei der Verhältnisbestimmung von Deutung und Erfahrung ein. Danach stellt Verstehen eine konstruktive Deutungsleistung dar, die Wirklichkeitsphänomene mit Sinn versieht. Der Verdacht, dass dem Deutungsbegriff der Charakter des Subjektiven wenn nicht Beliebigen anhafte, lasse sich nicht mit „einer offenbarungstheologischen Absicherung des christlichen Glaubens" abweisen.[5] Jede Erkenntnis stelle eine Interpretation von Wirklichkeit dar und beruhe auf einer Konstruktion des erkennenden Subjekts. Die Unterschiedlichkeit der perspektivischen Zugänge spiegelt die kulturelle Vielfalt des Vermittlungsprozesses. Letztlich ist jeder Zugang zur Wirklichkeit „ein Auslegungsgeschehen".[6]

Dem ist nicht zu widersprechen; denn Wirklichkeit begegnet dem Menschen nur als angeeignete Wirklichkeit unter einer bestimmten Perspektive. Der Erschließungsvorgang gehört zum Wirklichkeitserleben selbst. Zwar setzt sich Erfahrung aus Erlebnis und Deutung zusammen.[7] Aber die Deutung wird nicht nachgeschoben, sondern findet im Erleben statt.[8] Der Fokus liegt damit auf der Form der Aneignung von Wirklichkeit durch den Menschen. Dem entspricht in der Sache der Zugang, den E. Reinmuth – in von Lausters Terminologie abweichender Begrifflichkeit – wählt. Reinmuth differenziert terminologisch zwischen Wirklichkeit und Realität. Der Mensch erfährt keine Realität abgesehen von seiner Wahrnehmung. „Wirklichkeit

[4] Lauster, Religion, 7.

[5] Lauster, Religion, 11.

[6] Lauster, Religion, 12.

[7] Lauster, Religion, 24.40.

[8] Vgl. J. Lauster, Das Programm „Religion als Lebensdeutung" und das Erbe Rudolf Bultmanns, in: I. U. Dalferth/P. Bühler/A. Hunziker (Hg.), Hermeneutische Theologie – heute?, HUTh 60, Tübingen 2013, 101–116, 103. U. Barth, Theoriedimensionen des Religionsbegriffs. Die Binnenrelevanz der sogenannten Außenperspektiven, in: Ders., Religion in der Moderne, Tübingen 2003, 29–87, 44, spricht vom „Moment des intuitiven Stellungnehmens", das dem religiösen Erleben inhärent ist. Die „Gegenstandserfassung" geht mit der „Gegenstandsbewertung" einher. Dies ist im Kern eine Einsicht, die mythischer Rationalität entspringt. Denn der Mythos unterscheidet nicht zwischen der Oberfläche und einem darunter liegenden tieferen Sinn. Zwischen dem Moment der Beobachtung und seiner Interpretation wird nicht getrennt. Die „Einheit der Anschauung" resultiert nach E. Cassirer, Philosophie der symbolischen Formen, II. Das mythische Denken, Sonderausgabe, Darmstadt [9]1994, 89, aus einem „Akt der Stellungnahme". Vgl. Klumbies, Mythos, 83.

ist immer sprachlich codiert, Realität nicht." Die „sprachliche Konstruktion der Wirklichkeit … (ist) etwas anderes als die Realität, auf die sie sich bezieht."[9] Die Realität begegnet also immer als Wirklichkeit, d.h. als wahrgenommene, interpretierte Realität.

Unbestritten ist dem Deutungszugang auch seine ausgezeichnete „Anschlussfähigkeit zu Religions- und Sozialwissenschaften und zur Philosophie".[10] In dieser Hinsicht ist es durchaus chancenhaft, die christliche Religion als Funktion der Anthropologie und „Segment der Kultur"[11] darzustellen. Auf E. Cassirers Philosophie der symbolischen Formen kann Lauster allerdings in diesem Zusammenhang nur mit partiellem Recht verweisen. Denn Sprache, Mythos, Kunst, Religion – auch Technik[12] – sind bei Cassirer durchaus keine sekundären Zuschreibungen, durch die „das menschliche Bewusstsein Wirklichkeit … mit geistigen Gehalten versieht und so Bedeutungszusammenhänge herstellt."[13] Vielmehr sind die genannten symbolischen Formen die Zugangsweisen und zugleich die kreativen Medien, unter denen die Wirklichkeit als Wirklichkeit und gleichzeitig das Ich als Ich konstituiert wird. In ihnen ereignet sich das Welterfassen.[14] Die symbolischen Formen sind Offenbarungsweisen des Geistes selbst. Aus einer ursprünglichen „Energie des Geistes"[15] selbst verbinden sie Sinnliches mit Sinn. Sie bilden „geistige Gestaltungsweisen"[16], die „je eine eigene Welt von Gebilden aus sich heraus (stellen), die nicht anders denn als Ausdrücke der Selbsttätigkeit, der ‚Spontaneität' des Geistes verstanden werden können."[17] Dieser Ursprungsimpuls des Geistes setzt beim Menschen ein schöpferisches Gestalten frei, das sowohl sein Welt- als auch sein Selbstverhältnis prägt. Nicht das erkennende Ich deutet seine Umwelt bzw. die Wirklichkeit

---

9 E. Reinmuth, Hermeneutik des Neuen Testaments. Eine Einführung in die Lektüre des Neuen Testaments, Göttingen 2002, 28.

10 Lauster, Religion, 13.

11 Lauster, Religion, 12.

12 Die Technik wird von Cassirer zwar nicht ausdrücklich als symbolische Form genannt. Er hebt jedoch die besondere Bedeutung der Erfindung von Werkzeugen für die Entwicklung des menschlichen Selbstbewusstseins hervor. Vgl. O. Schwemmer, Ernst Cassirer, Ein Philosoph der europäischen Moderne, Berlin 1997, 62 Anm. 177.

13 Lauster, Religion, 10–11.

14 Vgl. Schwemmer, Cassirer, 23–24.

15 E. Cassirer, Der Begriff der symbolischen Form im Aufbau der Geisteswissenschaften, in: Ders., Wesen und Wirken des Symbolbegriffs, Sonderausgabe, Darmstadt [8]1994, 169–200, 175.

16 E. Cassirer, Philosophie der symbolischen Formen, III. Phänomenologie der Erkenntnis, Sonderausgabe, Darmstadt [10]1994, 3.

17 Cassirer, Philosophie der symbolischen Formen II, 259.

in symbolischen Formen, sondern das kreative Tun vollzieht sich in symbolischen Formen, die als „brechende Medien“[18] die Erkenntnisbedingungen darstellen, denen das erkennende Subjekt wie die von ihm erfasste Wirklichkeit unterliegt.[19]

Neben der anthropologischen Frage nach den Aneignungsformen von Wirklichkeit und über die Feststellung hinaus, dass Religion eine Form darstellt, „in der das menschliche Bewusstsein Sinnstiftungen ausbildet“[20], hat die Theologie jedoch ebenso die Frage nach der dem Menschen gegenüber tretenden Wirklichkeit selbst zu stellen – in der Diktion Reinmuths: nach der Realität, die als sprachlich vermittelte Wirklichkeit begegnet. Ohne die Bedeutung des Deutungsvorgangs grundsätzlich zu relativieren, ist nach dem Charakter der Wirklichkeit zu fragen, die die menschliche Stellungnahme und Interpretation erst provoziert. Ansonsten wäre der Projektionsverdacht schwer abzuweisen. So führt W. Gräbs Verständnis von konstruktiver Deutung an den Rand der Projektion angesichts eines postulierten Nichts. Gräb zufolge haben die Aussagen des Glaubens nur Sinn, wenn sie als Deutungen verstanden werden, „vermöge deren wir die Welt, die Natur und die Geschichte, die *an sich* keinen Sinn haben, in einen solchen *für uns* überführen können“.[21] Wenn als Grundlage die Sinnlosigkeit konstatiert wird, können nachträgliche Sinnzuschreibungen den Mangel an Sinn nicht ausgleichen. Sie werfen vielmehr die Frage nach der Tragfähigkeit solcher Zuschreibungen auf. Gerade der konstruktiv deutende Zugriff setzt voraus, dass perspektivisch versprachlicht wird, was ist, d. h. dass Wirklichkeit unter einem bestimmten Aspekt wahrgenommen und formuliert wird, nicht jedoch, dass eine Sinnerschaffung *ex nihilo* vorgenommen wird. In der Tat ist, um der „Projektionsfalle zu entgehen“, der Nachweis zu verlangen, dass „religiöse Deutungen tatsächlich einen Aspekt der Wirklichkeit in symbolischer Deutung zum Ausdruck bringen, der auf die Wirklichkeit konstruktiv antwortet und nicht aus der reinen Konstruktion des Bewusstseins stammt.“[22] Allerdings gelangt Lauster selbst kaum über Gräb hinaus, wenn er Transzendenzerfahrung primär als „eine bestimmte Art der Selbsterfahrung“ bestimmt. Indem er sein Interesse wiederum an das deutende Subjekt

[18] Cassirer, Philosophie der symbolischen Formen III, 3.

[19] Vgl. dazu Klumbies, Mythos, 2.2.1 Ernst Cassirers „Philosophie der symbolischen Formen“ und 2.2.2 Der Mythos als symbolische Form bei Ernst Cassirer, 70–90.

[20] Lauster, Religion, 12.

[21] W. Gräb, Lebensgeschichten – Lebensentwürfe – Sinndeutungen. Eine Praktische Theologie gelebter Religion, Gütersloh [2]2000, 18 (Kursivierungen von Gräb).

[22] So Lauster, Religion, 16, gegenüber Gräb.

heftet, das sich von der Wirklichkeit angegangen erfährt und darum „nicht anders kann, als jene Deutungsmuster des Göttlichen, des Heiligen, des Übersinnlichen und des Übernatürlichen anzuwenden“, bleibt er ein weiteres Mal bei dem Aneignungsaspekt.[23] Von Belang ist jedoch ebenso der Anteil der Wirklichkeit, der der in der Erfahrung angeeigneten Wirklichkeit entzogen bleibt bzw. *vice versa* die Erfahrung, dass Wirklichkeitserfassung nur einen Teil der Wirklichkeit sichtbar werden lässt, während anderes verborgen bleibt. Zu fragen ist dementsprechend nach den Voraussetzungen, unter denen Deutung erst möglich wird.

In der Sprachtheorie gibt es eine Debatte über die Frage, ob bzw. auf welche Weise die Sprache das menschliche Denken beeinflusst.[24] Die Lösungsansätze innerhalb dieses Diskurses zeigen eine große Nähe zu den Denkbewegungen, die innerhalb der Theologie im Blick auf die Relation von Glaube und Wirklichkeit sowie zur Verhältnisbestimmung zwischen Offenbarung, Deutung und Vernunft vorgenommen werden. Insofern können sie helfen, die innertheologische Problemstellung präziser zu bestimmen.

Auch „bei der Frage nach der Konstitution des Denkens durch Sprache“ geht es um einen Machtaspekt. Wenn nämlich „der Sprache ein konstitutiver Einfluß auf das Denken“[25] eingeräumt wird, gerät der Mensch insofern unter ihre Herrschaft, als er nicht autonom seinen denkerischen Zugriff auf die Wirklichkeit steuert und auch nicht die alleinige, individuelle Verfügung über sein Handeln besitzt. Die Diskussion über den Einfluss der Sprache auf das Denken wird in der Hauptsache seit der Frühen Neuzeit geführt. Dabei dominierten zunächst „(a)bbildtheoretische Sprachkonzeptionen“, die von einer vorsprachlichen Wirklichkeit ausgehen, welche im Denken erfasst wird und in der Sprache ihren Ausdruck findet.[26] In der Moderne sind an die Stelle realistischer Sprachkonzeptionen zunehmend relativistische getreten. Die Voraussetzung einer vorsprachlichen Einheit der Wirklichkeit, die von der Sprache abgebildet wird, wird von dem Gedanken eines Perspektivenbündels abgelöst. Die Wirklichkeit zeigt sich stets gebunden an die Perspektive einer Sprache, und diese Perspektive kann nur durch die

---

[23] Zitate Lauster, Religion, 25.

[24] A. Gardt, Beeinflußt die Sprache unser Denken? Ein Überblick über Positionen der Sprachtheorie, in: A. Lehr u. a. (Hg.), Sprache im Alltag. Beiträge zu neuen Perspektiven in der Linguistik, FS Herbert Ernst Wiegand, Berlin/New York 2001, 19–39.

[25] Beide Zitate Gardt, Sprache, 19.

[26] Gardt, Sprache, 23–26, Zitat 25. Die „Überzeugung von der Vorsprachlichkeit des Denkens und damit von der sprachunabhängigen Existenz und Erkenntnis der Dinge (begegnet) bis in die Gegenwart. Außerhalb der Sprachwissenschaft dominiert sie ohnehin“ (ebd. 25).

Perspektive einer anderen Sprache ersetzt werden. Einen absoluten Punkt außerhalb einer solchen Perspektive und jenseits der Sprache gibt es nicht. In der Konsequenz, so A. Gardt unter Bezugnahme auf W. von Humboldt, müsste man von so vielen Wirklichkeiten sprechen, „wie es Sprachen gibt".[27] Auch der Konstruktivismus müsse jedoch nicht zwingend auf die Annahme einer vorsprachlichen Wirklichkeit und die Möglichkeit der Wirklichkeitserkenntnis verzichten. In ihrer radikalen Gestalt führt die konstruktivistische Binnenreferentialität dazu, dass „(a)n die Stelle der Suche nach Wahrheit" in traditionellen erkenntnistheoretischen Entwürfen „die Suche nach einem Konsens" tritt, der nicht auf die Überprüfung an einer außersprachlichen Wirklichkeit zielt, sondern sich am Nutzen der Gesprächsteilnehmer orientiert.[28]

Als Ergebnis der Debatte ist festzustellen: Es gibt ebenso wenig einen sprachfreien Zugang zur Wirklichkeit wie zur Sprache selbst. Gleichwohl ist der Umkehrschluss abzuweisen, dass die Wirklichkeit damit in der Sprache „aufgeht". Die Verweigerung gegenüber einer solchen Schlussfolgerung ist dem Interesse an dem Offenhalten der Begegnung mit „Wirklichkeit" geschuldet.

Das Festhalten an der Eigendignität und -dynamik einer Wirklichkeit, die sich von sich aus dem Menschen zeigt, ist eine Grundlage des christlichen Gottesglaubens. Die Annahme einer solchen Wirklichkeit basiert auf der Voraussetzung, dass menschliches Leben Vorgaben entspringt und auf Grundlagen beruht, die der Verfügbarkeit des Menschen entzogen sind und zu denen der Mensch sich – ob ungewollt oder gewollt – verhalten muss. Die Erfahrung einer vorgängigen Wirklichkeit, deren Vorgabecharakter sich u.a. im Entzogensein der eigenen Lebensvoraussetzungen und den Anforderungen, die aus den Überlebensbemühungen resultieren, meldet, stellt die Theologie vor die Frage nach Gott und seiner Offenbarung.

Auch wenn die Verknüpfung der Einsicht in die menschliche Abhängigkeit von vorgegebener Realität mit der Gottesfrage bereits einen Deutungsvorgang darstellt und Gott für die Reflexion nur in Gestalt menschlicher Interpretationen, also unter dem Aneignungsaspekt und damit perspekti-

---

[27] Gardt, Sprache, 31. Vgl. auch A. Gardt, Das Wort in der philosophischen Sprachreflexion: eine Übersicht, in: D.A. Cruse u.a. (Hg.), Lexikologie/Lexicology. Ein internationales Handbuch zur Natur und Struktur von Wörtern und Wortschätzen, 1. Halbband, Berlin/New York 2002, 89–100, 97: „An die Stelle des Archephänomens der ‚einen Wirklichkeit' tritt eine Vielzahl von Perspektiven, die erst in einer idealen Gesamtheit etwas wie ‚die Wirklichkeit' konstituieren."

[28] Gardt, Sprache, 34–35, Zitate 35; vgl. auch Gardt, Wort, 96–99.

visch begegnet, stellt die offenbarungstheologische Fokussierung den notwendigen Widerspruch gegen eine mögliche anthropologische Engführung des theologischen Themas dar. Mit ihrem Insistieren auf einer göttlichen Eigendynamik hält sie an einem kritischen Vorbehalt fest, der sich der Auffassung verweigert, der christliche Glauben könne als Funktion der Anthropologie interpretiert eine religiöse Spielart neben anderen darstellen.

Gott begegnet stets als geglaubter Gott; und geglaubte Offenbarung lässt sich durchaus als ein Vorgang religiöser Wirklichkeitsdeutung einordnen. Aber das Ziel des offenbarungstheologischen Ansatzes liegt darin, die Gottesfrage nicht mit den menschlichen Aneignungsmodalitäten zu erledigen, sondern den „Überschuss", der darin liegt, dass Gott mehr ist als das, was partiell von Glaubenden erfasst wird, als kreative Kraft wahrzunehmen, die selbsttätig zu immer neuen Stellungnahmen, Interpretationen und Deutungen herausfordert.[29] Auch die Fähigkeit zu deuten, beruht auf Voraussetzungen, die durch den Akt der Deutung nicht erst geschaffen werden.

Körtner kritisiert die Hochschätzung der Deutungskategorie in der gegenwärtigen hermeneutischen Debatte unter Rekurs auf D. Korschs Dogmatik als „subjektivitätstheoretische Variante natürlicher Theologie". Im Mittelpunkt dieser Denkbewegung stehe „das religiös gestimmte ... Subjekt".[30] Korschs Frage, „wie können wir Gott so denken, daß wir an ihn glauben können?"[31] lege den „Verdacht nahe, daß hier ... der Gottesgedanke des Gott denkenden Subjekts zur Bedingung des Glaubens gemacht wird"[32]. Gegenüber einem einseitigen Verständnis von Glauben „als menschliche(r) Aktivität des Deutens und Aneignens"[33] hebt Körtner die passivische Dimension des Glaubens hervor. Glaube bezeichne ein Ergriffen- und „Erkannt*werden*", Deuten „ein Ausgelegt*werden*".[34] Die Vernachlässigung die-

---

[29] Es geht also nicht, wie LAUSTER, Religion, 11, vermutet, um die Sorge um einen „Geltungsverlust religiöser Wahrheit", sondern mit CASSIRER, Philosophie der symbolischen Formen III, 3, gesprochen um „die letzte Wirklichkeit, die Wirklichkeit des Seins an sich selbst".

[30] KÖRTNER, Hermeneutik, 29.

[31] D. KORSCH, Dogmatik im Grundriß. Eine Einführung in die christliche Deutung menschlichen Lebens mit Gott, Tübingen 2000, 124.

[32] KÖRTNER, Hermeneutik, 29.

[33] KORSCH, Dogmatik, 272. Den Begriff der Deutung selbst expliziert D. KORSCH, Religion als Lebensdeutung. Ein Beitrag zur interreligiösen Hermeneutik, in: C. Danz/U.H.J. Körtner (Hg.), Theologie der Religionen. Positionen und Perspektiven evangelischer Theologie, Neukirchen-Vluyn 2005, 205–222, 208, als „die unausweichlich sinnlich auszudrückende Tätigkeit des Bewußtseins als eines Phänomens des Lebens".

[34] KÖRTNER, Hermeneutik, 29. Vgl. auch die in Anlehnung an Bultmann getroffene passivische Erläuterung des Glaubensbegriffs als „Bestimmt*sein*" in U.H.J. KÖRTNER,

ser zentralen Dimension von Glauben stelle zugleich eine unzulässige Unterbestimmung des Wirkens des Heiligen Geistes dar.

Im Ergebnis führt die Reaktivierung der kulturprotestantischen *Essentials* in der Bestimmung des Glaubensbegriffs mit der Fokussierung der Deutungskategorie wie bereits im 19. Jahrhundert zu einer Vorordnung der menschlichen Aktivität vor dem passivischen Bestimmtwerden des Menschen.[35] Laut Körtner ist die Rückwendung zu einer subjektivitätsphilosophisch fundierten Theologie „eher ein Symptom der Krise heutiger Theologie als ein Lösungsweg".[36] Der Orientierung an einem allgemeinen Religionsbegriff oder einer eher vagen Transzendenzvorstellung sei ein Offenbarungsverständnis vorzuziehen, das von der Kommunikation des Evangeliums her denkt und Offenbarung als Teil dieses Vermittlungsvorgangs versteht.[37] Unter der Perspektive des Evangeliums gelangt der Mensch im Glauben zu einem Verstehen der Wirklichkeit und seiner selbst; ein Vorgang, der für ihn zugleich eine Selbstäußerung Gottes darstellt.[38]

Körtners Kritik an den religionsphilosophischen Implikationen des Deutungsparadigmas trifft in der Sache mit einer Beobachtung zusammen, die T. Kleffmann zur Genese des Deutungsbegriffs gemacht hat. Kleffmanns These lautet, „dass ein religionsphilosophisch paradigmatischer Begriff der Deutung den religiösen Wahrheitsanspruch … negiert". Der Grund dafür liegt darin, dass die Logik des Deutungsbegriffs einen „konstruktivisti-

---

Konsequente Exegese. Zum Verhältnis von hermeneutischer Theologie, Wort Gottes und Schriftauslegung, in: I. U. Dalferth/P. Bühler/A. Hunziker (Hg.), Hermeneutische Theologie – heute?, HUTh 60, Tübingen 2013, 149–172, 160.

[35] Zur Rolle des handelnden Subjekts im Gefolge der Aufklärung vgl. auch H. Weder, Reichhaltige Resonanz. Überlegungen zu einer Hermeneutik metaphorischer Theologie, in: I. U. Dalferth/P. Bühler/A. Hunziker (Hg.), Hermeneutische Theologie – heute?, HUTh 60, 2013, 227–257, 233–234: „Die Frage nach der eigenen Bewegung verdrängt jene andere lebenswichtige Frage, die Frage nämlich, was das Subjekt bewegt … . Eine theologische Hermeneutik wagt die Frage zu stellen, ob die Situation des Subjekts unter den Bedingungen der Neuzeit richtig bestimmt sei."

[36] Körtner, Hermeneutik, 30.

[37] So Körtner, Hermeneutik, 31 und 33, unter Verweis auf I. U. Dalferth, Evangelische Theologie als Interpretationspraxis. Eine systematische Orientierung, ThLZ.F 11/12, Leipzig 2004, 116, und E. Lange, Predigen als Beruf. Aufsätze, hg. v. R. Schloz, Stuttgart/Berlin 1976, 11.12.

[38] Körtner, Hermeneutik, 33 und Dalferth, Evangelische Theologie, 121–122, sprechen in diesem Zusammenhang von einer „Selbstinterpretation" Gottes. „Die Umkehr der Subjekt-Objekt-Struktur des Erkennens im Akt des Glaubens besagt, daß Theologie im Unterschied zu dem von ihr interpretierten Evangelium keine soteriologische Qualität besitzt. … Es führt kein Weg vom Erkennen zum Glauben, wohl aber ein Weg vom Glauben zum Erkennen" (Körtner, Hermeneutik, 33).

schen Monismus (impliziert), der ... ein Verstehen des wirklich Anderen ausschließt".[39] Den Ursprung des Deutungsbegriffs sieht Kleffmann bei F. Nietzsche und weniger bei A. Ritschl. In kritischer Auseinandersetzung mit U. Barths Aussage, Religion sei „die Deutung von Erfahrung" bzw. die „Deutung der Wirklichkeit" „im Horizont der Idee des Unbedingten"[40], verweist Kleffmann darauf, dass die bloß negative Bestimmung der religiösen Bezugsgröße als des „Unbedingten" den angezeigten Horizont selbst in der Negativität belasse. Jede konkrete Bestimmung werde in diesem Rahmen zu einer Deutung des menschlichen Bewusstseins selbst. Damit aber erhebt sich die Frage, worin der Sinn des Entwurfs eines letzten Wirklichkeitshorizonts liegt, den Barth mit den Begriffen von Unendlichkeit, Ganzheit, Ewigkeit und Notwendigkeit charakterisiert.[41] „Der Leere des Begriffs des Unbedingten entspricht hier, was in der Auffassung der Religion als Deutung überhaupt liegt, nämlich dass diese Deutung Ergebnis ‚menschlicher Deutungsleistung' ist. Und zu dieser Deutungsleistung gehört dann eben auch jene Dimension selbst – sobald sie mehr zu sein scheint als eine abstrakte Negativität."[42] Die Sinndeutung ist eine Funktion des Lebens, mittels derer „der endliche Mensch seinem Leben einen Sinn in Bezug auf das Unbedingte *beilegt*".[43] Die Konstruktion eines Religionsbegriffs, der Religion als Sinndeutung definiert, lässt Religion zu einer menschlichen Leistung werden, ein Verständnis, das mit einem religiösen Selbstverständnis, demzufolge die Begegnung mit dem Anderen das Zentrum von Religion ausmacht, kollidiert.[44] Daraus folgt, dass der „Unterschied zwischen dem religiösen [christlichen] Wirklichkeitsverständnis und dem Wirklichkeitsverständnis des auf sich selbst gestellten Menschen" im „Paradigma der Deutung" nicht behandelbar ist. Auf der Grundlage der Einsicht in die Intersubjektivität aller Wirklichkeit müsse daher systematisch-theologisch

[39] T. Kleffmann, Religion als menschliche Deutung. Über Sinn und Grenze eines aktuellen religionsphilosophischen Ansatzes, in: I.U. Dalferth/H.-P. Grosshans (Hg.), Kritik der Religion. Zur Aktualität einer unerledigten philosophischen und theologischen Aufgabe, Tübingen 2006, 285–300, 286.

[40] U. Barth, Was ist Religion?, in: Ders., Religion in der Moderne, Tübingen 2003, 3–28, 10.14.

[41] Barth, Religion, 14–15; dazu Kleffmann, Religion, 288.

[42] Kleffmann, Religion, 288–289 unter Zitierung von Barth, Religion, 14.

[43] Kleffmann, Religion, 290 (Kursivierung von Kleffmann).

[44] Vgl. Kleffmann, Religion, 295: „Das Wirklichkeitsverständnis dieser Reflexion verneint das religiöse Selbstverständnis statt zu versuchen, dessen Wirklichkeitsverständnis zu denken. Der Grund dafür liegt ... darin, dass sich die Vernunft des Religions-Paradigmas hier konsequent auf das Denken des auf sich selbst gestellten Menschen (Heidegger) beschränkt." (Ebd.).

„die Unterscheidung von Mensch und Gott im religiösen Bewusstsein ... auch auf der Ebene der Reflexion“ beibehalten werden.[45] Gott und Mensch sind im Ansatz in der Einheit eines Kommunikationsgeschehens zu denken. In ihr weiß sich das menschliche Ich einerseits von Gott unterschieden und andererseits immer schon auf ihn bezogen. Dieser Zugang ist einem vom Subjekt her entworfenen Deutungsparadigma entzogen.[46]

Als Ausweg aus dem Dilemma einer Alternative zwischen schierem Offenbarungspositivismus und religionstheoretischer Außenperspektive schlägt Kleffmann vor, der Engführung eines philosophisch-religionstheoretischen Deutungsbegriffs eingedenk zu bleiben, der notwendigerweise den christlichen Wahrheitsanspruch nicht zur Geltung bringen kann, weil er an die Erkenntnissituation des auf sich gestellten und an seine Subjektivität gebundenen Menschen geknüpft ist. Demgegenüber gelte es, die „Vernunftrelevanz“ der Offenbarung Gottes und der Gott-Mensch-Beziehung zum Ausdruck zu bringen. Während die Aufgabe der Philosophie in der Reflexion des selbstbewussten Menschen liegt, bestimmt die Systematische Theologie die *conditio humana* im Rahmen der umfassenden Gott-Mensch-Beziehung. Der religiöse Anspruch zielt auf die Überwindung der Sinnlosigkeit, in die das Fürsichsein der reinen „Reflexion in sich“ mündet.[47]

4.2 Text und Interpretation

Die hermeneutische Aufgabe der Theologie des Neuen Testaments besteht darin, Probleme des Verstehens zu bearbeiten, die aus der Interpretation der neutestamentlichen Texte resultieren. Als Grundlage für die auf die biblischen Schriften bezogene theologische Hermeneutik legt sich daher ein Hermeneutikverständnis nahe, das den Textbezug in seine Definition mit aufnimmt. P. Ricœur charakterisiert Hermeneutik „als Untersuchung der Kunst des Verstehens, die durch die Interpretation von Texten ermöglicht ist.“ Ricœur geht es nicht um eine „Hermeneutik *des* Textes“, sondern „eine Hermeneutik, die von dem durch den Text gestellten Problem ausgeht.“[48]

[45] Beide Zitate Kleffmann, Religion, 296.

[46] Vgl. Kleffmann, Religion, 297: „Kann Deutung ein rezeptorisches bzw. responsorisches Moment enthalten? ... Lassen sich Konstruktion und Widerfahrnis oder Ereignis zusammendenken? M. E. wäre damit der paradigmatische Begriff von Religion als Deutung seines Skopus beraubt.“

[47] Kleffmann, Religion, 299–300.

[48] P. Ricœur, Philosophische und theologische Hermeneutik, in: P. Ricœur/E. Jün-

Die auf die Interpretation von Texten ausgerichtete Hermeneutik lässt sich auch als „Kunst des Lesens" bezeichnen.[49]

Die innertheologische Auseinandersetzung über die Relation von menschlichem Deuten und göttlicher Offenbarung weist strukturelle Parallelen zu einem Diskurs auf, der in der Literaturwissenschaft über die Verhältnisbestimmung zwischen einem literarischen Werk und seiner Interpretation geführt wird. In dieser Debatte geht es um die Grenzen der Interpretation von Texten. Die Kontroverse besteht darin, welcher Zugang innerhalb eines Spektrums, das von der klassischen Orientierung an der Autorintention bis zur freien Nutzung von Texten für eigene Zwecke reicht, den Texten gerecht wird. Relevant für die theologische Hermeneutik ist die Diskussion im Kontext der Frage nach dem Verstehen und seinen Voraussetzungen.

Verstehen – und Entsprechendes gilt auch für das Deuten – bezieht sich immer auf Vorgaben zurück. Zugleich konstruiert es Sinnzusammenhänge neu und schafft wiederum Vorgaben, die wirkungsgeschichtlich relevant und Grundlage neuer Verstehensbemühungen werden. Verstehen ist ein Wechselprozess von Reproduktion und Produktion.[50] Die Klärung von Verstehen wie von Deuten führt in den hermeneutischen Zirkel. Für U. Barth ist der Verlauf der Religionsgeschichte durch die fortgesetzte Weiterdeutung zuvor erzielter Deutungsschemata geprägt.[51] In der Sache handelt es sich um die permanente Interpretation von Interpretationen. Während die radikale Rezeptionsästhetik alle Macht den Leserinnen und Lesern gibt und die Möglichkeiten der Interpretation im Grundsatz für grenzenlos erklärt, so dass die Interpreten dem Text prinzipiell jede Bedeutung zuweisen können, hält U. Eco an Grenzen der Interpretation fest. Auch wenn die Interpretation „potentiell unbegrenzt" sei,[52] folgere daraus nicht, dass jede Interpretation eines Textes zulässig sei. Einer vollständigen Vereinnahmung und Funktionalisierung des Textes gegenüber verweist Eco auf die „Textintention".[53]

---

gel, Metapher. Zur Hermeneutik religiöser Sprache. Mit einer Einführung von P. Gisel, Evangelische Theologie – Sonderheft, München 1974, 24–45, 27 (Hervorhebung durch Ricœur).

[49] Körtner, Hermeneutik, 13.

[50] Vgl. H.-G. Gadamer, Wahrheit und Methode. Grundzüge einer philosophischen Hermeneutik, Tübingen 1986, 301.

[51] Barth, Theoriedimensionen, 47.

[52] U. Eco, Interpretation und Geschichte, in: Ders., Zwischen Autor und Text. Interpretation und Überinterpretation. Mit Einwürfen von R. Rorty, J. Culler, C. Brooke-Rose und S. Collini, München [2]2004, 29–51, 29.

[53] Eco, Interpretation und Geschichte, 31.

Sie konzediert dem Text ein Eigenrecht. Der in die Autonomie entlassene Text steht zwischen der unergründbaren Autorabsicht und der anfechtbaren Interpretenintention.[54]

In der gegenwärtigen Diskussion ist es vor allem die Werkästhetik, die der absoluten Vereinnahmung und Funktionalisierung des Textes durch seine Leserinnen und Leser entgegentritt.[55] Ricœur zufolge wächst dem Text im Zuge des Übergangs von der mündlichen Rede zur Schrift eine Autonomie zu, die ihn zu einem eigenständigen Gegenüber seiner Rezipienten macht. Diese Eigenständigkeit beruhe auf einer dreifachen Distanzierung, die aus der Schriftlichkeit des Textes resultiere. Die Schriftlichkeit gewähre dem Text erstens seine Distanz zum Autor und macht ihn autonom gegenüber dessen Intention. Damit tritt laut Ricœur eine Verfremdung ein, die, anders als H.-G. Gadamer dies beurteilt hatte, nicht als Verfallserscheinung, sondern als Chance gesehen werden muss. Ihre positive Bedeutung liege darin, dass die „‚Sache' des Textes" durch die Unabhängigkeit vom Autor und seiner Intention „dem begrenzten intentionalen Horizont des Autors entzogen wird". „(D)ank der Schrift kann die ‚Welt' des Textes die Welt des Autors zerbrechen lassen."[56]

Die Verschriftung führe zweitens zur Autonomie des Textes gegenüber seiner ursprünglichen Redesituation. Das sei ein Zugewinn, der den Text aus einer einstmaligen Partikularkommunikation zwischen einem Redner und einem Hörer herausführe. Die Beziehung zwischen Schreibern und Lesern bedeute eine Öffnung des Kommunikationsrahmens. Sie führe zu einer „Entgrenzung der geschriebenen Sache aus der Gesprächsbedingtheit der Rede". Damit sei „das Verhältnis von Schreiben und Lesen kein Sonderfall des Verhältnisses von Reden und Hören mehr".[57]

Drittens verschaffe die Verschriftung dem Text Distanz gegenüber seinen Ursprungsadressaten. Ein in solcher Weise zur Autonomie gelangter Text ist als „Werk" zu bezeichnen.[58] Seine Autonomie macht den Text „für künftige

---

[54] Vgl. U. Eco, Zwischen Autor und Text, in: Ders., Zwischen Autor und Text. Interpretation und Überinterpretation. Mit Einwürfen von R. Rorty, J. Culler, C. Brooke-Rose und S. Collini, München ²2004, 75–98, 87.

[55] Klumbies, Vorverständnis, 645. Vgl. o. 68.

[56] Ricœur, Hermeneutik, 28.

[57] Ricœur, Hermeneutik, 29.

[58] P. Ricœur, The Hermeneutical Function of Distanciation, Philosophy Today 17 (1973), 129–141, 134: „First, a work is a sequence longer than the sentence, … . Secondly the work is submitted to a form of codification that is applied to the composition itself and which makes discourse into a poem, an essay, a story, etc. The codification is known a literary genre. In other words, part of a work's being a work requires that it belong to a

Appropriationen verfügbar".[59] Die dreifache Distanzierung[60] ist die Bedingung für die spätere Rezeption des Textes.[61] Ricœur insistiert damit auf einem *prae* des Werkes vor seiner verstehenden Aneignung durch die Rezipienten. Das „Werk bahnt sich den Weg zu seinen Lesern und schafft sich so das Gegenüber eines Subjekts."[62] Die Interpretation zwingt dem Text nicht ihr Verstehen auf, sondern setzt sich dem Text aus und erschließt die Welt vor dem Text. „Nicht das Subjekt konstituiert ... das Verstehen, sondern ... das *Selbst* wird durch die ‚Sache' des Textes konstituiert."[63]

Zu fragen ist, ob durch die Verselbstständigung des Textes tatsächlich eine „Verfremdung" stattfindet. Anders formuliert: Resultiert die Verfremdung aus der Ablösung des Textes von der Autorintention? Handelt es sich überhaupt um eine „Verfremdung durch die Schrift"[64]? Mir scheint, dass dies nicht der Fall ist. Ricœur nimmt für das Vor-Schriftstadium eine Symbiose zwischen dem gesprochenen Wort und der Intention des Sprechenden an, die mit der Schriftlichkeit des Textes zerbricht. Zwar konzediert er, dass „die mündliche Rede ... bestimmte Probleme des Verstehens auf(gibt), aber dieses bedarf nicht einer von der Gesprächsführung selbst verschiedenen Kunst."[65] Im Medium der Schriftlichkeit habe die sprachliche Äußerung ihre Qualität jedoch grundsätzlich verändert. Im Widerspruch zu Ricœur ist allerdings festzustellen, dass die konstatierte Verfremdung aus der Folgegeschichte der sprachlichen Äußerung und nicht aus dem Vorgang der puren Verschriftlichung resultiert. Es ist der Zugriff der Interpreten, der den Verfremdungsvorgang auslöst. In der interpretierenden Begegnung zwischen dem Interpreten und dem Text kommt es zu einer Verfremdung, die ihre Ursache in der gegenüber dem Text veränderten Lebenswelt der Interpreten besitzt. Damit ist ausgesagt, dass die Tatsache der Verfremdung als Folge des

---

literary type. Finally, a work receives a unique configuration that assimilates it to an individual and which we call its style." Vgl. ebenfalls P. Ricœur, Hermeneutics and the human sciences. Essays on language, action and interpretation. Edited, translated and introduced by J. B. Thompson, Cambridge/New York/Paris 1988, 131–144, besonders 135–136.

59 Jeanrond, Text, 49/50.

60 Ricœur, Hermeneutical Function, 134: „Such is the triple distanciation introduced by writing: (1) distanciation form the author; (2) from the situation of discourse; (3) from the original audience."

61 Vgl. Jeanrond, Text, 50 unter Bezug auf Ricœur, Hermeneutical Function, 134–39.

62 Ricœur, Hermeneutik, 33.

63 Ricœur, Hermeneutik, 33.

64 Ricœur, Hermeneutik, 30.

65 Ricœur, Hermeneutik, 26.

Autonomisierungsvorgangs nicht die Kerndifferenz zwischen mündlichen und schriftlichen Texten darstellt; denn auch in der Rezeption mündlicher Rede durch Hörer erfolgt die Verfremdung durch die Art und Weise der Aufnahme der Rede – auch wenn man zugesteht, dass im Fall des gesprochenen Wortes die Bindung an die Intention des Redenden enger sein mag.

Das Werk trägt nach Ricœur drei Merkmale. Es ist mehr als eine Ansammlung von Sätzen. Als „ein strukturiertes Ganzes" stellt es erstens eine „Totalität" dar.[66] Zweitens gehört es einer literarischen Gattung an; und drittens verfügt es als Ausdruck seiner Individualität über eine eigene Gestaltung, die sich in seinem Stil äußert.

An der *intentio operis* prallen unhaltbare Interpretationen ab.[67] Sie beschränkt „das freie Spiel der *intentio lectoris*".[68] Dem Text wird eine – begrenzte – Eigenintention zuerkannt,[69] die zwar praktisch kaum zu verobjektivieren ist, aber einen Einspruch gegen die Beliebigkeit von Interpretationen darstellt,[70] und ihm wird eine Eigenwertigkeit zugesprochen. Nicht der Interpret mit seinen begrenzten Fähigkeiten konstituiert das Verstehen. Vielmehr bahnt sich das Werk seinen Weg zu den Lesern.[71] Seine Wirkung entfaltet der Text dadurch, dass er als Werk aufgrund seiner Vielschichtigkeit zu ständig neuen Interpretationen herausfordert. Die Rezeption eines Textes ist durch Provokationen angestoßen, die von dem Text ausgehen und die Aneignungsprozesse vorprägen.[72]

---

[66] Ricœur, Hermeneutik, 30.

[67] Eco, Zwischen Autor und Text, 87.

[68] So S. Collini, Einführung: Die begrenzbare und die unbegrenzbare Interpretation, in: U. Eco (Hg.), Zwischen Autor und Text. Interpretation und Überinterpretation. Mit Einwürfen von R. Rorty, J. Culler, C. Brooke-Rose und S. Collini. Aus dem Englischen von H. G. Holl, München ²2004, 7–28, 15, in seiner einführenden Darstellung zu U. Eco. Die Werksintention lasse „sich nicht auf eine vortextliche *intentio auctoris* reduzieren".

[69] U. Eco, Überzogene Textinterpretation, in: Ders., Zwischen Autor und Text. Interpretation und Überinterpretation. Mit Einwürfen von R. Rorty, J. Culler, C. Brooke-Rose und S. Collini. Aus dem Englischen von H. G. Holl, München ²2004, 52–74, 72: „Von einer Textintention kann man ... nur infolge einer Unterstellung seitens des Lesers sprechen."

[70] Nach Eco, Textinterpretation, 71, lässt sich „kaum abstrakt definieren, was mit ‚Textintention' gemeint sein könnte. Die Intention eines Textes liegt nicht offen zutage". Gleichwohl geht es Eco darum, „eine dialektische Beziehung zwischen *intentio operis* und *intentio lectoris* zu wahren".

[71] Ricœur, Hermeneutik, 33.

[72] Vgl. auch Jeanrond, Text, 11: „Die Rezeption von Texten ist demnach also der Vorgang, in dem ein Rezipient einen Text auf seine Provokation hin aufschließt".

Als Leitbegriffe für Ricœurs Modell der Textinterpretation stehen auf der Textseite „Sinn" und „Bedeutung", auf der Rezeptionsseite „Erklären" und „Verstehen". Die Aufnahme dieser Begrifflichkeit wie ihre Weiterentwicklung zeigen an, dass es Ricœur darum geht, über die Diltheysche Unterscheidung zwischen den am Erklären orientierten Natur- und den auf Verstehen ausgerichteten Geisteswissenschaften hinauszugelangen.[73] Ricœur lässt den traditionellen Antagonismus zwischen „erklären" und „verstehen" nicht länger gelten. Der Erfolg der strukturalen Analyse bestehe darin, dass auch die Erklärung als Weg zum Verstehen in den Aneignungsvorgang integriert sei. Damit ständen sich auch Wahrheit und Methode nicht länger als Alternativen gegenüber, sondern vereinten sich in einem dialektischen Prozess.[74]

Ricœur definiert den Text als „un discours fixé par l'écriture".[75] Die erste Aufgabe der Texte besteht allerdings nicht darin, „einen vergangenen Diskurs (zu fixieren), sondern (sie) setzen Diskursivität allererst frei."[76] Insofern „liegt die Bedeutung eines Textes nicht hinter dem Text, sondern vor ihm".[77] Bedeutungserklärung und Sinnverstehen sind nach Ricœur zu unterscheiden.[78] Sinnpotential und aktualisierte „Textanweisung"[79], gemeint ist die Bedeutungszuschreibung, sind nicht identisch. Das Sinnpotential eines Textes und die Bedeutungszuschreibung durch die Leserschaft besitzen zwar eine gemeinsame Schnittmenge. Beides fällt jedoch nicht in eins. Das Sinnpotential des Textes bleibt insofern unausschöpfbar, als die Bedeutungszuschreibungen nur Teilmengen seiner Sinnmöglichkeiten erfassen. Auch „besitzt" der Text nicht Sinn an sich, sondern sein Sinn realisiert sich im Zuge der Bedeutungszuschreibung jeweils neu. Texte enthalten also Sinnpotentiale, „die allerdings erst im Akt des Lesens je vom Leser verwirk-

---

73 Vgl. P. Ricœur, Hermeneutik und Strukturalismus. Der Konflikt der Interpretationen I, München 1973, 110; dazu Jeanrond, Text, 59.

74 Ricœur, Hermeneutik, 30–31.

75 P. Ricœur, Qu'est-ce qu'un Texte? Expliquer et Comprendre, in: Hermeneutik und Dialektik. Aufsätze II Sprache und Logik, Theorie der Auslegung und Probleme der Einzelwissenschaften, hg. v. R. Bubner, K. Cramer und R. Wiehl, Tübingen 1970, 181–200, 182.

76 D. Hiller, Die Spur des Textes. Eine narrativ-kritische Programmskizze biblischer Theologie, in: C. Landmesser/A. Klein (Hg.), Der Text der Bibel. Interpretation zwischen Geist und Methode, Neukirchen-Vluyn 2013, 81–98, 88.

77 Hiller, Spur des Textes, 89.

78 Jeanrond, Text, 59.

79 Die Verwendung dieses Terminus bei Jeanrond, Text, 80, stammt aus dem Rekurs auf S. J. Schmidt, Texttheorie: Probleme einer Linguistik der sprachlichen Kommunikation, München [2]1976, 76.

licht werden".[80] In anderer Diktion lässt sich der Text „als ein auf Kommunikation angelegtes Produkt seines Autors" beschreiben.[81] Er zielt auf einen idealen impliziten Leser, wird jedoch faktisch von einem realen Leser bzw. einer Leserin angeeignet, der bzw. die dem Text Bedeutung zuschreibt. Der Text setzt Signale, in welcher Richtung er verstanden werden will und bietet eine Beziehung an. Die Lesenden entscheiden freilich, ob und in welcher Weise sie auf diese Signale reagieren. Dies kann mit Unverständnis, Einverständnis, Distanz, Gleichgültigkeit oder auf andere Weise geschehen. Auch die Möglichkeit des Misslingens der Beziehung ist nicht auszuschließen.[82]

W. Jeanrond leuchtet nicht ein, dass Ricœur „‚Sinn' ausschließlich auf die potentielle Ebene" und „‚Bedeutung' auf die realisierte Ebene des Textes" beschränkt. Er schlägt demgegenüber vor, „zwischen ‚möglichem' und ‚realisiertem' Sinn eines Textes (zu) unterscheiden."[83] Mit dieser Gewichtung der beiden Brennpunkte „Sinn" und „Bedeutung" gibt Jeanrond in seiner Ausdifferenzierung tendenziell dem Sinnaspekt und damit der Textseite mehr Gewicht als dem Rezeptionsaspekt, sprich: der Bedeutungsseite.

Den Fortschritt von Gadamer zu Ricœur sieht Jeanrond darin, dass bei Ricœur „Text … zur nicht hinwegzuverstehenden, unauflöslichen Herausforderung an unser Wirklichkeitsverständnis gereift" ist.[84] Interpretieren ist bei Ricœur „mehr als bloße Verstehensbemühung; es meint … eine durch analytische Verfahren ergänzte und überprüfte Verstehensbemühung um Texte."[85] Im Vollzug der Interpretation „entspringt die Initiative beidseitig, vom Text und vom verstehenwollenden Interpreten".[86] Interpretation bedeutet für Ricœur „re-flexives Selbstfinden des Interpreten im Akt des Le-

[80] Jeanrond, Text, 104. „Ein und derselbe Text findet in jedem neuen Leseakt eine je neue, individuell verantwortete Sinngestalt. Diese Sinngestalt … ist stets vom Text provoziert und mitorganisiert". (Ebd.).

[81] H. Dierk, Ein „Schatz in irdenen Gefäßen" – Wege der Schriftauslegung, in: P. Müller/H. Dierk/A. Müller-Friese, Verstehen lernen. Ein Arbeitsbuch zur Hermeneutik, Stuttgart 2005, 140.

[82] Dierk, Schatz, 141: „Dabei ist Missbrauch nicht auszuschließen: Der Text kann als statische Größe zur unhinterfragbaren Autorität werden, die Rezipientenseite kann sich lediglich ihrer Interpretationsgemeinschaft als Referenzrahmen verpflichtet fühlen."

[83] Zitate Jeanrond, Text, 80. „Der mögliche Textsinn besteht demnach aus einer Bedeutungsfülle, aus der der Leser im Akt des Lesens einen wirklichen Textsinn aufbaut. Die Bedeutungsfülle des Textes ist jedoch stets nur durch Leseakte anzielbar, sie ist nie außerhalb des Lesens gegeben." (Ebd.).

[84] Jeanrond, Text, 63.

[85] Jeanrond, Text, 65.

[86] Jeanrond, Text, 65.

sens".[87] Sie ist die Antwort auf die Distanzierung, die für die „objectification of man in works of discourse" konstitutiv ist.[88] Der letzte Akt des Verstehens ist die Aneignung der Bedeutung des Textes. Der Text wird zur Vermittlungsinstanz, durch die wir uns selbst verstehen.[89]

Damit lässt sich Interpretation als eine um Verstehen bemühte Begegnung mit dem Text beschreiben, in die sich der Interpret im Bewusstsein seines Vorverständnisses in der Erwartung hineinbegibt, dass ihm von dem als einem Gegenüber verstandenen Text Impulse entgegenkommen, die das mitgebrachte Verstehen verändern. Interpretation ist ein Begegnungsakt, ein prozessuales Geschehen zwischen einem Text und seinem Interpreten, bei der der Text sich nur in der Interpretation des Interpreten[90] und der Interpret sich unter dem Einfluss des Textes zeigt. Dem Interpreten begegnet der Text nur als interpretierter.[91] Im Akt der Interpretation ist der Text nicht ohne den Interpreten denkbar, der Interpret nicht ohne seine Beeinflussung durch den Text. Diese Wechselbeziehung lässt das Konstrukt einer statischen Subjekt-Objekt-Beziehung zwischen Interpret und Text ebenso hinter sich wie die Vorstellung von einem festen Kern, einer Sinnsubstanz des Textes, die vom Interpreten lediglich freizulegen wäre. Die Relation zwischen Interpret und Text entsteht *in actu*, im Vollzug der Interpretation, und sie ist an den Vorgang der Interpretation gebunden.

Damit zeigt sich, dass die Grenze der Theoriedebatte um das Verhältnis zwischen Text und Interpretation bereits durch den Ausgangspunkt der Diskussion gegeben ist. Konstitutiv für die traditionelle Theoriebildung ist ein Dualismus im Ansatz. Dabei geht es um die Zweiheit von Polen, die als Gegenüber oder in ihrem Miteinander gesehen werden. Die klassische Verhältnisbestimmung zwischen Autor und Text wurde von der zwischen Text und Leser bzw. Interpretation abgelöst. Die Relationierung von Sinn und Bedeutung fügt sich ebenfalls in den Rahmen einer ursprünglichen Dualität. Letztlich steht im Hintergrund die philosophische Grundposition des deutschen Idealismus, nach der es im Blick auf den Erkenntnisvorgang um die sachgemäße Verhältnisbestimmung zwischen erkennendem Subjekt

[87] Jeanrond, Text, 63.

[88] Ricœur, Distanciation, 139.

[89] Ricœur, Distanciation, 141.

[90] Vgl. Eco, Überzogene Textinterpretation, 72: Der Text ist „nicht bloß ein Parameter für die Bewertung der Interpretation; vielmehr konstituiert ihn erst die Interpretation selbst als ein Objekt".

[91] Dunn, ‚New Testament Theologizing', 245: „the text actually in view is *the interpreted text*".

und zu erkennendem Objekt geht. In einer Theoriedebatte, in der M. Heideggers fundamentalontologische Setzungen unterschwellig weiterwirken – seine Absicht nach „Radikalisierung der antiken Ontologie" und „der Ausgang vom ‚Subjekt' im rechtverstandenen Sinne des ‚menschlichen Daseins'" mit dem Ziel, auf diese Weise „die echten Motive des deutschen Idealismus" zur Geltung zu bringen –,[92] ist in der Konsequenz auch der Ansatz Ricœurs als eine Spielart dieses Denkmodells anzusehen.[93]

Bei klarem Blick für die Problematik des Verfahrens hält C. Landmesser gleichwohl an der Dualität von einerseits Text und Interpretation und andererseits Text und außertextlicher Realität fest. „Texte interpretieren immer irgendetwas. Was durch Texte interpretiert wird, ist wohl zu unterscheiden von diesen, aber möglicherweise unabhängig von Deutungen ... nicht zugänglich." Auch wenn „die Unterscheidung von Interpretation und dem zugrundeliegenden Interpretandum schwierig" sei, müsse sie „in liminaler Perspektive vorausgesetzt sein, soll sinnvoll von einer auf etwas gerichteten Interpretation geredet werden."[94] Damit operiert Landmesser freilich mit einem Zirkelschluss; denn wenn vorausgesetzt wird, dass die Interpretation sich „auf etwas" richtet, bildet die Zweistufigkeit die Grundlage des Verfahrens. Die Frage ist, ob eine solche *petitio principii* unter einer veränderten Sicht auf das Phänomen „Interpretation" zu vermeiden ist.

Wird Interpretation als ein dynamischer Vorgang verstanden, in dessen Vollzug es gleichzeitig zur Subjekt- und zur Objektkonstitution kommt, d.h. zur Erschaffung des Textes als interpretierten Textes und zur Schöpfung des Lesers bzw. der Leserin als Interpret und Interpretin, ist die Dualität nicht Voraussetzung sondern Folge. „Interpretation" ist unter dieser Perspektive die realisierte Beziehung zwischen Text und Leser resp. Leserin. Außerhalb des Vorgangs der Interpretation gibt es den interpretierten Text

---

[92] So Heidegger in einem Brief an Bultmann vom 31. Dezember 1927, abgedruckt in: R. Bultmann/M. Heidegger, Briefwechsel 1925–1975, hg. v. A. Großmann und C. Landmesser. Mit einem Geleitwort von E. Jüngel, Frankfurt a. M./Tübingen 2009, 48. R. Bultmann, Art. Heidegger, RGG[2] II (1928), 1687–1688, nimmt diese Äußerungen fast wörtlich auf. Darauf wird in Bultmann/Heidegger, Briefwechsel, 48.49 Anm. 5, von den Herausgebern hingewiesen.

[93] Vgl. die Einordnung in die philosophische Debatte, die Ricœur selbst vornimmt: P. Ricœur, Existence et herméneutique, in: Ders., Le conflit des interprétations, essais d'herméneutique, Paris 1969, 7–28, hier 10–15.

[94] C. Landmesser, Geschichte als Interpretation. Momente der Konstruktion im Neuen Testament, in: A. Klein/U. H. J. Körtner (Hg.), Die Wirklichkeit als Interpretationskonstrukt? Herausforderungen konstruktivistischer Ansätze für die Theologie, Neukirchen-Vluyn 2011, 147–164, 147.

als solchen ebensowenig wie den Leser und die Leserin als Interpreten dieses Textes.

Festzuhalten ist, dass „Interpretieren“ einen anderen Gegenstandsbegriff als „Erklären“ voraussetzt; denn Interpretieren impliziert die Aufnahme einer Beziehung. Der Text wird einer isolierten Betrachtung enthoben und als Teil einer dynamischen Relation zwischen Text und Interpret verstanden. Die Frage nach der Bedeutung zielt auf eine Klärung, die sich auch auf die Person des Interpreten bzw. der Interpretin selbst zurückbezieht und die aus der Begegnung mit dem Text resultiert. Die Welt des Textes wird als mit der Welt des Interpreten verschränkt verstanden und erhoben.[95] Die Objektkonstitution und die Ich-Konstitution vollziehen sich im gleichen Prozess im Vorgang der Interpretation.

Demgegenüber gilt das Erklären traditionellerweise der Außenbeschreibung des als Untersuchungsobjekts verstandenen Textes, die unter weitest möglicher Absehung von der Person des Interpreten und seiner subjektiven Interessen zu erfolgen habe. Der Erklärer ist methodisch von der Erklärung des Textobjekts, des zum Gegenstand deklarierten Textes, zu trennen. Unvermeidbare Einflüsse, die dennoch aus seiner Subjektivität stammen, gelten als unerwünschte Unschärfen der Erklärung. Die Erklärung steht unter einem gegenstandsorientierten Objektivitätsideal, für das die Beobachterperspektive irrelevant ist.

Diese Auffassung von „erklären“ ist freilich idealtypisch gedacht. Sie setzt voraus, dass eine Objektkonstitution, die auf einer Vergegenständlichung des Textes unter Hintanstellung der Person des Erklärers erfolgt, überhaupt möglich ist. Sie beruht ebenfalls auf einer *petitio principii*. Diese erweist sich jedoch als Illusion; denn keine Textlektüre, entsprechend keine Exegese, vollzieht sich am Erklärungshorizont und den Bedeutungszuweisungen des Erklärers resp. Auslegers vorbei. Im Vollzug einer Exegese, die sich an den aus dem 18. und 19. Jahrhundert stammenden Objektivitätsvorstellungen der Naturwissenschaften und der Empirie orientiert hat, ist dies weitgehend ausgeblendet worden. Exemplarisch hat sich dieses Exegeseverständnis in dem literarischen Genre des philologisch-historischen Kommentars verdichtet.

---

[95] Vgl. Ricœur, Hermeneutik, 32: „Was bleibt zu interpretieren, wenn wir die Hermeneutik nicht mehr definieren können als Frage nach den *hinter* dem Text verborgenen inneren Absichten eines anderen, wenn wir die Interpretation aber auch nicht auf die Zerlegung der Strukturen beschränken wollen? Ich würde sagen: interpretieren heißt, die Weise des *vor* dem Text entfalteten In-der-Welt-Seins darzustellen.“

Als Differenz zum Paradigma des „Erklärens“ wird gern auf den Antwortcharakter der Interpretation hingewiesen. Diese Pointierung bezieht sich auf eine für die Hermeneutik allgemein geltende Überzeugung zurück.[96] Die Interpretation setzt sich mit der Textwelt in Beziehung, weil sie auf der Grundlage der Vorgabe operieren kann, die der Text ihr bietet. Das ist einerseits richtig und rechtfertigt die Entfaltung der Interpretation als eines dialogischen Verhältnisses zwischen Interpret und Text. Andererseits wird damit jedoch die kreative Kraft des Interpretationsgeschehens untergewichtet. Denn „Interpretation“ ist nicht lediglich eine Handlung, die der Interpret am Text vornimmt. Die Interpretation ist nicht vollständig in ein duales Modell der Kommunikation zwischen Interpretation und Text einzufügen. Der Vorgang der Interpretation führt vielmehr in den Zwischenbereich zwischen Text und Interpret. Im Akt der Interpretation werden gleichzeitig der Text und der Interpret geformt und erschlossen. Die Interpretation wirkt im gleichen Moment in beide Richtungen. Sie erschließt den Text, und sie prägt den Interpreten. Der Text ist im Vollzug seiner Interpretation ein anderer geworden, als er es zuvor war. Zugleich ist durch den Vorgang der Interpretation die Welt des Interpreten bzw. der Interpretin eine andere geworden, als sie es vor dem Akt der Interpretation war. Im Zuge der Erhebung der Textwelt kommt es zur Neuerschaffung der Lebenswelt der Interpreten, zur Konstituierung der Welt der Interpreten vor dem Text.

„Interpretation“ wirkt damit in gleicher Weise schöpferisch wie die symbolischen Formen, die nach Cassirers Darstellung gleichzeitig welt- und ichstiftend tätig sind und die im gleichen Augenblick den Gegenstand der Erkenntnis wie den Erkennenden in seinen Erkenntnismöglichkeiten schaffen. Die einer „Selbstoffenbarung“[97] des Geistes entspringenden symbolischen Formen sind nicht weiter ableitbar. Sie entstammen einem unmittelbaren Schöpfungsakt des Geistes.[98] Mit dem Erfassen der schöpferischen und prägenden Kraft der symbolischen Formen zeigt Cassirer einen Weg auf, über die Dualität der Ich-Du und der Subjekt-Objekt-Relationen hinauszugelangen und beide Pole als aus einer Mitte heraus entstanden zu denken. Damit kann er die Fixierung auf eine Subjekt-Objekt-Konstellation

---

[96] Vgl. Körtner, Hermeneutik, 11–15: „Die Frage nach der Frage, auf die die Hermeneutik die Antwort ist“ (ebd. 11).

[97] E. Cassirer, Philosophie der symbolischen Formen, I. Die Sprache, Sonderausgabe, Darmstadt [10]1994, 9.

[98] Vgl. o. 73–74. Zu Cassirers Philosophie unter dem Blickwinkel seiner Bedeutung für die neutestamentliche Wissenschaft vgl. Klumbies, Mythos, 73 und 89–90.

aufbrechen. Der Kontakt zur Wirklichkeit findet nie unvermittelt, sondern immer in Gestalt einer symbolischen Form statt. Diese entscheidet nicht nur darüber, in welcher Weise einem Menschen die Wirklichkeit begegnet. Gleichursprünglich mit dem zu erkennenden Objekt konstituiert die symbolische Form das menschliche Ich als erkennendes Subjekt. Sie steht zwischen dem Ich und der Welt.

Prämissen für die Interpretation sind ein materialer Text und ein leibhaftiger Leser resp. eine Leserin. Die Leistung der Interpretation besteht darin, dass sie einen Text in einen interpretierten Text und die Leser in Interpreten verwandelt. Interpretation ist sowohl wirklichkeitsstiftendes wie wirklichkeitsbrechendes Medium, kreativ auf der Grundlage von Voraussetzungen.

Damit ist die Beantwortung der Frage, was ein Text „ist", bereits weit vorangetrieben. Ein Text ist nicht einfach „da". Wer dennoch einen solchen naiven Textbegriff voraussetzt, ist kaum davor gefeit, den Text als ein Objekt der eigenen Auswertungs- und Anwendungsinteressen auszubeuten. Ein Text ist ein schriftliches Zeichensystem, das auf verstehende Aneignung hin angelegt ist. Sein Sinnpotential wird im kommunikativen Akt der Bedeutungszuschreibung aktiviert.[99] Texte sind auf Begegnung mit Lesern angelegte Schriftdokumente. Sie entfalten erst im Vollzug des Lesens ihr Wirkpotential. „Ungelesene Texte bleiben dagegen pure Möglichkeiten."[100] Ein Text, der nicht vor ein menschliches Auge gelangt, bleibt eine nicht realisierte Möglichkeit.

Es ist also nicht so, dass die Interpretation den Text als solchen erst erschafft, ebensowenig wie sie die Person des Interpreten als leibhaften Menschen erst ins Leben ruft. Auch die Interpretation beruht auf Vorgaben und baut auf Voraussetzungen auf. Materialiter ist der „Text" vorhanden, als Konglomerat schriftlicher Äußerungen auf Beschreibmaterial, physisch gibt es einen Leser bzw. eine Leserin. Als interpretierten Text jedoch, als Text, der auf Rezeption wartet, gibt es den Text nur auf der Grundlage der Interpretation. Gleiches gilt für die Person des Interpreten. Sie wird erst im Zuge der Interpretation geboren. Das traditionelle duale Modell, demzufolge der Text „ist" und ihm in einem zweiten Akt per Interpretation Sinn bzw. Bedeutung beigelegt werde, lebt von der Axiomatik, dass der toten Materialität eines Textes im Akt der Interpretation eine geistige Lebendigkeit ent-

---

[99] Nach Jeanrond, Text, 104 ist es „(e)in und derselbe Text", der „in jedem neuen Leseakt eine je neue, individuell verantwortete Sinngestalt (findet). Diese Sinngestalt ist ... stets vom Text provoziert und mitorganisiert". Damit bleibt auch Jeanrond letztlich der Idee einer ontologischen Objektivität des gegebenen Textes verhaftet.

[100] Jeanrond, Text, 73.

lockt bzw. eingehaucht wird.[101] Es rekurriert auf das in der Aufklärung befestigte Modell der Zweiheit von Natur und Geist, von Materialität und Spiritualität.

In linguistischer Betrachtung bedingen sich „,Text' und ,Kommunikationsakt' ... gegenseitig".[102] Der Text konstituiert sich „jeweils nur im Kommunikationsakt". Er entfaltet seine Textualität „erst durch bzw. im Verlauf seiner Rezeption".[103] Damit erledigt sich die Vorstellung, dass ein zum Untersuchungsgegenstand erklärter Text sich unter Herbeiziehung scheinbar sachgemäßer Methoden von außen her vollständig beschreiben und erklären lasse. W. Klein/U. Nassen stellen sich gegen die „Fiktion ..., der ,Text' sei quasi objektiv gegeben".[104] Ein dynamischer Textbegriff hat gegenüber einer solchen Annahme in Rechnung zu stellen, dass Texte „immer erst zu ,Texten' (werden), indem ihr grammatisch angeordnetes Sinnpotential in der Kommunikationssituation geäußert und aufgenommen wird".[105]

Gegen die Ansicht, es gäbe ein „Etwas, wovon ein vorgegebener Text *eigentlich* handelt",[106] wendet sich auch R. Rorty. Als Pragmatist plädiert er allerdings einseitig „dafür, die Distinktion zwischen Gebrauchen und Interpretieren einfach fallenzulassen, um nur zwischen den Nutzungsmöglichkeiten für verschiedene Menschen mit abweichenden Motiven zu unterscheiden".[107] In Rortys Vorstellung wird der Interpret zum absoluten Konsumenten seines Textes. Dem Text selbst eignen weder eigene Intentionen noch vermag er Einfluss auf seine Interpreten zu nehmen. Er ist ein Spielball in den Händen seiner Benutzer. Rortys Bereitschaft zu einer Instrumentalisierung von Texten durch unbestimmte *user* hat berechtigte, auch ethische Kritik erfahren. Jeanrond lässt wiederholt anklingen, dass Deutung einen ethischen Aspekt besitzt und in der Verantwortung gegenüber dem Textsinn steht.[108] Zu verhindern sei, dass „die Texte zu potentiellen

---

[101] Zur Problematik der Annahme eines „vom Leser unabhängigen Literalsinns" vgl. Körtner, Lector, 219.

[102] E. Gülich/W. Raible, Linguistische Textmodelle. Grundlagen und Möglichkeiten, München 1977, 47.

[103] W. Klein/U. Nassen, Textlinguistik und Texthermeneutik, in: U. Nassen (Hg.), Texthermeneutik. Aktualität, Geschichte, Kritik, Paderborn u.a. 1979, 23–36, beide Zitate 29.

[104] Klein/Nassen, Textlinguistik, 29.

[105] Jeanrond, Text, 78.

[106] Rorty, Fortschritt, 113 (Kursivierung von Rorty).

[107] Rorty, Fortschritt, 116.

[108] Jeanrond, Text, 71.

Opfern der Lesegemeinschaften" werden.[109] Lesen erfolge keineswegs „ethisch neutral, da jedes Lesen eine Antwort auf einen Textanspruch darstellt, die verantwortlich oder unverantwortlich sein kann".[110] Mit dieser Pointierung geht Jeanrond auch weiter, als es H. R. Jauß getan hatte, der lediglich zugestanden hatte, dass Lesen ethisch bedeutsam werden *kann*.[111] Priorität gegenüber dem ethischen Widerspruch kommt allerdings der erkenntnistheoretischen Replik Ecos auf Rorty zu: „Auch wenn es kein *Ding an sich* gibt, auch wenn unsere Erkenntnis situativ, holistisch und konstruktiv ist, sprechen wir immer über etwas; sei dieses Etwas auch relational, so sprechen wir doch stets über eine *gegebene* Beziehung."[112] Eco gelangt zu dem Fazit: „Wenn es etwas zu interpretieren gibt, muß sich die Interpretation auf etwas beziehen, das irgendwo vorhanden ist und in gewissem Maße respektiert wird".[113] Ohne hinter die getroffenen Feststellungen über die Bedeutung der Interpretation für die Konstituierung des interpretierten Textes und seiner Interpreten zurückzufallen, bleibt bei der Bestimmung des Verhältnisses zwischen Text und Lesern die Frage virulent, mit welchem Anteil der Text und in welchem Umfang die Leserinnen und Leser den Leseprozess bestimmen. Zu berücksichtigen ist darüber hinaus, inwieweit die Leserschaft von vorgegebenen Lesenormen und -traditionen geprägt ist und in welchem Maße die Leserinnen und Leser ihre Individualität in den Lesevorgang einbringen.[114] Zwei Extrempositionen sind mit Jeanrond in diesem Zusammenhang abzuweisen. Die eine besteht in der durch E. D. Hirsch jr.[115] repräsentierten Auffassung, derzufolge der fixierte Text stets derselbe bleibt. Die andere bezieht sich auf die dekonstruktivistische Sichtweise, für die der Textsinn völlig unbestimmt bleibt.[116] Nach Jeanrond stehen W. Iser und S. Fish für zwei Akzentuierungen von Relevanz zwischen

---

[109] So Jeanrond, Text, 112, gegenüber S. Fish.

[110] Jeanrond, Text, 125.

[111] Unter direktem Bezug auf Jauß betont Jeanrond, „daß jedes Lesen in einem ethischen Kontext gesehen werden *muß*" (Kursivierung von Jeanrond). Jeanrond, Text, 125 Anm. 169, unter Hinweis auf H. R. Jauß, Literaturgeschichte als Provokation der Literaturwissenschaft, in: Ders., Literaturgeschichte als Provokation, Frankfurt a. M. 1970, 144–207, 150 f.

[112] U. Eco, Erwiderung, in: Ders., Zwischen Autor und Text. Interpretation und Überinterpretation. Mit Einwürfen von R. Rorty, J. Culler, C. Brooke-Rose und S. Collini, München ²2004, 150–162, 154–155 (Kursivierungen von Eco).

[113] Eco, Interpretation und Geschichte, 50.

[114] Vgl. Jeanrond, Text, 105.

[115] Validity in Interpretation, New Haven/London 1967.

[116] Jeanrond, Text, 106, verweist als exemplarischen Repräsentanten auf R. Barthes, The Pleasure of the Text, trans. R. Miller, New York 1975.

diesen beiden Polen. Laut Iser liege die größere Steuerungsleistung beim Text. Fish hingegen sehe die Hauptsteuerung in den gesellschaftlichen Lesekonventionen.[117] Im Gefolge Ricœurs hält Iser an der Unterscheidung zwischen Sinn und Bedeutung fest. Danach ist „Sinn ... die in der Aspekthaftigkeit des Textes implizierte Verweisungsganzheit, die im Lesen konstituiert werden muß. Bedeutung ist die Übernahme des Sinnes durch den Leser in seine Existenz."[118] Entscheidende Wichtigkeit für die Lektüre kommt der Textanlage zu. Die „Beteiligung des Lesers am Vollzug des Textgeschehens" ist vom Text kontrolliert. „Der Text entfaltet sich im Akt des Lesens als ein Prozeß von Steuerungsmechanismen, die den Leser in eine Gestaltbildung der Vorstellungen verstricken, die vom Text evoziert und vom Leser seiner Lesekompetenz entsprechend zu Bewußtseinsrealitäten verknüpft werden."[119] Das heißt, nach Auffassung Isers setzt der Text Steuerungsmechanismen aus sich heraus. Der Leser resp. die Leserin bleibt zwar frei in seinem bzw. ihrem Rezeptionsverhalten. Aber er/sie ist doch geleitet durch die Vorgaben des Textes, die er/sie in einem sekundären Akt zu einer Gesamtvorstellung komplettiert.

Liegt für Ricœur und Iser der Hauptsteuerungsanteil im Vollzug des Lesens also beim Text, macht Fish ihn innerhalb des Lesevorgangs beim Leser fest. In erster Linie interessieren ihn dabei die Perspektiven des Lesens. Fish nimmt einen Pluralismus der Lesegemeinschaften wahr, nicht einen Pluralismus von Lesarten, die vom Text initiiert sind. „(T)hat what we know is not the world but stories about the world, that no use of language matches reality but that all uses of language are interpretations of reality."[120]

In dem Ringen um die Verhältnisbestimmung zwischen Interpretation, Text und Leserschaft spiegeln sich in der Exegese die Entwicklungen der Theologiegeschichte des 19. und 20. Jahrhunderts wider. Die Frage nach einer Eigendynamik eines Textes, die ihn auch im Vollzug einer interpretierenden Aneignungsbemühung ein Gegenüber zum Interpreten bleiben lässt, die Wahrnehmung der kreativen Potenz, die dem Akt der Interpretation innewohnt und die ein einseitig objektproduzierendes Deuten über-

[117] JEANROND, Text, 106.

[118] W. ISER, Der Akt des Lesens. Theorie der ästhetischen Wirkung, München [2]1984, 245. Iser setzt fort: „Sinn und Bedeutung zusammen garantieren dann erst das Wirksamwerden einer Erfahrung, die darin besteht, dass ich in der Konstituierung einer fremden Realität selbst in einer bestimmten Weise konstituiert werde." (Ebd.).

[119] Beide Zitate JEANROND, Text, 110.

[120] S. FISH, Is There a Text in This Class? The Autority of Interpretive Communities, Cambridge MA/London 1980, 243.

steigt, das Veränderungspotential, das im Deutungsvorgang steckt und auf das deutende Ich zurückwirkt – letzteres zu erkennen, erfordert freilich ein Verständnis von „Deuten" im Sinne des oben dargelegten „Interpretierens" – berührt innerhalb der Theologie unmittelbar Weichenstellungen, die in der liberaltheologischen und der dialektisch-theologischen Epoche vollzogen wurden.

Anzustreben ist vor diesem Hintergrund ein Weg aus der als Antagonismus zwischen Liberaler und Dialektischer Theologie ausgetragenen Kontroverse zwischen Deutung religiösen Erlebens und Reflexion von Offenbarung. Damit könnten der „Theologie des Neuen Testaments" länger währende Nachhutgefechte zwischen den Positionen Liberaler und Dialektischer Theologie erspart werden.

Übertragen auf die texttheoretische Debatte lässt sich der in der gegenwärtigen Systematischen Theologie zu neuer Blüte gelangte liberaltheologische Deutungsansatz als theologische Rezeptionsästhetik in konstruktivistischer Ausrichtung bezeichnen. Seine Renaissance bei Gräb, Lauster und Korsch erklärt sich aus der ausgezeichneten Anschlussfähigkeit an pragmatische Tendenzen in der Literaturtheorie. Angesichts dieser Situation ist deutlich, dass die bloße Repetition des Offenbarungsverständnisses der Dialektischen Theologie in dieser Situation keinen Fortschritt bedeutet. So wie der Text nicht unabhängig vom Interpreten „spricht", wird auch ein entschiedenes Insistieren auf das *deus dixit* kein Gehör mehr finden. Das Verhältnis von religiöser Deutung und Selbstoffenbarung Gottes wird in der Weise neu zu bestimmen sein, dass beides wie die zwei Pole einer Ellipse, die sich auf eine Wirklichkeit beziehen, beieinander gehalten wird. Für den Umgang mit den biblischen Texten ist die Einsicht grundlegend, dass es sich bei den Texten um „Interpretationen des göttlichen Manifestationsgeschehens" handelt. Die biblischen Texte sind „primäre theologische Interpretationshandlungen". Davon sind „die sekundäre(n) theologische(n) Interpretationshandlungen", die dem „Verstehen, Erklären und Deuten dieser Texte aus der geschichtlichen und kulturellen Distanz heraus" dienen, zu unterscheiden.[121] „Interpretieren heißt ... nicht, die Texte wiederholen, ihre Wahrheit nachsagen. Interpretieren heißt vielmehr, die Wahrheit dieser Texte neu schaffen in der jeweils anderen Situation des Interpreten und seiner Lebensgemeinschaft."[122] In der Sache geht es damit beim Interpretieren

121 Alle Zitate Jeanrond, Text, 103.

122 Jeanrond, Text, 149 unter Verweis auf C. Geffré, Le Christianisme au Risque de l'Interprétation, Paris 1983, 62.63.

um die Wiedergewinnung der Wahrheit, die in der primären Interpretation versprachlicht wurde, also um ein Repräsentationsgeschehen.

Die von Jeanrond vorgenommene Differenzierung ist methodisch für den Umgang mit den biblischen Texten folgenreich. Mit ihr wird der versprachlichten und verschrifteten Ausdrucksseite des Offenbarungsgeschehens wie dem Ereignischarakter des Geschehens selbst Rechnung getragen. Die Exegese ist an die textlichen Ausdrucksformen des Geschehens verwiesen. Theologisch entscheidend ist freilich deren Verweischarakter. Die schriftlichen Dokumente weisen auf die Wirklichkeit der göttlichen Selbstoffenbarung hin. Das erfordert neben der philologischen und historischen Untersuchung ihrer Sprachgestalt, Herkunftsbedingungen und Inhalte vor allem die theologische Erschließung der Offenbarung, auf die die Texte sich selbst beziehen. Neutestamentliche Theologie kann sich – sofern sie sich als Theologie versteht – nicht auf die philologisch-historische Aufgabe zurückziehen, sondern steht unter dem Anspruch, die Offenbarung als Offenbarung selbst zu ihrem Thema zu machen. Sie greift zu kurz, wenn sie die neutestamentlichen Schriften lediglich als Behauptungen von Offenbarung und in historischer Distanzierung vom theologischen Gegenstand darstellt. Stattdessen steht sie unter der Erwartung, zu formulieren, wie die Texte, auf die sie sich bezieht, die Offenbarung als Offenbarung zum Gegenstand ihrer Darstellung machen. Ansonsten entzöge sie sich dem Gegenstand der Texte an der für diese entscheidenden Stelle.

Die Unterscheidung zwischen primären und sekundären Interpretationshandlungen, wie Jeanrond sie vornimmt, ist freilich unter dem Gesichtspunkt des Offenbarungsbezugs, der zeitgenössische Exegetinnen und Exegeten mit den biblischen Ursprungsautoren verbindet, problematisch. Jeanronds Fazit, dass „Person und Ereignis Jesu Christi … nur über Zeugenaussagen erreichbar (sind), die kraft ihrer textuellen Form zur interpretierenden Auseinandersetzung mit ihnen aufrufen", ist nur mit Einschränkung zuzustimmen. Zwar ist für die evangelische Theologie K. Barths Unterscheidung zwischen den Zeugen erster und zweiter Ordnung prominent geworden. Unter dieser Perspektive ist historisch betrachtet der Zugang zur Offenbarung Gottes in Jesus Christus durch die neutestamentlichen Texte vermittelt. Jeanrond leitet daraus aber das dogmatische Postulat ab, demzufolge „wir nur vermittels der Textzeugen Zugang zu dem Ereignis und der Person Jesu Christi haben können." Sofern „Jesus Christus" allerdings als Ausdruck für die Offenbarung Gottes steht, wird mittels dieser Forderung die Pneumatologie untergewichtet und die historische Überlieferung zum normativen Kriterium erhoben. Richtig ist zwar: „Auch sogenannte unmittelbare Erfahrung des Gottes Jesu Christi muß aufgrund dieser Zeugenaussagen identifiziert werden können, um einen öffentlichen Anspruch, christliche Gotteserfahrung zu sein, erheben zu können."[123] Diese Überprüfung ist nach evangelischem Verständnis jedoch die Aufgabe einer retrospektiven Wahrnehmung, mit der festgestellt werden soll, ob ein Offenbarungsanspruch in Kontinuität zur christlichen Tradition steht. Die Tradition selbst kann jedoch nicht die Selbstoffenbarung Gottes steuern oder regulieren. Insofern kann der Traditionsaspekt kein vorgängiges Kriterium für Offenbarung darstellen, anhand dessen erhebbar wäre, was als Offenbarung zu verstehen ist und was nicht. Zuzustimmen ist Jeanrond jedoch darin, dass es um den Verweischarakter der schriftlichen biblischen Zeugnisse geht. Diesen freizulegen, ist Teil der Interpretationsaufgabe, die sich nicht auf die distanziert-distanzierende Erklärung beschränkt.

Im Gefolge der Durchsetzung und Rezeption des Programms einer von der Dogmatik abgelösten Biblischen Theologie, wie es Gabler formuliert hat, hat sich die neutestamentliche Wissenschaft häufig selbst vom Umgang mit der Hauptmitteilungsperspektive ihrer Texte dispensiert und die theologische Aufgabe der Systematischen Theologie oder auch der Praktischen Theologie übereignet.[124] Die neu entwickelten Methoden aufgeklärter Exegese wirkten daran mit, die Wahrheitsfrage auf die Faktizitätsebene zu übertragen. In Analogie zu den Naturwissenschaften und den empirischen Wissenschaften gelangte die exegetische Wissenschaft zu einer Objektkonstituierung, die eine Wirklichkeit zur Untersuchung bereitstellte, der mit dem neu geschaffenen methodischen Instrumentarium beizukommen war. Eine an der Faktizität historischer Ereignisse interessierte historisch-kritische Exegese griff dementsprechend auf Untersuchungsmethoden zurück, die in dieser Hinsicht Erfolg versprachen. Die traditionellen theologischen Inhalte wie Offenbarung, Inspiration und die damit verknüpfte Kanonproblematik wurden ausgegliedert und einem eigenen Bereich außerhalb der Exegese zur Bearbeitung überantwortet bzw. sich selbst überlassen.

In der gegenwärtigen forschungsgeschichtlichen Situation nach der Liberalen und der Dialektischen Theologie samt ihren Neuinszenierungen kommt es für die Theologie des Neuen Testaments auf die tragfähige Konstitution einer Wirklichkeitsauffassung und eines Textverständnisses an,

---

[123] Zitate JEANROND, Text, 149.

[124] Vgl. dazu im Einzelnen u. 2.2.1 Die Historisierung der Biblischen Theologie durch Johann Philipp Gabler.

die zwischen der Szylla einer Ontologisierung und der Charybdis des Konstruktivismus hindurchführt.

Ich schlage daher vor, zwischen einem dualen Wirklichkeitsverständnis, das von einer wie auch immer zu bestimmenden faktischen Vorgegebenheit von Wirklichkeit und darauf bezogenen Stellungnahmen dazu ausgeht, und einem reinen Konstruktivismus, dem im Blick auf die Textinterpretation auch der Konsumismus Rortyscher Spielart zuzuordnen ist, einen Wirklichkeits- und einen Textbegriff sowohl unter Einrechnung des konstruktiven Anteils der Rezipienten als auch unter Berücksichtigung des Vorgabecharakters von Wirklichkeit zu entwickeln. In gleicher Weise sind die Tatsache der Mitwirkung der Rezipienten und Rezipientinnen an der Gegenstandskonstitution als auch ihre Angewiesenheit auf Voraussetzungen und ihre Gebundenheit an Vorgaben, die außerhalb dieses Konstitutionsvorgangs liegen, zu berücksichtigen. Theologiegeschichtlich handelt es sich also um die Suche nach einem verbindenden Mittelstück, das den konstruktivistischen Deutungszugang in der Tradition Liberaler Theologie und einen Offenbarungspositivismus im Gefolge der Dialektischen Theologie als die zwei Extremwerte der Diskussion beieinanderhält. Es gilt, die partielle Berechtigung beider Positionen wahrzunehmen und sie unter Vermeidung einer jeweiligen Absolutsetzung in einem Spannungsverhältnis aufeinander zu beziehen. Theologisch handelt es sich damit nicht um die bloße Addition oder Vermittlung zweier sich ursprünglich befehdender Ansätze. Realisiert für die Textbearbeitung wird die Bedeutung des relationalen Aktes, eines Beziehungsgeschehens, für die Gegenstandskonstitution, die in dem Bewusstsein erfolgt, dass sie von Voraussetzungen und Vorgaben abhängt, die außerhalb der Verfügbarkeit der Rezipienten resp. Interpreten liegen.

4.3 Vermittlung und Tradierung von Offenbarungserlebnissen

Vermittlung setzt voraus, dass eine Chance besteht, verstanden zu werden. Insofern gelingt Vermittlung nicht ohne Anknüpfung. Zugleich ist in der Reflexion über die Vermittlung von Offenbarung der theologische Sündenfall zu vermeiden, dass die göttliche Selbstoffenbarung auf die menschlichen Anknüpfungs- und Deutungsmöglichkeiten angewiesen ist. Sobald die Verstehensvoraussetzungen auf Seiten des Menschen die Freiheit der Selbstoffenbarung Gottes überlagern, beginnt die Offenbarung Gottes sich in eine Funktion der Anthropologie aufzulösen.

Ein Erlebnis wird definitionsgemäß im Zusammenhang einer Deutung zu einer Erfahrung. Entsprechend erfordert ein Offenbarungserlebnis, also das Erlebnis einer Selbstoffenbarung Gottes, eine Deutung, die das Widerfahrnis überhaupt erst als ein Offenbarungserlebnis erfahren lässt. Das Erfassen einer Gottesoffenbarung als einer Selbstoffenbarung *Gottes* setzt eine Vorgeschichte geschichtlich und kulturell vermittelter Deutungsmöglichkeiten und -muster voraus. Das Offenbarungserlebnis gerinnt als ein gedeutetes Ereignis zu einer Erfahrung, die reflektiert und in Sprache gefasst wird.[125] So spontan und unmittelbar das Erlebnis der Gottesgegenwart ausfallen kann, die Fähigkeit es als ein solches zu erfassen, setzt auf menschlicher Seite eine Geschichte der Deutungen voraus.

Die Weitergabe der Erfahrung erfolgt in sprachlicher Gestalt. Erfahrung äußert sich im Vorgang des Sagens und materialisiert sich zum Gesagten. Insofern ist die Sprachform, in die die Offenbarungserfahrung gekleidet wird, auch Ausfluss der ursprünglichen Offenbarung und hat Teil an dieser. Aber diese Richtung der Überlieferung ist nicht umkehrbar. Denn es bedeutet keinesfalls, dass damit zugleich in der Überlieferungsgeschichte, wenngleich abgeschattet oder allmählicher matter glänzend, die Offenbarung selbst nachwirkt.[126] Zwar bewahrt die Überlieferungsgeschichte die sprachlichen Einkleidungen erlebter Offenbarung. Aber erst angesichts eines gleich ursprünglichen Erlebnisses können die überlieferten Sprachmuster zur Deutung einer späteren als identisch empfundenen Erfahrung herangezogen werden und Plausibilität erlangen. Die wirklichkeitserschließende Kraft der Sprache muss sich in einer als gleich wahrgenommenen Grundsituation erst erweisen. Das Offenbarungserlebnis selbst und die Wirklichkeit, die sich darin anmeldet, liegen auf einer anderen Ebene als die Sprache. Ein solches Widerfahrnis transzendiert die menschlichen Artikulationsmöglichkeiten, ist sowohl großer als auch nur teilidentisch mit deren Ausdrucksformen, und ist gleichwohl nur in sprachlich und kulturell vorhandenen und begreifbaren Formen aussagbar. Davon unberührt bleibt die Möglichkeit, dass es zu Neuschöpfungen von Formulierungen kommt, die die Unverfügbarkeit der begegnenden göttlichen Wirklichkeit in Sprache fassen. Dies gilt im biblischen Sprachgebrauch paradigmatisch für das Te-

---

125 Vgl. M. Petzoldt, Offenbarung erleben und zu verstehen suchen. Zum theologischen Diskurs um das Prinzip Offenbarung im Kontext der hermeneutischen Diskussion, in: C. Landmesser/A. Klein (Hg.), Offenbarung – verstehen oder erleben? Hermeneutische Theologie in der Diskussion, Neukirchen-Vluyn 2012, 15–40, 19–23.38.

126 Anders als Lauster, Religion, 101–104, dies unter Bezug auf W. Pannenberg vertritt.

tragramm wie für das Gottes Handeln bekundende Bekenntnis der Auferweckung Jesu von den Toten.[127]

4.4 Offenbarung und Inspiration

Anders als es der historischen Kritik im Gefolge der Aufklärung erschienen ist, hat sich das Thema der Inspiration für die Theologie des Neuen Testaments weder von selbst erledigt noch kann es ersatzlos gestrichen werden.[128] Mit dem Inspirationsgedanken verbindet sich nämlich die Frage nach der theologischen Qualität der neutestamentlichen Aussagen und die Überlegung, auf welchem Weg die Beziehung Gottes zum Menschen Realität wird. Solange der Inspirationsgedanke in einem Autorenkonzept verankert war, d.h. an die textschaffenden frühchristlichen Schriftsteller gebunden blieb, konnte man nach der aufgeklärten Umstruktierung des Autorenmodells – nicht Gott, sondern begabte menschliche Autoren sind die Produzenten der neutestamentlichen Schriften – der Vorstellung einer göttlichen Einhauchung relativ gelassen den Abschied geben. Mit der Wende zur Rezeptionsästhetik und deren Fokussierung auf die Aneignung der Texte durch ihre Leserschaft trat freilich die Frage nach den Möglichkeiten und Bedingungen einer sachgemäßen Rezeption auf den Plan. In welcher Weise auf dem Weg und im Modus der Textlektüre Gottesbegegnung möglich wird, brachte das Thema der Pneumatologie in neuer Weise auf die Agenda. Die Inspiration wurde nunmehr in den Vorgang der Bedeutungserschließung durch die glaubende Leserschaft hineinverlagert.[129]

Mit der Preisgabe des Inspirationsgedankens in der Tradition aufgeklärter Bibelexegese ist auch die Idee der Selbstwirksamkeit Gottes zurückgetreten. Gotteserfahrung ist wie alle Erfahrung gedeutetes Erleben, Gottesbegegnung erfolgt in vermittelter Gestalt und gedeuteter Weise. Dabei fällt die Deutung nicht mit ihrem Gegenstand ineins. Streicht die Theologie den Inspirationsgedanken ersatzlos, verliert sie ihren geglaubten Gottesbezug.

[127] Dazu vgl. u. Kap. 4.6 Die Auferweckung Jesu als Offenbarungs- und Deutungsgeschehen.

[128] Vgl. Räisänen, Neutestamentliche Theologie?, 87: „Begriffe wie ‚Offenbarung‘ oder ‚Inspiration‘ haben keinen Raum in religionswissenschaftlicher Arbeit.“ Räisänens Ausführungen insinuieren, dass die theologische Fragestellung als solche dem gleichen Schicksal entgegengeht – sobald sie erst religionswissenschaftlich umgeschmolzen ist, erübrigt sie sich; vgl. ebd. 11.

[129] Zur Sache vgl. U.H.J. Körtner, Der inspirierte Leser. Zentrale Aspekte biblischer Hermeneutik, Göttingen 1994, 44–113.

Reduziert sich die neutestamentliche Wissenschaft darauf, das glaubende Selbstverständnis zu rekonstruieren, hat sie zwar den Offenbarungsgedanken anthropologisch weitergeführt.[130] Sie steht jedoch vor der Schwierigkeit, den Transzendenzbezug zu wahren. Bultmann war dies gelungen, indem er den glaubenden Existenzvollzug als die Lebensweise darstellte, in der sich die Gottesgegenwart in der Wahrnehmung des göttlichen Anspruchs an die menschliche Lebensgestaltung realisierte.[131] In Bultmanns Nachfolge erstarrte dieser Offenbarungsbezug jedoch mehr und mehr in sprachlichen Chiffren, die nicht mehr erschlossen, wozu sie ursprünglich geprägt worden waren.[132] Die Diktion Bultmanns wurde als Teil der Wissenschaftsgeschichte selbst zur Historie; und mit der verbreiteten Polemik gegenüber der existentialen Interpretation als angeblich unstatthafter Individualisierung[133] ging eine Interpretation des Neuen Testaments verloren, die Ausleger und Leser des Neuen Testaments vor dem Horizont der Offenbarung in eine Reihe neben die neutestamentlichen Zeugen zu stellen vermochte.

Offenbarung ereignet sich nie unvermittelt. Es gibt keine direkte Gottesbeziehung jenseits medialer Vermittlung. Diese Einsicht zieht sich von Moses Begegnung mit Gott im brennenden Dornbusch in Ex 3 über sein dem vorübergehenden Gott geltendes Nachschauen in Ex 33 bis zur neutestamentlichen Erkenntnis Gottes in Jesus Christus durch.

Der Glaube als das Medium der Gottesoffenbarung reflektiert sein eigenes Zustandekommen als ein extern angestoßenes Ereignis, als einen Akt göttlicher Geistverleihung. Die Selbstvermittlung Gottes wird vom Menschen als ein Inspirationsgeschehen erfasst. Mit dem Inspirationsgedanken steht und fällt die Offenbarungsvorstellung.

Die Darstellung der Person Jesu in den Evangelien zeigt, wie die Geistverleihung Jesus in die Gottesgemeinschaft versetzt und ihm seinen besonderen Status verleiht. In 2 Tim 3,16 verbürgt die Theopneustie die segensreichen Folgen, die aus der Schriftlektüre resultieren.[134] Die Güte der im Text

---

[130] Diesen Vorgang kritisiert Dunkel, Christlicher Glaube, 105, als „anthropologische Reduktion".

[131] Vgl. C. Landmesser, Wahrheit als Grundbegriff neutestamentlicher Wissenschaft, WUNT 113, Tübingen 1999, 190.

[132] Vgl. von Bendemann, Theologie oder Religionsgeschichte, 26.

[133] Vgl. T. Jantsch, „Gott alles in allem" (1 Kor 15,28). Studien zum Gottesverständnis des Paulus im 1. Thessalonicherbrief und in der korinthischen Korrespondenz, WMANT 129, Neukirchen-Vluyn 2011, 2–3.

[134] G. Häfner, „Nützlich zur Belehrung" (2 Tim 3,16). Die Rolle der Schrift in den Pastoralbriefen im Rahmen der Paulusrezeption, HBSt 25, Freiburg u. a. 1998, 253, ordnet 2 Tim 3,14–17 einer „Gemeindeleiterparänese" zu.

aufgezeichneten und bewahrten Worte und Gedanken beruht auf der Inspirationstat Gottes. Sie verleiht den Aussagen des Textes „geistlichen" Charakter. Die Inhalte sind nicht hermeneutikbedürftig. Nach traditioneller Auffassung unterliegen sie nicht der Notwendigkeit der Interpretation, sondern zielen auf Applikation. Ihre Pragmatik ergibt sich von selbst. Da die Texte eindeutig für sich selbst sprechen, bedürfen sie lediglich einer Anwendung unter veränderten Gegenwartsbedingungen. Die theologische Qualität ist durch die Ursprungssituation des Textes gesichert.

Unter rezeptionsästhetischem Vorzeichen wird in der gegenwärtigen Debatte der Inspirationsgedanke mit der Inspiriertheit der Leserin bzw. des Lesers verknüpft.[135] Im Akt der Bedeutungszuschreibung ereignet sich das Inspirationsgeschehen. Offenbarung realisiert sich bei der Leserin und dem Leser im Vollzug des Lesens. Laut Körtner stellt diese Verstehensweise die sachgemäße und legitime Weiterentwicklung der klassischen Inspirationslehre dar, wie sie in der altprotestantischen Orthodoxie ausgebildet wurde. Der Gedanke der Inspiration wird „vom Akt der Textproduktion"[136] auf die Seite der Aneignung durch den Leser verschoben. Zweierlei Einwänden ist bei diesem Vorgang zu begegnen: Zum einen stelle die Einengung auf das individuelle Lesen eine Beschränkung dar. Der Bibelrezipient wird in eine Rolle gedrängt, in der er aufgrund seiner Lektüre zum individuellen Nutzer der Bibel erklärt wird. Zum anderen wird die Bibel auf diese Weise in die breite Palette der allgemeinen Literatur hinein eingezeichnet. Solche Einpassung wird nach Körtner weder der ursprünglichen Verortung des Bibellesens im Gottesdienst noch der kanonischen Bedeutung der Bibel als Heiliger Schrift der Glaubensgemeinschaften gerecht und verengt die Vielschichtigkeit der Bibellektüre.[137] Daher ist der Kontext, in dem die Bibel lesend und hörend angeeignet wird, im Blick zu behalten. Des Weiteren muss das Fruchtbarmachen der Rezeptionsästhetik für die Bibellektüre sich mit einem möglichen Synergismus-Vorwurf auseinandersetzen; denn wenn die Bedeutungszuschreibung bei den Rezipientinnen und Rezipienten liegt, erscheint es fast unausweichlich, diesen einen Anteil an der Glaubenskonstituierung zuzugestehen. Die Unverfügbarkeit des Glaubensgrunds außerhalb des religiösen Individuums, das reformatorische *extra nos* des Glaubens, droht sich auf diese Weise zu verflüchtigen.[138]

---

[135] Körtner, Der inspirierte Leser, 15–17.

[136] U. Körtner, Rezeption und Inspiration. Über die Schriftwerdung des Wortes und die Wortwerdung der Schrift im Akt des Lesens, NZSTh 51 (2009), 27–49, 41.

[137] Körtner, Rezeption, 33.

[138] Körtner, Rezeption, 43.

Freilich gehen bereits die christologischen Ansätze M. Kählers[139] und P. Tillichs[140] davon aus, dass die Bedeutung Jesu Christi sich in seiner Wirkungsgeschichte bei den Glaubenden und in deren Glauben erweist. Die Annahme des Glaubens durch die Christen, die das *extra nos* des Glaubens zu einem *pro nobis* werden lässt, zieht den Christus in die Lebensgeschichte der Glaubenden hinein, ohne dass diese sich das als Werk anrechnen lassen könnten und wollten.[141] Diesen Gedanken hat auch E. Brunner bereits in den Prolegomena seiner Dogmatik über „Die Offenbarung als Wort Gottes" entwickelt. Nach Brunner gehört zur Christusoffenbarung konstitutiv das Übergehen in die Erkenntnis des glaubenden Menschen. „Die Christusoffenbarung ist mit dem Leben, Sterben und Auferstehen Jesu nicht vollendet; sie erreicht ihr Ziel erst, indem sie wirklich offenbar wird, indem also ein Mensch Jesus als den Christus *erkennt*. Offenbarung ist kein objektives An-sich, sondern ein transitiver Vorgang; Gott macht sich jemandem offenbar."[142]

Auf der durch Kähler und Tillich vorgezeichneten Linie folgert Körtner, „dass nicht nur der Glaube der ersten Jünger, sondern auch der heutige Leser ein integrierender Bestandteil des von den neutestamentlichen Schriften bezeugten Ereignisses und somit ein Bestandteil der Schrift selbst ist."[143] Zielt in christlicher Perspektive das Verstehen eines biblischen Textes auf den Glauben, liegt die Bedeutung eines Lesers nicht einzig darin, den Text durch das Erbringen eines Beitrags zu dessen Bedeutungshorizont zu vervollständigen. Vielmehr zielt die Begegnung mit dem Text auf eine Verwandlung der Existenz, ein Vorgang, der den Leser dazu bringt, sich selbst in neuer Weise zu verstehen. Daraus ergibt sich eine Analogie zu Ricœurs Vorstellung von Verstehen, welche das Sich-Verstehen der Rezipienten vor dem Text bezeichnet. Verstehen wird auf diese Weise der Einseitigkeit einer vom erkennenden Subjekt gesteuerten Verständnisbemühung entnommen. Zum Verstehen gehören Reflexivität und recht verstandene Passivität im Sinne des an sich-geschehen-Lassens. Hinsichtlich der auf Glauben zielenden Rezeption kommt der Einsicht in die Konstitution des Lesers durch den Text zentrale Bedeutung zu. Unter dieser Perspektive ist es richtig zu sagen,

---

[139] Kähler, Der sogenannte historische Jesus, 38–39.
[140] P. Tillich, Systematische Theologie, Band II, Stuttgart [8]1984, 108–109.
[141] Vgl. dazu die Darstellung von Körtner, Inspiration, 43–44.
[142] E. Brunner, Die christliche Lehre von Gott. Dogmatik I, Zürich [4]1972, 39.
[143] Körtner, Inspiration, 44. So auch bereits in Körtner, Lector, 232.

dass „die biblischen Texte ... sich ... selbst den Leser schaffen, dessen sie zu ihrer Vervollständigung bedürfen".[144]

Indem den neutestamentlichen Texten ihr Eigenwert als versprachlichte Verweise auf die Selbstwirksamkeit Gottes in Jesus Christus gelassen wird, wird eine Gefahr gebannt, unter der sowohl ein verabsolutiertes Deutungsparadigma als auch die einseitige rezeptionsästhetische Aneignung stehen. Sowohl der Dominanz des deutenden Zugriffs als auch der Verkürzung auf die glaubende Aneignung droht in ihrer radikalisierten Form gleichermaßen der Objektverlust, insofern in beiden Fällen einseitig dem Subjekt die Erkenntnis- bzw. Aneignungsfähigkeit zugeschrieben wird und das Objekt sich in der Bedeutungszuschreibung durch das Subjekt auflöst.[145]

Wirklichkeit, die nicht durch Begegnung angeeignet wird, bleibt virtuell. Das gilt für die bloße „physische" Existenz eines Textes, es gilt auf theologischer Ebene für die Wirklichkeit der Gottesgegenwart in der Welt. Das *prae*, unter dem menschliches Leben steht, die Existenz aus Vorgaben und unter Voraussetzungen, gewinnt seine konkrete Ausgestaltung erst im Prozess der Aneignung. Im Vorgang der Adaption wird es zu dem, als was es erscheint. Das gilt für das Verhältnis zwischen Text und Interpretation, es ist zu übertragen auf die Relation zwischen der Wirklichkeit und ihrer Erfassung, es gilt für die Offenbarung Gottes als eines Beziehungsgeschehens, das im Glauben der Menschen realisiert wird.

„Inspiration" als eine theologische Kategorie ist an den Glauben als das Medium der Gottesoffenbarung gebunden. Die Inspiration gelangt in der Realisierung der Bedeutung des neutestamentlichen Textes zu ihrem Ziel.[146] In der Glauben weckenden Lektüre des neutestamentlichen Textes vollendet sich das auf Inspiration, d.h. auf geglaubter Gottesbegegnung, beruhende Geschehen, das in den neutestamentlichen Texten seinen schriftlichen Ausdruck gefunden hat.

---

[144] Körtner, Inspiration, 45. „Wo sich im Akt des Lesens gläubige Rezeption ereignet, vervollständigt sich der Text im Sinne der ihm innewohnenden intentio operis." „Gläubige Rezeption (begreift) sich ihrerseits nicht als autonome Leseleistung, sondern als Gabe, nämlich als Frucht des Lesens" (ebd.).

[145] Vgl. Dunkel, Christlicher Glaube, 105–107.

[146] Für Bultmann, Problem der Hermeneutik, 232, bildet unter den Voraussetzungen des traditionellen Autorkonzepts das Lebensverhältnis des Exegeten bzw. der Exegetin zur „Sache" des Textes die zwischen einem Text und seinem Ausleger gegebene überzeitliche Brücke, die es ermöglicht, in einen authentischen Kontakt mit der Botschaft zu gelangen, die der antike Autor in seinem Text hinterlassen hat. Vgl. dazu o. 67.

4.5 Das Verhältnis von Offenbarung, Theologie und Historie

Historische Arbeit, die immer auf Vorgaben rekurriert, lebt von der Distanz zu ihrem Gegenstand. Historisierung bedeutet Distanzierung, Offenbarung verlangt Identifizierung. Das macht den Offenbarungsglauben unter den Bedingungen der Aufklärung angreifbar. Umgekehrt droht der permanenten Distanzierung durch Historisierung als Folge die innere Aushöhlung der theologischen Grundlagen. Eine aufgeklärte Religion implodiert, wenn in ihr kein Raum für ein Mysterium bleibt, das von sich aus kreativ ist und zu neuen Setzungen führt. Wird Theologie einlinig als Geschichtswissenschaft betrieben und Normativität als Spezialsektor der Dogmatik bzw. zunehmend der Ethik oder der Praktischen Theologie angesehen, verliert sie ihren Gegenstand.

Auch wenn Gabler keineswegs die Substituierung der Theologie durch die Geschichtswissenschaft betrieben hat, ist es im Gefolge seines Ansatzes zu einer fortschreitenden Enttheologisierung der Literaturgattung „Theologie des Neuen Testaments" gekommen. Dies hängt damit zusammen, dass zwar Gablers Unterscheidung zwischen Biblischer und Dogmatischer Theologie rezipiert wurde, aber nicht mit gleicher Intensität seine Bemühung fortgeschrieben und weiterentwickelt wurde, dem theologischen Interesse Raum zu verschaffen. Unter veränderten zeitgeschichtlichen Umständen, insbesondere nach dem Verlöschen des Fortschrittsoptimismus sowie dem Ende der Hoffnungen, die sich an die geistige Umgestaltung ursprünglich zeitbedingter neutestamentlicher Vorstellungen unter den Bedingungen der Aufklärung und nicht zuletzt an die ethische Umschmelzung theologischer Anschauungen hefteten, wurde das historische Paradigma zunehmend seltener von einer flankierenden theologischen Leitidee in der Balance gehalten. Bultmanns existentiale Interpretation und sein Programm der Entmythologisierung ist in dieser Hinsicht der wirkungsmächtigste Versuch geblieben, das theologische Anliegen eigenständig auszuarbeiten.

Im Jahr 1980 zitiert E. Gräßer zustimmend ein Diktum von A. Deissmann aus dem Jahr 1892, demzufolge „‚über den rein *historischen Charakter* der neutestamentlichen Theologie kaum noch ein Zweifel besteht.'"[147] „Wissenschaftliche Rekonstruktion der religiös-sittlichen Gedanken des Ur-

[147] E. Gräßer, Offene Fragen im Umkreis einer Biblischen Theologie, ZThK 77 (1980), 200–221, 200, zitiert A. Deissmann, Zur Methode der biblischen Theologie des Neuen Testaments, in: G. Strecker (Hg.), Das Problem der Theologie des Neuen Testaments, WdF 367, Darmstadt 1975 (ursprgl. 1893), 67–80, 67.

christentums"[148] ist die Aufgabe der Theologie des Neuen Testaments. „Die von Gabler geforderte und erstmals von Ferdinand Christian Baur durchgekämpfte konsequent historische Betrachtung der Biblischen Theologie hatte sich zu seiner (sc.: Deissmanns; P.-G. K.) Zufriedenheit durchgesetzt."[149] Diese Befriedigung teilt auch Gräßer. Allerdings ist für seine pointierten Ausführungen eine polemische Konstellation in Rechnung zu stellen, nämlich die Auseinandersetzung mit P. Stuhlmachers Programm einer Biblischen Theologie. Diese läuft nach Gräßers Urteil auf die „Wiederbesetzung längst verlassener Positionen der unkritischen Orthodoxie und des vorkritischen Biblizismus"[150] hinaus. Aus dem einstmaligen „Kampfruf" der Biblischen Theologie gegen dogmatische Umklammerung sei der „Hilferuf" nach dogmatischer Wegweisung geworden.[151]

Das Anliegen von P. Balla läuft auf die Frage zu, ob bei Anerkennung der historischen Ausrichtung das Unterfangen einer Theologie des Neuen Testaments überhaupt zu rechtfertigen ist. Ballas Antwort lautet „ja" – unter der Bedingung, dass man zum einen den Theologiebegriff weit genug fasst[152] und sich zum anderen auf ein deskriptives Verfahren beschränkt, das strikt historisch arbeitet, indem es sich auf die Darstellung der unterschiedlichen Ansätze innerhalb des Neuen Testaments begrenzt.[153] In diesem Punkt trifft sich Balla mit Stuhlmacher, nach dessen Darstellung die Theologie des Neuen Testaments „eine geordnete Zusammenschau der wesentlichen Verkündigungsinhalte und Glaubensgedanken der neutestamentlichen Bücher zu bieten" hat.[154] Nach Balla soll sich die Theologie des Neuen Testaments auf die Beschreibung der Gedanken der neutestamentlichen und frühkirchlichen Autoren über Gott beschränken.[155] Wenngleich

---

[148] Deissmann, Methode, 67.

[149] Gräßer, Offene Fragen, 200.

[150] Gräßer, Offene Fragen, 206.

[151] Gräßer, Offene Fragen, 206.

[152] Das bedeutet konkret, das man über die von Balla konstatierten Einengungen Wredes und Räisänens hinausgelangt. Wrede habe gegen die Dominanz der „‚doctrine'" argumentiert, Räisänen gegen „‚theology' as something secondary to the ‚experience' of the early Christians". P. Balla, Challenges to New Testament Theology. An Attempt to Justify the Enterprise, WUNT 2/95, Tübingen 1997, 147.

[153] Balla, Challenges, 212–214.252.

[154] P. Stuhlmacher, Biblische Theologie des Neuen Testaments, Band I Grundlegung. Von Jesus zu Paulus, Göttingen 1992, 2, zustimmend zitiert bei Balla, Challenges, 249. Ähnlich K. Niederwimmer, Theologie des Neuen Testaments. Ein Grundriss, Wien 2004, 8: „Die Disziplin ‚Theologie des Neuen Testaments' hat die Aufgabe, eine systematisch geordnete Gesamtdarstellung der Lehraussagen des Neuen Testaments zu bieten."

[155] Vgl. Balla, Challenges, 252.

Balla durchaus konzediert, dass für eine theologische Interpretation der Glaube des Interpreten eine logische Voraussetzung der Arbeit darstellt, weist er diesen Zugang im Interesse einer historischen Behandlung des Gegenstands als gegenwartsorientiert und der aktuellen Wahrheitsfrage verpflichtet ab.[156] In dieser Hinsicht bleibt Balla eng an der Gablerschen Grundentscheidung. Die Alternative zu seinem Vorschlag ist Balla deutlich bewusst. Das zeigt seine Zusammenfassung der von H. Schlier auf den Punkt gebrachten Problemstellung.[157] Schlier unterscheidet zwischen der Theologie des Paulus und einer paulinischen Theologie. Erstere sei historisch aus den Briefen des Paulus zu rekonstruieren. Zweitere setze eine inhaltliche Aneignung der theologischen *Essentials* voraus, d.h. sie steht selbst unter dem Einfluss des Kerygmas.[158] Für seine Skizze der Rahmenbedingungen einer Theologie des Neuen Testaments entscheidet sich Balla dezidiert für die rein historische Rekonstruktion.[159]

Wenn Gottes Offenbarung innerhalb der Theologie bzw. der Bibelwissenschaft exklusiv historisch als eine Frage nach dem Selbstverständnis antiker biblischer Schriftsteller behandelt wird, wird der *Gottes*bezug der Offenbarungsthematik als Gegenstand theologischer Reflexion wie als Horizont der historischen Recherche ausgeklammert oder spielt *de facto* keine Rolle. In der Praxis ist die historische Bearbeitung der neutestamentlichen Schriften die selbstverständliche Grundlage der „Theologie des Neuen Testaments" geworden. Die Konsequenz ist, dass diese sich damit in den Rahmen profaner Geschichtswissenschaft einordnet, die keinen die Analyse schriftlicher oder archäologischer Relikte transzendierenden Anspruch auf die Begegnung mit göttlicher Wirklichkeit erhebt. Eine so betriebene neutestamentliche Theologie ist zwar für historisch ausgerichtete Nachbardisziplinen anschlussfähig, leistet aber keinen Beitrag für die theologische Zentralthematik innerhalb des eigenen Faches.

Damit ist nicht bestritten, dass auch die theologische Fokussierung auf die Gottesbeziehung nur in den Grenzen menschlicher Erkenntnismöglich-

[156] Balla, Challenges, 215–216.

[157] Vgl. Balla, Challenges, 211.

[158] Vgl. auch die Differenzierung bei Schlier, Sinn und Aufgabe, 324–330.

[159] Vgl. Balla, Challenges, 211. Die gleiche Entscheidung vollzieht, ebenfalls unter Bezug auf H. Schlier, Grundzüge der paulinischen Theologie, Freiburg/Basel/Wien 1978, 9, M. Wolter, Paulus. Ein Grundriss seiner Theologie, Neukirchen-Vluyn 2011, der sich ausdrücklich davon distanziert, seine Paulus-Darstellung „paulinisch" (1) zu gestalten. Wolter möchte keine der paulinischen Theologie „gemäße ... Theologie" bieten. Ihm gehe es „nur um die in den paulinischen Briefen ‚enthaltene' Theologie" (2 Anm. 3).

keit erfolgt. Offenzuhalten ist bei der Ausarbeitung der Grundlagen einer Theologie des Neuen Testaments jedoch der Raum für die Erfassung der Eigendynamik derjenigen Wirklichkeit, in der sich für die Glaubenden Gott selbst zu Wort meldet.[160]

Der von Balla formulierte und in der Exegese weithin geteilte Ansatz belässt die Theologie des Neuen Testaments in einer apologetischen Situation. Solange gefragt wird, ob bei Anerkennung der historischen Durchführung der Aufgabe das Unternehmen einer neutestamentlichen Theologie zu *rechtfertigen* ist, liegt die Definitionsmacht über den Umgang mit den christlichen Texten bei der historischen Wissenschaft. Ballas Überlegungen folgen stets der Perspektive des „descriptive historical enterprise of New Testament theology".[161] Unter prinzipiellem Gesichtspunkt wäre es dann jedoch konsequent weiterzufragen: Darf unter historischem Gesichtspunkt überhaupt Theologie noch als Theologie, als Rede von Gott im Glauben, betrieben werden?

Angesichts der Tatsache, dass neutestamentliche Wissenschaft im Zeichen der Aufklärung weitgehend als historische Arbeit betrieben wird, ist mittlerweile die Fragestellung umzukehren. Die Dominanz des historischen Verfahrens lässt fragen: Inwieweit genügt die Übernahme des historischen Paradigmas in die Theologie des Neuen Testaments (noch) theologischen Ansprüchen bzw. wie gut sind die Chancen dieses Zugangs, zukünftig den Gottesbezug wieder als Thema neutestamentlicher Theologie kenntlich zu machen? Angesichts einer verbreiteten Selbstintegration der neutestamentlichen Wissenschaft in den Rahmen der Geschichtswissenschaft sollte im Interesse der Eigenidentität der Theologie die Wiedergewinnung theologischer Referentialität höher zu veranschlagen sein als das Streben nach vollständiger Integration in das nichttheologische historische Pa-

---

[160] Vgl. dazu H. Hübner, Biblische Theologie des Neuen Testaments, drei Bände, Band 2 Die Theologie des Paulus und ihre neutestamentliche Wirkungsgeschichte, Göttingen 1993, 412: „Wir werden die theologischen Gedanken des Neuen Testaments ... auf den zugrunde liegenden Glauben befragen, der seinerseits die glaubende Aufnahme der Offenbarung Gottes ist. Wir werden die Theologie des Neuen Testaments als Offenbarungstheologie zu verstehen suchen und die in Jesus Christus ergangene Offenbarung Gottes theologisch so reflektieren, daß sie für uns Menschen heute zur verstandenen, nämlich *in unserem Glauben verstandenen Theologie* wird." Balla, Challenges, 238–239, hält Hübner vor, dass dieser den historischen und den systematisch-theologischen Aspekt nicht voneinander trennt. Für Balla, Challenges, 240, stellt die gegenwartsbezogene theologische Reflexion ein Adiaphoron zur historischen Deskription dar. Sie kann der Beschreibungsaufgabe hinzugefügt werden, allerdings hält Balla es für eine Privatangelegenheit des Theologen, diese Ebene zu berücksichtigen.

[161] Balla, Challenges, 240.

radigma und die Parallelführung der Exegese mit der Geschichts- und Religionswissenschaft.

4.6 Die Auferweckung Jesu als Offenbarungs- und Deutungsgeschehen

Das Spannungsverhältnis, das in der Verknüpfung von Deutung und Offenbarung zum Ausdruck kommt, ist bereits im Neuen Testament konstitutiv für das christliche Reden von Gott. Die bleibende Spannung ist mit dem Bekenntnis der Aufweckung Jesu von den Toten als der Initialzündung für die Entstehung des christlichen Glaubens gegeben. Die Rede von der Auferstehung Jesu Christi als dem zentralen Identifikationspunkt der christlichen Religion hält die theologische und die historische Dimension in einer spannungsvollen Einheit beieinander.[162]

Der Glaube an die Auferweckung Jesu besitzt seine subjektive Seite darin, dass es sich um einen von Individuen vollzogenen Glaubensakt handelt. Die *fides qua creditur*, die die glaubende Aneignung des Auferweckungsgeschehens in der Subjektivität beinhaltet, erlaubt, die anthropologische und psychologische Dimension des Auferweckungsglaubens in den Blick zu nehmen. Die *fides quae creditur* bezieht sich auf die Objektseite des Auferweckungsglaubens, die sprachliche Ausdrucksform des Geschehens, von dem die Rede ist.

Mit dem Bekenntnis der Auferweckung Jesu von den Toten wird eine Wirklichkeit zur Sprache gebracht, deren Ausformulierung mittels Interpretamenten erfolgt, die über die verwendeten Formulierungen auf ein Geschehen verweisen, dem sie sich verdanken und durch das sie sich initiiert sehen. Dieses Bekenntnis wurde nicht als Resultat theologischer Reflexion, sondern „als Echo eines nicht vorhergesehenen göttlichen *Erschließungsgeschehens*" verstanden.[163] Gott erweckte Jesus von den Toten, lautet das mutmaßlich älteste Bekenntnis der Auferweckung Jesu. Gott ist das handelnde Subjekt im Ostergeschehen.[164] Als Reaktion auf die Hinrichtung Jesu am

---

[162] Vgl. Frey, Problem der Aufgabe, 50, demzufolge trotz unterschiedlicher interpretatorischer Zugänge der Bezug „auf das Wirken, Leiden, Sterben und die Auferstehung Jesu" den Grund dafür abgibt, „daß es angebracht ist, nach der Einheit der neutestamentlichen Theologie zu fragen".

[163] J. Becker, Die Auferstehung Jesu Christi nach dem Neuen Testament. Ostererfahrung und Osterverständnis im Urchristentum, Tübingen 2007, 275.

[164] Zur Rekonstruktion der Anfänge des Osterglaubens im Neuen Testament vgl.

Karfreitag wird ein Handeln Gottes ausgesagt, das Gott in eine positive Relation zu dem hingerichteten Jesus stellt.[165] In seinem Ursprung ist „Ostern" ein Gottesbekenntnis. Die Verarbeitung des Todes Jesu durch die ersten Bekenner seiner Auferweckung erfolgt im Rahmen des Gottesverständnisses.[166]

Für Bultmann stellt im Rahmen seines Entmythologisierungsprogramms das Kreuz Jesu den Referenzrahmen für das Reden von der Auferstehung dar. Auf diese Weise implantiert Bultmann bereits im Ansatz das für dialektisch-theologisch geprägtes Denken charakteristische christologische Zentrum in die Behandlung der Auferstehungsthematik. Für Bultmann ist das Reden von der Auferstehung Jesu „der Ausdruck der Bedeutsamkeit des Kreuzes".[167] Er bindet damit die Auferstehung als ein Glaubensgeschehen an das Kreuz als den historischen Ausgangs- und Bezugspunkt. Die Auferstehung wird damit vollständig der Bedeutungsseite des Kreuzesgeschehens zugeschlagen. Das Kreuz seinerseits setzt freilich weitere Interpretamente aus sich heraus, wie den Sühne-, den Stellvertretungs- und den Opfergedanken. Die Auferstehung erfährt auf diese Weise eine Nivellierung, indem sie von Bultmann in eine Reihe mit anderen Interpretamenten gestellt und ihrer Ex-

---

P.-G. Klumbies, „Ostern" als Gottesbekenntnis und der Wandel zur Christusverkündigung, ZNW 83 (1992), 157–165. Vgl. I.U. Dalferth, Volles Grab, leerer Glaube? Zum Streit um die Auferweckung des Gekreuzigten, in: H.-J. Eckstein/M. Welker (Hg.), Die Wirklichkeit der Auferstehung, Neukirchen-Vluyn [3]2007, 277–309, 300–303.

[165] Vgl. J. Schröter, Geschichte im Licht von Tod und Auferweckung Jesu Christi, in: Ders., Von Jesus zum Neuen Testament. Studien zur urchristlichen Theologiegeschichte und zur Entstehung des neutestamentlichen Kanons, WUNT 204, Tübingen 2007, 55–77, 69: Zu den Implikationen der Auferweckungsaussage gehört, „dass damit eine Deutung seines Todes als Falsifizierung seines Anspruchs, im Namen Gottes zu wirken ..., ... bestritten wird".

[166] Wengst, Der wirkliche Jesus?, 286 und 295–298, legt pointiert dar, dass der Bezug auf die Auferweckung Jesu von den Toten durch Gott als theologischem Ausgangspunkt einen Widerspruch gegenüber allen Versuchen beinhaltet, dem christlichen Glauben durch einen historischen Rekurs auf Jesus eine Grundlage zu verschaffen. Er formuliert damit die Gegenthese zu der axiomatischen Aussage von J. Schröter, Konstruktion von Geschichte und die Anfänge des Christentums. Reflexionen zur christlichen Geschichtsdeutung aus neutestamentlicher Perspektive, in: Ders., Von Jesus zum Neuen Testament. Studien zur urchristlichen Theologiegeschichte und zur Entstehung des neutestamentlichen Kanons, WUNT 204, Tübingen 2007, 37–54, 47, „dass das Wirken Jesu nicht nur historisch, sondern auch sachlich den Ausgangspunkt des christlichen Glaubens darstellt". Die seit der Aufklärung und bis in die Gegenwart vielfach angestrebte Fundierung des christlichen Glaubens durch den Bezug auf die historische Person Jesu ist, laut Wengst, mit einem doppelten Preis erkauft: Erstens durch eine Steigerung der Besonderheit Jesu, die ihn aus dem Rahmen seiner Zeitgenossen heraushebe und zweitens durch die Minimierung der Auferweckungsbotschaft.

[167] R. Bultmann, Neues Testament und Mythologie. Das Problem der Entmythologisierung der neutestamentlichen Verkündigung, hg. v. E. Jüngel, BEvTh 96, München [3]1988 (ursprgl. 1941), 55.

klusivität für die Grundlegung des christlichen Glaubens enthoben wird. Während alle anderen theologischen Interpretationen von Bultmann einem Faktizitätskern zugeordnet werden, dessen Sinnpotential und Bedeutungsseite sie auf einer geistig-geistlichen Ebene entfalten, fehlt der Auferstehung ein solcher materieller Bezugspunkt. Das Kreuz fungiert in dieser Hinsicht als Substitut.[168]

In der Debatte, wer Gott angesichts des Todes Jesu ist, wird damit insofern eine *theo*logische Kontinuität in einem innerjüdischen Diskurs sichtbar, als das Ende Jesu unter den Zeitzeugen die Gottesfrage aufwirft. Die Antwort, die die ersten Christen mit dem Bekenntnis der Auferweckung des Gekreuzigten formulieren, signalisiert dagegen eine Diskontinuität zu den israelitisch-jüdisch vorliegenden Interpretationsmöglichkeiten für das Schicksal eines Gekreuzigten.

Die christologische Erhöhung der Person Jesu im Zusammenhang des Ostergeschehens begegnet erst im Folgestadium im Zuge der weiteren Reflexion. Sie ergibt sich aus der Anschlussüberlegung, wer dieser Hingerichtete in Wahrheit gewesen ist, wenn Gott sich in ein heilvolles Verhältnis zu ihm begeben hat.[169]

Im Auferweckungsbekenntnis äußert sich eine Wirklichkeit, die sich im Rahmen der israelitisch-jüdischen religiösen Voraussetzungen und insbesondere auf der Grundlage des Alten Testaments so nicht erschließt. Im Bekenntnis der Auferweckung Jesu meldet sich ein Gottesverständnis zu Wort, das durch die Tradition nicht in dieser Weise vorbereitet war.[170] Der Ursprungsimpuls, der im Munde der ersten Osterzeugen mit dem Auferweckungsbekenntnis verbalisiert wurde, ist theologisch unableitbar.

Bereits das Ursprungsdatum des christlichen Glaubens begegnet allerdings nicht in Unmittelbarkeit, sondern in Gestalt des Auferweckungsbekenntnisses der ersten Osterzeugen von Anfang an sprachlich vermittelt. Das Ostergeschehen besitzt eine sprachliche Außenseite, die auf einen inne-

---

[168] Vgl. P.-G. Klumbies, Art. Mythos und Entmythologisierung, in: C. Landmesser (Hg.), Bultmann Handbuch, erscheint Tübingen 2015.

[169] Zur Verhältnisbestimmung von Kreuzestod und Gottessohnschaft in den Evangelien vgl. T. Söding, Der König am Kreuz. Politik und Religion in der Passionsgeschichte, in: M. Bär/M.-L. Hermann/T. Söding (Hg.), König und Priester. Facetten neutestamentlicher Christologie. FS Claus-Peter März, Erfurter Theologische Schriften Band 44, Würzburg 2012, 89–120, hier 119.

[170] Zu der dazu querliegenden Auffassung Pannenbergs und dem für sie konstitutiven Verständnis von Historizität und Wirklichkeit vgl. A. Kendel, „Die Historizität der Auferstehung ist bis auf weiteres vorauszusetzen." Wolfhart Pannenbergs Verständnis der Auferstehung und seine Bewertung der einschlägigen biblischen Überlieferungen, in: H.-J. Eckstein/M. Welker (Hg.), Die Wirklichkeit der Auferstehung, Neukirchen-Vluyn [3]2007, 139–163.

ren Gehalt verweist und über sich selbst hinausführt.[171] Das Geschehen bewahrt seinen Inhalt in der versprachlichten Form, ohne mit dieser völlig identisch zu sein. Die sprachliche Artikulation deutet über sich selbst hinaus auf einen Vorgang, der seinen Widerhall und seine Aneignung wiederum in Worten findet. Unter diesem Aspekt bezeichnet „Ostern" sowohl das glaubende Bekenntnis zu Gott als dem, der Jesus von den Toten erweckte, als auch den unableitbaren Durchbruch zu dieser Überzeugung.[172]

Indem die Ostererfahrung an den Glauben gebunden ist, ist sie eine Geisterfahrung. Schon im frühesten Christentum erhielt die Osterbotschaft „Überzeugungskraft durch gegenwärtige Eigenerfahrungen" vom Wirken des göttlichen Geistes im Gottesdienst und im Gebet.[173] Der Glaube als ein Inspirationsereignis ist über die Zeiten hinweg die bleibende Brücke zum Ostergeschehen.[174]

---

[171] Vgl. S. Alkier, Die Realität der Auferweckung in, nach und mit den Schriften des Neuen Testaments, NET 12, Tübingen und Basel 2009, 214, demzufolge „die Grundlage aller Rede von der Auferweckung Jesu Christi in einem spontanen Erleben liegt, dass (sic!) durch etwas ausgelöst wurde, was nicht in diesem Erleben aufgeht".

[172] Klumbies, Ostern, 164.

[173] Becker, Auferstehung, 237–238, Zitat 238.

[174] A. Lindemann, Neuere Literatur zum Verständnis des Auferstehungsglaubens (I), ThR 79 (2014), 83–107, 89, würdigt an der Untersuchung von Becker, Auferstehung, dass sie zeigt, „wie schon das Urchristentum … den Auferstehungsglauben so bezeugt und so deutet, dass dieser Glaube auch heute im eigentlichen Sinne des Wortes ‚glaubwürdig' verkündigt werden kann."

5. Geschichtstheorie und Erzähltheorie als Rahmen der Exegese

5.1 Historische Faktizität vs. fiktionale Erzählungen?

Lange Zeit galt für die literarische Welt eine Aufteilung in zwei Bereiche. Auf der einen Seite der Grenze stand die an Fakten orientierte Geschichtsdarstellung, auf der anderen die auf Fiktionen beruhende dichterische Erzählung. Vorgezeichnet hatte diese idealtypische Konstellation Aristoteles in seiner Poetik. Aristoteles zufolge unterscheiden sich die Geschichtsschreiber von den Dichtern nicht dadurch, dass die einen im Versmaß und die anderen in Prosa schreiben. Vielmehr liegt der Unterschied zwischen beiden darin, dass die Geschichtsschreiber das Geschehene mitteilen und die Dichter das, was geschehen könnte.[1] Damit hat Aristoteles den Grund für eine duale Betrachtungsweise der Wirklichkeit gelegt, bei der das „Was" des Erzählten zum Differenzkriterium erhoben wird. Da den tatsachenbasierten Darstellungen traditionell eine intensivere Wirklichkeitsdichte und damit ein höherer Wahrheitscharakter zuerkannt wurde, mussten in der Folge dieser Vorentscheidung die auf poetischer Imagination beruhenden Überlieferungen mit dem Stigma des „bloß Erdichteten" und das heißt „Erfundenen" leben. Auf der Linie der aristotelischen Vorentscheidung liegt, dass auf diese Weise „Referentialität" die außerhalb der Erzählung liegende Wirklichkeit meint. Im Zentrum der Aufmerksamkeit steht die vor-, neben- und außersprachliche Wirklichkeit, auf die innerhalb einer Erzählung Bezug genommen wird.[2]

---

[1] Poetik 9, 1451a–1451b.

[2] Erzählungen, die sich dezidiert auf außersprachliche Wirklichkeit beziehen, nennen C. Klein/M. Martínez, Wirklichkeitserzählungen. Felder, Formen und Funktionen nicht-literarischen Erzählens, in: Dies. (Hg.), Wirklichkeitserzählungen. Felder, Formen und Funktionen nicht-literarischen Erzählens, Stuttgart/Weimar 2009, 1–13, 1–2, „Wirklichkeitserzählungen". Kennzeichnend für „Wirklichkeitserzählungen" ist, dass ihnen sowohl ein konstruktiver als auch ein referentieller Aspekt eignet.

Diese Zweiteilung zog Folgen für die historische Forschung im Allgemeinen wie für die Exegese der synoptischen Evangelien im Besonderen nach sich. Nach wie vor ist in der modernen Exegese das Bestreben hoch, die Evangelien historiographisch-biographischen Gattungen zuzuweisen, um ihren historischen Gehalt zu verbürgen.[3] Die erkenntnisleitende Prämisse im Hintergrund besteht darin, möglichst viele oder zumindest zentrale Kernbestände der Evangelienüberlieferung auf den historischen Jesus zurückzuführen; denn auf diese Weise werde die Kontinuität des Überlieferungsprozesses gewahrt, und Jesus kann weiterhin als Traditionsgarant in Anspruch genommen werden. Mittlerweile hat sich freilich herauskristallisiert, dass die Frage *„facts or fiction?"* im Blick auf die Evangelien auf eine überwundene Alternative verweist.[4] Spätestens seit H. Whites einflussreichem „Beitrag zur gegenwärtigen Diskussion über das Problem der historischen Erkenntnis"[5] darf die Spaltung der literarischen Welt in die beiden Bereiche faktenbasierter Geschichtsforschung und fiktionaler Erzählliteratur in ihrer traditionellen Gegensätzlichkeit als überholt gelten.[6] Whites grundlegende Einsicht besteht darin, dass es die Narrativität ist, die historiographische Darstellungen wie fiktionale Erzählungen in paralleler Weise charakterisiert.[7] Dieser Gedanke steht hinter seiner pointierten Formulie-

---

[3] Vgl. die Darstellungen des Forschungsstandes zu den drei Evangelien bei SCHNELLE, Einleitung, der die Hauptpositionen referiert.

[4] Vgl. R. J. EVANS, Fakten und Fiktion. Über die Grundlagen historischer Erkenntnis, Frankfurt a. M. 1998, bes. 78–103. DERS., Art. Fiktion, in: S. Jordan (Hg.), Lexikon Geschichtswissenschaft. Hundert Grundbegriffe, Stuttgart 2007, 90–93. REINMUTH, Diskurse, 91 Anm. 41, verweist auf W. GODZICH, der im Vorwort zu D. Coste, Narrative as Communication, Theory and History of Literature 64, Minneapolis 1989, XIV, ausführt, dass die Unterscheidung zwischen „‚fact and fiction'" die ursprünglichere und vormoderne Differenzierung zwischen „‚sacred and profane'" abgelöst hat. In Bezug auf die Johannesoffenbarung vgl. auch N. NEUMANN, Hören und Sehen. Die Rhetorik der Anschaulichkeit in den Gottesthron-Szenen der Johannesoffenbarung, Habilitationsschrift Typoskript, Universität Kassel 2013, 344–346, erscheint als ABG 49, Leipzig 2015.

[5] H. WHITE, Metahistory. Die historische Einbildungskraft im 19. Jahrhundert in Europa. Aus dem Amerikanischen von P. Kohlhaas, Frankfurt a. M. 1991 (Amerikanisches Original 1973), 15.

[6] A. ASSMANN, Fiktion als Differenz, Poetica 21 (1989), 239–260, 240, sieht die Unterscheidung zwischen Fiktion und Realität gar als ein verabschiedetes Paradigma an und plädiert dafür, dass gerade die Indifferenz zwischen beidem „das Datum (ist), von dem heute ausgegangen werden" müsse. Vgl. auch A. ASSMANN, Die Legitimität der Fiktion. Ein Beitrag zur Geschichte der literarischen Kommunikation, Theorie und Geschichte der Literatur und der schönen Künste 55, München 1980, 14–17: „Fiktion als Modell der Realität" und 127–130: „Geschichte als Fiktion".

[7] WHITE, Metahistory, 9 und 21–25: „Erklärung durch narrative Modellierung". Vgl. auch J. SÜSSMANN, Art. Erzählung, in: S. Jordan (Hg.), Lexikon Geschichtswissenschaft.

rung, derzufolge auch Klio, die Muse der Geschichtsschreibung, dichtet.[8] Im Zuge dieser Einsicht geht es White darum, gerade auch die poetischen Elemente der Geschichtsschreibung „aufzudecken".[9]

Zwingend nötig ist die überkommene Polarisierung ohnehin nicht gewesen. Denn die auf Platon und Aristoteles zurückführende Unterscheidung der verschiedenen Literaturbereiche steht einer differenzierteren Rezeption offen. Zwar geißelte Platon unter dem Maßstab des philosophischen Argumentierens das Dichten der Poeten als Lüge. Er unterwarf auch das Erzählen als solches seiner Auffassung von Wahrheit – diese war für ihn auf einem Objektivitätsideal fußend an die Wiedergabe von Tatsachen gebunden.[10] Aristoteles hielt dem entgegen, dass es beim dichterischen Erzählen gerade nicht um die Reproduktion von wirklichkeitsgetreuen Fakten, dem sog. „Besonderen", das sich der Sinneswahrnehmung erschließt, geht. Vielmehr richte sich das dichterische Erzählen auf das „Allgemeine" menschlicher Erfahrung. Über dieses „Allgemeine" versuche man sich auf dem Weg der Kunst zu verständigen. Der Maßstab dafür liege gerade nicht in dem der Sinneswahrnehmung verdankten Besonderen. Die Norm besteht stattdessen in dem Wahrscheinlichen, welches darauf zielt, im Menschen moralisch wertvolle Reaktionen zu wecken. Ein Verständnis von „wahr" im Sinne von sinnlich „wirklich" wäre dazu nicht imstande.[11] Mit Aristoteles findet also eine Legitimierung „der Fiktionalität des literarischen Kunstwerks"[12] statt. Statt sinnlich wahrgenommener Faktizität und sachlicher Richtigkeit werden Stimmigkeit in der Figurendarstellung und die Schlüssigkeit des Handlungsverlaufs zum Bemessungskriterium für das literarische Kunstwerk.[13]

Hundert Grundbegriffe, Stuttgart 2007, 85–88, 86. Zum Zusammenfließen von „Narrativität und Historizität ... im geschichtlichen Verstehen" bei White vgl. auch Hiller, Gottes Geschichte, 168. Auf die Annäherung der „Gegenstandsbereiche() und Methoden" von Geschichts- und Literaturwissenschaften weist I. Müllner, Zeit, Raum, Figuren, Blick. Hermeneutische und methodische Grundlagen der Analyse biblischer Erzähltexte, in: Protokolle zur Bibel 15, 2006, 1–24, 19, hin.

[8] H. White, Auch Klio dichtet oder Die Fiktion des Faktischen. Studien zur Tropologie des historischen Diskurses, Sprache und Geschichte Band 10, Stuttgart 1986.

[9] White, Metahistory, 11.

[10] Vgl. Platon, Politeia, 3. Buch, 392d–398b und insbesondere 10. Buch, 595a–608b.

[11] Vgl. S. Lahn/J.C. Meister, Einführung in die Erzähltextanalyse, Stuttgart/Weimar 2008, 7–8.

[12] Lahn/Meister, Erzähltextanalyse, 20.

[13] Lahn/Meister, Erzähltextanalyse, 20.

5.2 Gegenstandskonstitution und historische Referentialität

Die geschichtstheoretische Debatte seit Tacitus bewegt sich im Blick auf das Verständnis von „Geschichte" terminologisch an der Unterscheidung zwischen den *res gestae* und der *historia rerum gestarum* entlang. Gemeint ist der Bezugspunkt für die Geschichtswissenschaft. Geht es um den vermeintlich unmittelbaren Zugang zu den geschehenen Ereignissen, den sog. Fakten? Oder ist auch die Geschichtsforschung stets an die Erzählung als Vermittlungsinstanz der geschehenen Vorgänge gebunden?[14] Das Spektrum der Antworten reicht von einer positivistischen Überschätzung exakter Rekonstruktionsmöglichkeiten auf der Grundlage eines überhöhten Objektivitätsideals auf der einen bis zu einem radikalen Konstruktivismus auf der anderen Seite. Wenn auch der Optimismus des 19. Jahrhunderts, demzufolge die historische Forschung darauf abzielt wiederzugeben, „wie es eigentlich gewesen" ist,[15] nicht mehr offen propagiert wird,[16] da inzwischen deutlich ist, dass es keinen unvermittelten, direkten Zugang zur sog. „historischen Wirklichkeit" gibt,[17] ist doch unter der Hand weiterhin der Wunsch spürbar, diesem Ideal möglichst nahezukommen. Die postulierte Realpräsenz der Fakten übt nach wie vor ihre Faszination aus. So liefert auf der Grundlage des irreführenden Titels „Konstruktion der Vergangenheit" C. Lorenz eine Theorie,[18] für die gerade die Möglichkeit der Rekonstruktion von in der Vergangenheit liegenden Geschehnissen als hoch eingeschätzt wird. Die Kritik an diesem Ansatz bemängelt zu Recht, dass Lorenz entgegen seiner Titelformulierung den konstruktivistischen Anteil bei der Produktion historischer Befunde in seinem Programm als gering einstuft und tatsächlich eher den Versuch der Rekonstruktion betreibt. Zudem berücksichtige er nicht, dass „Vergangenheit" als eine verflossene Zeitstufe sich

---

[14] Im Blick auf die Wunderüberlieferungen des Neuen Testaments hatte schon Lessing darauf hingewiesen, dass zwischen den Berichten über solche Ereignisse und den zugrundeliegenden Geschehnissen zu unterscheiden sei. Vgl. Landmesser, Lessings Deutung, 205, unter Verweis auf G. E. Lessing, Werke und Briefe in zwölf Bänden, hg. v. W. Barner u. a., Frankfurt a. M. 1985–2003, Band 8, 444.

[15] L. von Ranke, Sämmtliche Werke, Band 33–34, Leipzig ²1874, VII.

[16] Vgl. L. Kolmer, Geschichtstheorien, Paderborn 2008, 9–10: Zu der positivistischen „Theorie", dass der Historiker lediglich der kritisch geprüften und geordneten Fakten bedürfe, um daraus „das Bild vergangener Ereignisse (zu) zeichnen ..., mag sich ... kaum noch jemand offen bekennen; das Verdikt eines ‚naiven Realismus' steht im Raume".

[17] Vgl. auch Frey, Problem der Aufgabe, 28–29.

[18] C. Lorenz, Konstruktion der Vergangenheit. Eine Einführung in die Geschichtstheorie, Beiträge zur Geschichtskultur Band 13, Köln/Weimar/Wien 1997.

überhaupt nicht rekonstruieren lasse.[19] Historische Forschung könne sich immer nur auf die geschichtliche Überlieferung beziehen.

Gegenmodelle zu dem im hohen Maße von der Greifbarkeit historischer Fakten überzeugten Ansatz von Lorenz bieten die Entwürfe von White und insbesondere P. Watzlawick. Letzterer erfährt aufgrund seines radikal konstruktivistischen Ansatzes wenig Zustimmung im Geschichtsdiskurs,[20] da hier alle Erkenntnismöglichkeiten einseitig in das Bewusstsein des Historikers hineinverlegt werden. Zwar wird bei diesem Zugang die „Subjekt-Objekt-Spaltung aufgehoben",[21] da Beobachter und Beobachtetes im Erkenntnisvorgang ineinander fallen.[22] Letztlich besteht aber bei diesem Verfahren die Gefahr, dass keine Welt außerhalb des Bewusstseins, auf die sich die Erkenntnis richten könnte, zurückbleibt.[23] Für die Theologie wirft dies die Frage auf, „ob und wie unter konstruktivistischem Vorzeichen die Existenz, die Wirklichkeit und Wirksamkeit Gottes gedacht werden können".[24] Der radikal-konstruktivistische Ansatz verkennt den Primat der außerhalb der menschlichen Erkenntnismöglichkeiten liegenden Wirklichkeit, der der Mensch stets ausgesetzt ist. Zwar ist es richtig, dass sich erst im Akt des Bewusstseins diese Realität zu einer vom Menschen erfassten und benennbaren formt und sie daher erst aufgrund des Bewusstseinsakts als diejenige kreiert, als die sie dem Menschen begegnet. Aber das *prae* der Wirklichkeit

---

[19] Vgl. die pointierten Einwände gegen Lorenz von H.-J. Goertz, Unsichere Geschichte. Zur Theorie historischer Referentialität, Stuttgart 2001, 36–37.

[20] Eine Überblicksdarstellung zu konstruktivistischen Ansätzen liefert A. Klein, Konstruktivistische Diskurse und ihre philosophische und theologische Relevanz, in: A. Klein/U. H. J. Körtner (Hg.), Die Wirklichkeit als Interpretationskonstrukt? Herausforderungen konstruktivistischer Ansätze für die Theologie, Neukirchen-Vluyn 2011, 13–43.

[21] Goertz, Unsichere Geschichte, 87.

[22] Goertz, Unsichere Geschichte, 88.

[23] Auch wenn es teilweise den Anschein haben mag, als unterscheide Watzlawick nicht eindeutig zwischen „Wirklichkeit" und „Wirklichkeitsanschauung", ist seinen programmatischen Formulierungen, dass „alle [Wirklichkeitsauffassungen] das Ergebnis von Kommunikation und nicht der Widerschein ewiger, objektiver Wahrheiten sind" und „die sogenannte Wirklichkeit das Ergebnis von Kommunikation ist", zu entnehmen, dass ihm die Differenz sehr wohl vor Augen steht und er nicht den Absolutheitsanspruch erhebt, alle Wirklichkeit als solche beruhe auf Konstruktion. P. Watzlawick, Wie wirklich ist die Wirklichkeit? Wahn – Täuschung – Verstehen, München/Zürich [17]1989, 7.

[24] U. H. J. Körtner, Einleitung. Zur Gesprächslage zwischen Theologie und Konstruktivismus, in: A. Klein/U. H. J. Körtner (Hg.), Die Wirklichkeit als Interpretationskonstrukt? Herausforderungen konstruktivistischer Ansätze für die Theologie, Neukirchen-Vluyn 2011, 1–11, 1.

vor aller Beziehungsaufnahme durch den erkennenden Geist wird im Rahmen einer konstruktivistischen Verabsolutierung untergewichtet.[25]

Die Wahrheit dieses Zugriffs besteht hingegen in der Einsicht, dass es für die historische Forschung kein Datum, kein Faktum und kein Geschichtsbild außerhalb des Bewusstseins gibt. „Die Geschichte ist vom Historiker nicht zu trennen."[26] Sie kann nicht länger von einer Zweiheit zwischen Erkenntnissubjekt und Erkenntnisobjekt ausgehen und im Sinne eines naiven Realismus annehmen, das erkennende Subjekt sei in der Lage, ein erkenntnisunabhängiges Objekt unmittelbar abzubilden.[27] Jede geschichtliche Erkenntnis ist an sprachliche Vermittlung gebunden.[28] Die Sprache ist das Medium, das zwischen dem erkennenden Bewusstsein und der von ihm erfassten Wirklichkeit steht. Insofern begegnet die Geschichte immer nur als sprachlich vermittelte, und das heißt im weitesten Sinn als erzählte. Dies gilt selbst für steinerne archäologische Relikte. Sie sprechen nicht für sich selbst; sondern erst, indem ein steinerner Rest oder das Stück einer Tonscherbe aus einem Haufen von Schutt, Stein und Staub aufgehoben und mit

---

[25] Nach PH. STOELLGER, Interpretation zwischen Wirklichkeit und Konstruktion. Konstrukt*ionistische* Interpretationstheorie als Antwort auf konstruktivistische Übertreibungen, in: A. Klein/U. H. J. Körtner (Hg.), Die Wirklichkeit als Interpretationskonstrukt? Herausforderungen konstruktivistischer Ansätze für die Theologie, Neukirchen-Vluyn 2011, 93–128, 94, ist der einseitig überzogene konstruktivistische Zugang zur Wirklichkeit als „eine übersteuerte Reaktion" gegenüber einem eigentlich bereits überholten „metaphysischen Realismus" zu begreifen.

[26] H.-I. MARROU, Über die historische Erkenntnis, Freiburg/München 1973, 76. Vgl. E. REINMUTH, Neutestamentliche Historik. Probleme und Perspektiven, ThLZ.F 8, Leipzig 2003, 41: „Am Anfang des historischen Fragens steht ... nicht ‚die' Vergangenheit, sondern die durch sie jeder Gegenwart aufgegebene Fraglichkeit."

[27] GOERTZ, Unsichere Geschichte, 8. Geschichtsforschung ist „keine Wissenschaft im referentiellen Sinn von Empirie ..., denn sie bezieht sich nicht auf Gegebenes außerhalb unseres Bewußtseins." Ebd. 97. – Darin liegt eine strukturelle Analogie zur wissenschaftlichen Theologie. Deren „Gegenstand" – „Gott im Glauben" – ist ebenfalls nur in versprachlichter Form als durch das menschliche Bewusstsein gegangener Inhalt auszusagen.

[28] „Die so genannte historische W.(irklichkeit; P.-G. K.) ist nicht ein *factum*, sondern ein *fictum*, sie entsteht in der Beziehung, die Historiker mit der Sprache zum Material des Vergangenen eingehen." H.-J. GOERTZ, Art. Wirklichkeit, in: S. Jordan (Hg.), Lexikon Geschichtswissenschaft. Hundert Grundbegriffe, Stuttgart 2007, 328–331, 329. Nach REINMUTH, Historik, 41, ist die Vergangenheit „sprachlich verfasst" und könne daher „nur in sprachlicher Repräsentation vergegenwärtigt werden". Demgegenüber ist zu präzisieren: Die *Geschichte*, die sich in der Vergangenheit ereignet hat, ist sprachlich verfasst und vermittelt; die Vergangenheit ist die unwiederbringlich verstrichene Zeit und kann nicht vergegenwärtigt werden. Entsprechend wäre exakter zu formulieren, dass die historische Forschung nicht nach der „Bedeutung" resp. „den Wirkungen des Vergangenen" (so REINMUTH, Hermeneutik, 28), sondern nach der Geschichte fragt.

den Überresten einer Mauer, einer Säule, einem Torbogen, einer Vase in Verbindung gebracht und in eine Erzählung eingebunden wird, wird das Fundstück Teil der Geschichte.[29]

„Historisch" ist White zufolge nicht die Auflistung vergangener Tatbestände und Ereignisse, sondern deren sprachlich-literarische Verarbeitung in erzählenden Zusammenhängen. Das Gewesene entsteht überhaupt erst im Zuge der Interpretation.[30] In Konkurrenz zueinander treten „Deutungen eines Geschehens, das nur *als* interpretiertes überhaupt zugänglich ist".[31] Der Gesichtspunkt der historischen Referentialität wird damit von der Objektebene in der Vergangenheit auf die Ebene des gegenwärtigen Diskurses über Geschichte verlagert.

Historische Analyse erschöpft sich naturgemäß nicht im Nacherzählen von bereits zuvor Erzähltem. Sie setzt die reflektierende Distanz zum Gegenstand, den „zweiten Beobachterstandpunkt", mit dem sich Historiker und Historikerinnen „beim ‚Beobachten beobachten'",[32] voraus. Aber sie bezieht sich nicht auf die Vergangenheit an sich, sondern auf die Geschichte und d.h. auf das narrativ Aufbereitete, das der Untersuchung bereits zuvor liegt.[33] Die simplifizierende Unterscheidung, derzufolge der Historiker die Geschichten, auf die er sich beziehe, „finde", während der Erzähler oder Romancier sie „*er*finde", verbietet sich angesichts der Tatsache, dass beide ihre Mitteilungen über die Ereignisse im Rahmen von Erzählungen einordnen, präsentieren und bewerten.[34] Gleichwohl räumt White in seinen Ausführungen über „Die Fiktionen der Darstellung des Faktischen" gleich zu Beginn ein, dass er die aristotelische Unterscheidung zwischen historischen und fiktionalen Ereignissen akzeptiert. Demnach haben Historiker „es mit Ereignissen zu tun, die einem bestimmten raum-zeitlichen Ort zugewiesen werden können, Ereignissen, die im Prinzip beobachtbar sind oder wahrnehmbar sind (oder waren), während Autoren fiktionaler Literatur – Dichter, Romanautoren, Dramatiker – es sowohl mit jener Art als auch mit vorgestellten, hypothetischen oder erfundenen Ereignissen zu tun haben." White freilich interessiert primär die „Frage, inwieweit der Diskurs des His-

---

[29] „Nicht alles, was vergangen ist, ist Geschichte." Goertz, Unsichere Geschichte, 37.

[30] Vgl. Goertz, Unsichere Geschichte, 16–17.

[31] Landmesser, Geschichte als Interpretation, 147, nach dessen Darstellung allerdings „auf eine gewisse und reflektierte Vorstellung von ‚Objektivität' ... nicht verzichtet werden" (164) kann.

[32] Kolmer, Geschichtstheorien, 11.

[33] Vgl. J. Rüsen, Historische Orientierung. Über die Arbeit des Geschichtsbewusstseins, sich in der Zeit zurechtzufinden, Köln/Weimar/Wien 1994, 163.

[34] White, Metahistory, 20.

torikers und der des Autors fiktionaler Literatur sich überschneiden, Ähnlichkeiten aufweisen oder einander entsprechen."[35]

Vorgänge, die irgendwo und irgendwann stattgefunden haben (mögen), werden erst in dem Moment Teil der Geschichte, indem sie mit und vom Bewusstsein erfasst und sprachlich vermittelt bekannt gemacht werden. Gleichzeitig ist jedoch immer von einem *prae* der in der Vergangenheit geschehenen Ereignisse vor und außerhalb ihrer Aneignung wie auch von der Realität einer außersprachlichen Wirklichkeit auszugehen,[36] selbst wenn diese erst durch ihre Bewusstmachung und Versprachlichung Teil gegenwärtiger Wirklichkeitserfahrung wird. Auch die Wirklichkeit als solche geht nicht in den Zugängen auf, in denen sie sich menschlicher Erkenntnis erschließt. Vielmehr ist „Wirklichkeit ... das, woran wir uns in unserem Erkenntnisbemühen abarbeiten und woran sich unsere Konstruktionen, unsere Modelle und Theorien, bewähren" müssen.[37] Wirklichkeit ist demzufolge „ein Grenzbegriff", dem ein Maß an „Unbestimmtheit" eignet, das konstitutiv für die „Sache" selbst ist und das im Zuge der Erkenntnisbemühungen nicht erlischt.[38]

Die Sorge, dass es unter radikal konstruktivistischem Zugang in historischer Hinsicht zu einem Gegenstands- und Realitätsverlust kommt, führt F. R. Ankersmit dazu, mittels einer Unterscheidung zwischen „statements", das sind Feststellungen über Fakten, und „narrative interpretation" den der Vergangenheit angehörenden Anteil der Geschichtsschreibung stärker zu gewichten. Einerseits stellen die *statements* die notwendige Voraussetzung für die Interpretation dar, andererseits ist es jedoch die Interpretation, die

[35] H. White, Die Fiktionen der Darstellungen des Faktischen, in: Ders., Auch Klio dichtet oder Die Fiktion des Faktischen. Studien zur Tropologie des historischen Diskurses, Sprache und Geschichte Band 10, Stuttgart 1986, 145–160, Zitate 145.

[36] Daran ist gegenüber einer Tendenz im *linguistic turn* festzuhalten, die die Begegnung mit Wirklichkeit auf die Untersuchung von deren sprachlich-textlicher Vermittlung reduziert. Vgl. dazu Goertz, Unsichere Geschichte, 13.

[37] H.-P. Großhans, Wirklichkeit – ein Konstrukt? Konstruktive Reflexionen aus der Perspektive evangelischer Theologie, in: A. Klein/U. H. J. Körtner (Hg.), Die Wirklichkeit als Interpretationskonstrukt? Herausforderungen konstruktivistischer Ansätze für die Theologie, Neukirchen-Vluyn 2011, 79–91, 91. Vgl. auch J. Schröter, Historische (Re-)Konstruktion und theologische Wahrheit. Die Frage nach dem historischen Jesus im Kontext neuzeitlicher Wahrheitsbegründungen des christlichen Glaubens, in: E. Ebel/S. Vollenweider (Hg.), Wahrheit und Geschichte. Exegetische und hermeneutische Studien zu einer dialektischen Konstellation, AThANT 102, Zürich 2012, 13–33, 19 und 31.

[38] Großhans, Wirklichkeit, 90.

die Gestaltung der Fakten steuert.[39] Vergangenheits- und Gegenwartsaspekt bleiben im Rahmen dieser Zuordnung aufeinander bezogen, und die Ebene der Fakten unterliegt dem Primat des Erzählens.

H.-J. Goertz selbst fokussiert seine geschichtstheoretischen Überlegungen auf das zentrale Thema der historischen Referentialität. Der Versuch, „Vergangenheit" wiederzugewinnen, verbietet sich schon deshalb, weil die Vergangenheit unabänderlich vorbei ist. Das Thema der historischen Referentialität mit dem Hinweis auf die sog. historische Wirklichkeit und die Faktizität der Tatsachen als bearbeitet anzusehen, greift zu kurz, weil damit der kreative und konstruktive Vorgang der Formung und Aneignung bei der Herausbildung der Geschichtsdarstellung untergewichtet oder gar ausgeblendet wird.[40] „Die Rede von ‚historischer' oder ‚vergangener' W.(irklichkeit; P.-G. K.) ist äußerst problematisch. Was vergangen ist, existiert nicht mehr, ist also auch nicht wirklich."[41] Ohnehin gelte, dass „man nicht mehr sagen kann, daß etwas so oder so war, sondern dass es nur so war, wie es die Sprache auszusagen zulässt."[42] Die geläufige Auffassung, dass unter historischer Referentialität der Hinweis zu verstehen ist, „den sprachliche Zeichen in einem historischen Text auf einen Sachverhalt geben, der außer-

---

[39] F. R. Ankersmit, History and Tropology. The Rise and Fall of Metaphor, Berkeley/Los Angeles/London 1994, 37–40. Zur Darstellung vgl. Goertz, Unsichere Geschichte, 34–47; G. Häfner, Konstruktion und Referenz: Impulse aus der neueren geschichtstheoretischen Diskussion, in: K. Backhaus/G. Häfner, Historiographie und fiktionales Erzählen. Zur Konstruktivität in Geschichtstheorie und Exegese, BThSt 86, 2007, 67–96, 85–86.

[40] Vgl. Goertz, Unsichere Geschichte, 25: „Referentialität ist kein Problem der ersten, sondern der zweiten Ebene historischer Operation." Vgl. auch J. Schröter, Von der Historizität der Evangelien. Ein Beitrag zur gegenwärtigen Diskussion um den historischen Jesus, in: J. Schröter/R. Brucker (Hg.), Der historische Jesus. Tendenzen und Perspektiven der gegenwärtigen Forschung, BZNW 114, Berlin/New York 2002, 163–212, 167 Anm. 13 und 191 Anm. 74, der seine Übereinstimmung mit Goertz, Unsichere Geschichte, 37, bekundet und diesem zustimmt, dass es nicht um eine *„Rekonstruktion der Vergangenheit"*, sondern die *„Konstruktion von Geschichte"* (167) geht. Allerdings spricht Schröter im Unterschied zu Goertz dennoch wiederholt von der „Aneignung der Vergangenheit" (204) bzw. dem Vorgang, dass „wir uns die Vergangenheit aneignen" (167 Anm. 13); ähnlich ebd. 191.

[41] Goertz, Wirklichkeit, 330. Die Forderung von Häfner, Konstruktion, 89: „Wenn Geschichtsschreibung einen Sinn haben soll, dann muss sie sich auf eine außersprachliche vergangene Wirklichkeit beziehen", ist daher als eine *petitio principii* anzusehen.

[42] Goertz, Unsichere Geschichte, 29. Nach E. Reinmuth, Neutestamentliche Historik. Probleme und Perspektiven, ThLZ.F 8, Leipzig 2003, 41, ist die Vergangenheit im Unterschied zur „Realität einstiger Gegenwart … sprachlich verfasst". Daher kann sie „nur in sprachlicher Repräsentation vergegenwärtigt werden".

halb des Textes vorhanden" ist,[43] erweist sich daher als unterbestimmt. Foucaults Diskursanalyse reiche in dieser Hinsicht weiter, indem sie historische Argumente nicht auf eine vorgegebene, sondern eine in Entstehung und Entwicklung befindliche Wirklichkeit beziehe und „die Referentialität in der Veränderlichkeit bestehender Realität" verankere.[44] Die der Vergangenheit zugewandte historische Arbeit wird unter Einbezug und permanenter Reflexion ihrer von der Gegenwart bestimmten und im Wandel befindlichen Bedingungen vorgenommen.

Der terminologische Wandel vom „historischen Referenten", der traditionellerweise für die historische Wirklichkeit in der Vergangenheit stand, zu „historischer Referentialität" dokumentiert, dass es in der Sache um das Verhältnis zur Vergangenheit geht, das in historiographischen Texten seinen Niederschlag gefunden hat. Die Referentialität bezieht sich auf den Verarbeitungsakt, in dem sich Geschichte äußert.[45] Diese Verarbeitung ist in hohem Maße im Modus der Erzählung erfolgt.[46] Die Beziehungsaufnahme mit der Vergangenheit auf dem Wege historischer Forschung hat daher ihren Blick auf die Erzählungen über die geschehenen Ereignisse zu richten.[47] Das erzählte Bild, das je und je von Geschehnissen und Ereignissen in der Vergangenheit entworfen wurde, ist ihr Untersuchungsgegenstand.[48] Ein solcher Zugang schließt den gegenwärtigen Standort und Ausgangspunkt

---

[43] GOERTZ, Unsichere Geschichte, 79.

[44] GOERTZ, Unsichere Geschichte, 80.

[45] Vgl. GOERTZ, Unsichere Geschichte, 115. Im Zuge der Realismuskritik wurde „(a)us dem Gegenstand, dem der Historiker gegenüberstand, ... eine Beziehung, die der Historiker zur Vergangenheit sucht. Fortan werden alle Aussagen über Vergangenes zu Aussagen über die Beziehung zu Vergangenem, aber nicht über die Vergangenheit selbst. ... Geschichte ist der Versuch, ein Verhältnis zur Vergangenheit herzustellen (*historia rerum gestarum*), nicht die Vergangenheit als solche (*res gestae*)." Ebd. 118.

[46] Auch LAHN/MEISTER, Erzähltextanalyse, 217, verweisen unter Hinweis auf White auf die Beziehung zwischen Geschichtsschreibung und Erzählung: „Auch die Historiographie erzählt; ... . Die Geschichtsschreibung ist insofern der literarischen Erzählung eng verwandt". Zu „Geschichte als Erzählung" vgl. auch S. JORDAN, Theorien und Methoden der Geschichtswissenschaft, Paderborn 2009, 17–19.

[47] „Historische W.(irklichkeit; P.-G. K.) kann keinen Zustand unabhängig von seinem Erkanntwerden in der Gegenwart meinen, sondern allenfalls eine Beziehung, die in der Veränderlichkeit der Gegenwart zur Vergangenheit gesucht wird und die Zukunft zu eröffnen verspricht." GOERTZ, Wirklichkeit, 330.

[48] Im Blick auf die neutestamentlichen Texte bedeutet dies, dass „die Referenz des Textes ... keineswegs das scheinbar historische Ereignis (ist), sondern die narrativ realisierte, also erzählte Bedeutung Jesu Christi". REINMUTH, Diskurse, 89–90. Für die Theologie des Neuen Testaments ergibt sich daraus die Folgerung, „nicht die dargestellten Ereignisse, Reden oder Handlungen als die facta vorauszusetzen, zu denen zunächst vorzudringen sei und die dann zu interpretieren wären, sondern die Texte als Darstel-

der Frage- und Blickrichtung historischer Arbeit ausdrücklich in die Untersuchung ein. Unabhängig vom erkennenden gegenwärtigen Subjekt ist keine Gegenstandskonstitution möglich. Gleichzeitig sieht sich die historische Forschung in Gestalt der Geschichte Vorgaben gegenüber,[49] die ihr aus der Vergangenheit gegenübertreten. Deren Gestalt und Gestaltung bleibt das Resultat des schöpferischen Bewusstseins, das im Rahmen seiner Möglichkeiten die „Objektkonstitution" leistet. Konkret formt die Erzählung als zentrale Vermittlungsinstanz von Geschichte den historischen Gegenstand in seinem So-Sein. Sie schafft auf diese Weise die Grundlage einer gegenwartsbezogenen intersubjektiven Verständigung darüber.

5.3 Die Evangelienschriften in erzähltheoretischer Perspektive

Im Blick auf das in Erzählungen zum Ausdruck kommende Wirklichkeitsverständnis geht es nicht um die Alternative, ob ein Sachverhalt real oder fiktiv ist, sondern ob es sich um eine faktuale oder eine fiktionale Erzählung handelt.[50] Zu berücksichtigen ist auch die Differenz zwischen Fiktion und Phantasie bzw. „zwischen dem Fiktiven und dem Imaginären".[51] In der Fiktion erhält die unstete Phantasie eine Steuerung. Ihre Instabilität wird in eine Form überführt, in der sie zum Gegenstand der Auseinandersetzung werden kann. Ein Kriterium für das Vorliegen einer faktualen Erzählung besteht drin, dass sich nach dem Selbstverständnis einer solchen Erzählung das Erzählte in Übereinstimmung mit eben der außersprachlichen Faktizität befindet, auf die sich die Erzählung bezieht. Das Problem im Blick auf antike Erzählungen liegt darin, dass das, was nach antikem Selbstverständnis eine faktuale Erzählung darstellt, moderner Rationalität folgend unter

---

lungen, Argumentationen usw. in ihrer Bezogenheit auf die entsprechenden Diskurse zu würdigen" (ebd. 90).

[49] Dunkel, Christlicher Glaube, 113, unterstreicht die Bedeutung der Geschichte als eines Gegenüber zu der Person, die sie zu erkennen versucht: „Geschichtswissenschaft hat es immer auch mit Geschichte als eines vom erkennenden Subjekt zu unterscheidenden Objekt zu tun, an welchem die Wahrheitsfindung ihres Erkenntnisprozesses ihren Maßstab hat."

[50] Grundlegend dazu: G. Genette, Fiktionale Erzählung, faktuale Erzählung, in: Ders., Fiktion und Diktion, aus dem Französischen von H. Jatho, München 1992, 65–94.

[51] I. Berensmeyer, Methoden hermeneutischer und neohermeneutischer Ansätze, in: V. Nünning/A. Nünning (Hg.), Methoden der literatur- und kulturwissenschaftlichen Textanalyse. Ansätze – Grundlagen – Modellanalysen, Stuttgart/Weimar 2010, 29–50, 39.

Umständen gerade eine fiktionale Erzählung ist. Dies gilt insbesondere hinsichtlich der mythisch durchformten Erzählungen der Evangelienüberlieferung wie etwa der Wundererzählungen. Inwieweit das den Texten inhärente Selbstverständnis von Faktualität auch für den Zugang des modernen Auslegers resp. der Auslegerin gelten kann, hängt davon ab, ob das Erzählinventar auch durch Belege außerhalb und jenseits der Erzählung gesichert ist.

Demgegenüber ist die fiktionale Erzählung dadurch charakterisiert, dass die Welt, von der sie erzählt, ausschließlich im Rahmen des Erzählten existiert. Diese auf den ersten Blick elegante Aufteilung führt jedoch gleichfalls in erkenntnistheoretische Grauzonen. Ihr liegt die idealtypische Ausgangssituation zugrunde, die Aristoteles in seiner Differenzierung zwischen Geschichtsschreibern und Dichtern vorgezeichnet hatte. In seiner auf eine Spaltung der Wirklichkeitsbereiche zulaufenden Unterscheidung, wonach die Geschichtsschreiber formulieren, was tatsächlich geschehen ist, und die Dichter, was geschehen sein könnte, bricht die Differenz zwischen Fakten und Fiktionen an den erzählten Inhalten, dem „Was" des Erzählten, auf. Der als Brücke zwischen den beiden Bereichen eingeführte Begriff der „Wirklichkeitserzählungen", der „Erzählungen mit unmittelbarem Bezug auf die konkrete außersprachliche Realität"[52] bezeichnet, bietet nur vordergründig eine Lösung des Problems, da er ebenfalls das Dilemma der Dualität in sich trägt. Denn zwar mögen die „Wirklichkeitserzählungen" über das Erzählte hinaus in Übereinstimmung mit auch anderweitig bekannten Tatsachen stehen. Diese sind jedoch gleichermaßen an erkennendes Bewusstsein gebunden und begegnen daher prinzipiell ebenfalls im Medium der Erzählung.[53] Wiederum kann sich auch die fiktionale Erzählung nahe an

[52] C. Klein/M. Martínez, Wirklichkeitserzählungen. Felder, Formen und Funktionen nicht-literarischen Erzählens, in: Dies. (Hg.), Wirklichkeitserzählungen. Felder, Formen und Funktionen nicht-literarischen Erzählens, Stuttgart/Weimar 2009, 1–13, 1. Klein/Martínez, Wirklichkeitserzählungen, 1–7, wollen mit dem Begriff „Wirklichkeitserzählungen" den zwischen faktualen und fiktionalen Erzählungen bestehenden Graben überwinden. Der Unterschied zwischen beiden Erzählweisen lasse sich daran festmachen, dass faktuale Erzählungen „Teil einer realen Kommunikation" sind und aus Sätzen bestehen, „die vom Leser als wahrheitsheischende Behauptungen des Autors verstanden werden". Fiktionale Texte verfügen darüber hinaus über eine zweite imaginäre Kommunikationsebene. „Anders als der reale Sprecher einer faktualen Rede ist das fiktive Aussagesubjekt der fiktionalen Rede nicht an die ‚natürlichen' Beschränkungen menschlicher Rede gebunden und kann deshalb z.B. ungestraft die Position eines allwissenden Erzählers einnehmen." Ebd. 2.

[53] Klein/Martínez, Wirklichkeitserzählungen, 1, versuchen der Schwierigkeit zu begegnen, indem sie darauf verweisen, dass Wirklichkeitserzählungen sowohl einen konstruktiven als auch einen referentiellen Aspekt besitzen. Diese additive Zuschrei-

Tatsachen entlang bewegen, die ebenfalls auf andere Weise belegt sind.[54] Dies gilt in besonderer Weise für den historischen Roman. Dessen Gegenstand kann eine Persönlichkeit der Geschichte sein, deren Charakter und Verhalten im Einzelnen durch die Imagination des Erzählers konstruiert werden. Die historische Erzählung kann aber auch von einer erfundenen Figur handeln, die vom Erzähler in ein von der Geschichtswissenschaft gut ausgeleuchtetes historisches *Setting* gesetzt wurde. Das bedeutet: Eine strikte und vollständige Trennung zwischen faktualer und fiktionaler Erzählung ist nicht möglich.[55] Benennbar sind Tendenzen, inwieweit eine Erzählung stärker in die eine oder die andere Richtung weist.

Bei der Interpretation der Evangelienschriften als Erzählungen sind Grundsätze zu berücksichtigen, die in der Erzähltheorie detailliert ausgearbeitet worden sind. Dabei ist es nicht das Ziel, die erzähltheoretischen Prämissen möglichst vollständig zu übernehmen und exakt auf die Evangelien anzuwenden. Lediglich einige Grundregeln, die im Zuge der Evangelieninterpretation zur Anwendung gebracht werden sollten, werden hier genannt,[56] da ihre Außerachtlassung in der historisch-philologisch orientierten Exegese zu Fehleinschätzungen mit weitreichenden Konsequenzen geführt hat.

Die Untersuchung des Erzählcharakters der Evangelien nimmt grundsätzlich das „Was" und das „Wie" der Darstellung in ihrer Bezogenheit aufeinander wahr. Die erzählten Inhalte begegnen in Gestalt eines Arrangements. Sie werden von einem Erzähler präsentiert, der mit seiner Inszenie-

---

bung reicht jedoch nicht an die Komplexität des Referentialitätsbegriffs heran und entspricht nicht der Differenziertheit der Debatte darüber. Vgl. o. Kap. 5.2 Gegenstandskonstitution und historische Referentialität.

[54] Klein/Martínez, Wirklichkeitserzählungen, 7, positionieren sich damit in der Mitte zwischen einem historischen Realismus und einem von ihnen so bezeichneten „Panfiktionalismus". Sie verwenden den Terminus abgrenzend namentlich gegenüber A. Assmanns Aussage, derzufolge die Unterscheidung zwischen Fiktion und Realität als ein verabschiedetes Paradigma anzusehen und gerade die Indifferenz zwischen beidem „das Datum (ist), von dem heute ausgegangen werden" müsse. Assmann, Fiktion als Differenz, 240, zitiert nach Klein/Martínez, Wirklichkeitserzählungen, 7. Vgl. auch Assmann, Legitimität der Fiktion, 7–17 und 130–155.

[55] Vgl. Genette, Fiktionale Erzählung, 94: Wenn „die narratologischen Formen die Grenze zwischen Fiktion und Nicht-Fiktion unbefangen überschreiten, ist es für die Narratologie ... gefordert, ihrem Beispiel zu folgen."

[56] Zum Verfahren vgl. im Einzelnen die Darstellungen von J. Vogt, Aspekte erzählender Prosa. Eine Einführung in Erzähltechnik und Romantheorie, Paderborn [10]2008 ([1]1972), Erstes bis viertes Kapitel, 13–194; M. Martinez/M. Scheffel, Einführung in die Erzähltheorie, München 1999, 9–159; M. Fludernik, Erzähltheorie. Eine Einführung, Darmstadt [2]2008, 9–123; Lahn/Meister, Erzähltextanalyse, 1–15.35–256.

rung die Wahrnehmung seiner Leserschaft lenkt. Die *story*, die Ereignisfolge der erzählten Inhalte, und der *discourse*, die Darstellungsmittel, sind parallel zu betrachten und in diesem Sinne voneinander zu unterscheiden.[57]

Der Erzähler ist nicht gleichzusetzen mit dem historischen Autor, der einstmals seine Schrift verfasst und herausgegeben hat. Vielmehr ist der Erzähler eine Instanz, die in das Werk eingegangen ist. Seine Gestalt ist aus seinem Verhältnis zur erzählten Welt und den in ihr agierenden Figuren zu erheben. Er begegnet in der Auswahl seiner Stoffe, in der Art, wie er auf das erzählte Geschehen blickt, in den Wertungen, die er direkt äußert oder indirekt auf dem Weg der Figurenrede aussprechen lässt. Der Erzähler kann nur aus dem Werk erschlossen und zu einem Bild zusammengesetzt werden. Ob oder in welcher Weise darin der historische Autor ansichtig wird, bleibt unbestimmt. In jedem Fall lässt ein literarisches Erzeugnis stets nur einen winzigen Ausschnitt aus der Totalität einer lebenden Person, selbst wenn diese gut bekannt ist, erkennen.

Von herausgehobener Bedeutung für die Interpretation ist die Beachtung der Perspektivierung des erzählten Geschehens. Zu beachten ist, aus welchem Blickwinkel erzählt wird und wie weit dieser Blick reicht bzw. wo er seine Grenze findet. Besondere Aufmerksamkeit gilt der Verhältnisbestimmung zwischen Figurenrede und Erzählerstimme. Die traditionelle historisch-kritische Exegese neigte dazu, hier in der Weise „Kritik“ zu üben, dass sie die Figurenrede von der Erzählerstimme trennte und beide unterschiedlichen Zeitebenen zuwies. Dabei galt die Figurenrede in der Regel als älter. Die Erzählerstimme habe sie aufgenommen, möglicherweise gar zitiert. Über die Figurenrede schien der historisch-kritischen Exegese am ehesten der Zugang in eine zeitlich frühe Phase des Christentums möglich. Auf dieser Vorentscheidung beruht nach wie vor die besondere Hochschätzung der

---

[57] Die Terminologie bei der Unterscheidung dieser beiden Ebenen ist relativ breit. Eine schematische Übersicht geben Martinez/Scheffel, Erzähltheorie, 26. Die Terminologie *story – discourse* geht auf S. Chatman, Story and Discourse: Narrative Structure in Fiction and Film, Ithaca/London 1978, zurück, zu dem deutschsprachigen Begriffspaar „Ereignisfolge“ und „Darstellungsmittel“ vgl. Klumbies, Mythos, 101. G. Genette, Die Erzählung, Paderborn ³2010, 12, differenziert zwischen dem „narrativen Inhalt“, der „*Geschichte*“, dem „narrativen Text oder Diskurs“, der „*Erzählung* im eigentlichen Sinne“, und der „*Narration*“, „dem produzierenden narrativen Akt“ (Kursivierungen von Genette).

Lahn/Meister, Erzähltextanalyse, 59–60, insistieren darauf, den Erzähler und damit das „Wer“ der Erzählung als eigenständige dritte Dimension des Erzähltextes zu installieren. Sie ziehen im Rahmen dieser Strukturierung einzelne Elemente, die ansonsten der Gestaltung des „Wie“ der Erzählung zugewiesen werden, zu den Parametern des Erzählers hinüber.

Worte im Munde Jesu. Die Logien schienen am ehesten authentisches Sprachmaterial aus der Lebensgeschichte Jesu aufzubewahren.[58] Dass im Rahmen erzähltheoretischer Voraussetzungen die Figurenrede neben die Erzählerstimme als eine andere Weise der Leserlenkung in den Blick gerät, macht eine veränderte Verhältnisbestimmung beider Elemente nötig. Wenn nämlich Figurenrede[59] wie Erzählerstimme gleichermaßen die Erzählabsichten steuern, wird die traditionelle formgeschichtliche Pointierung obsolet,[60] derzufolge in den Apophthegmen, in denen Jesus als Hauptperson agiert, sein Wort unmittelbar den Skopus der Szene bildet. Damit wird ein Zugang zu alternativen Interpretationen frei, die den Höhepunkt der Darstellung eher in den Schlussversen der Jesuserzählungen suchen und damit in methodischer Hinsicht einem Ansatz folgen, der als „Gesetz des ‚Achtergewichts'"[61] für die Gleichnisse, also Erzählungen im Munde Jesu, breite Anerkennung gefunden hat.

Des Weiteren gilt es das Verhältnis zwischen erzählter Zeit und Erzählzeit zu beachten. Dabei geht es um die Dauer, die die Ereignisse in der erzählten Welt in Anspruch nehmen in Relation zu der – in Seiten bzw. in den Evangelien in Zeilen zu messenden – Zeit, die der Erzähler der Darstellung dieser Geschehnisse einräumt. Dies wird beispielsweise unmittelbar relevant angesichts des Umfangs, den eine einzelne Tat Jesu wie etwa die Heilung des einen Gelähmten und der vielen Erstarrten in Mk 2,1–12[62] oder die umfängliche Gleichnisrede Jesu in Mk 4,1–34 in Anspruch nehmen. Demgegenüber umfasst die summarische Darstellung einer Vielzahl von Hilfeleistungen, die Jesus vollbringt, in Mk 1,32–34 nur drei Verse.

Von grundsätzlicher Bedeutung ist auch die Unterscheidung zwischen der erzählten Welt, von der die Erzählung handelt, und der Erzählwelt, aus der die Erzählung selbst stammt. Die Erzählwerke der synoptischen Evangelien entstammen den 70er bis 90er Jahren des ersten Jahrhunderts. Sie erzählen inhaltlich von der Welt der ersten drei Jahrzehnte des Jahrhun-

---

[58] So erneut zur Grundlage der Darstellung gemacht von E. Rau, Perspektiven des Lebens Jesu. Plädoyer für die Anknüpfung an eine schwierige Forschungstradition, hg. und erweitert von S. Petersen, BWANT 203, Stuttgart 2013, 26 und 239–257.

[59] Zur „nachgeahmte(n)" resp. „fiktiv berichtete(n) Rede" (109) im Zusammenhang der „Erzählung von Worten" (108) vgl. Genette, Erzählung, 108–111.

[60] Für P. Ricœur, Zeit und Erzählung, Band II: Zeit und literarische Erzählung, München 1989, 150, ist der Erzähltext geradezu die „Rede eines Erzählers, der berichtet, was seine Figuren sagen". Zur Sache vgl. Martinez/Scheffel, Erzähltheorie, 51.

[61] So die Formulierung bei Bultmann, Geschichte, 207; vgl. auch J. Jeremias, Die Gleichnisse Jesu, Göttingen [10]1984, 185.

[62] Vgl. dazu im Einzelnen Klumbies, Heilung eines Gelähmten, 235–244.

derts, d. h. sie entwerfen aus dem Abstand von vierzig und mehr Jahren ein Bild dieser frühen Epoche.

Die Jesusdarstellungen der neutestamentlichen Evangelien liefern deutlich zu unterscheidende, eigenkonturierte Jesusbilder. Eine neutrale Außenperspektive jenseits dieser vier von Tendenzen geprägten Präsentationen der Geschichte Jesu, die als Maßstab für den sog. historischen Wert des Erzählten dienen könnte, existiert nicht. Das Forschen nach einem „historischen" Jesus hinter den vier vorliegenden literarischen Produkten, der den Erzählungen zeitlich vorgelagert wäre, gleicht der Suche nach dem fünften Evangelium. Nach wie vor sind es vornehmlich apologetische Motive, die solche Bemühungen steuern. Die Überzeugung, dass den mit dem Anfang verbundenen Inhalten und der Kontinuität der Folgeprozesse normative Bedeutung für die Gegenwart zukommt, ist dabei erkenntnisleitend. Faktisch kann die Suche nach dem historischen Jesus jedoch nur einen Jesus präsentieren, der auf der Grundlage der vorhandenen Evangelienschriften sowie gegebenenfalls weiterer außerneutestamentlicher Literatur den vorhandenen Jesusbildern die Jesus-Erzählung eines zeitgenössischen Exegeten oder einer Exegetin hinzufügt. Die Geschichte der Leben-Jesu-Forschung zeigt im Rückblick, wie Subjektivismen und zeitgeschichtliche Einflüsse historische Werke prägen, die hinsichtlich der Darstellung des vergangenen Geschehens Authentizität suggerieren, faktisch jedoch eine zeitgebundene Nacherzählung darstellen.

Neben der geschichts- wie erzähltheoretisch grundgelegten Überzeugung, dass zwischen historischer Darstellung und erzählerischer Präsentation kein kategorialer Unterschied besteht, sondern eine graduell-nuancierte Differenz, ist ein ästhetisch-moralisches Argument hinzuzufügen: Der Versuch, den theologischen Erzählwerken nach Markus, Matthäus, Lukas und mit den entsprechenden Einschränkungen Johannes historische Informationen über die Lebensphase der historischen Person Jesus abzuringen, ist auch deshalb inadäquat, weil die Evangelien selbst Glaubensschriften darstellen. Sie bilden geistliche Literatur, die den Glauben christlicher Gemeinden der siebziger bis neunziger Jahre des 1. Jahrhunderts bekundet.[63] Darin präsentieren Christen in der Rückschau und auf der Grundlage ihres

[63] Auf die Bedeutung der „Erzählgemeinschaft" verweist I. Müllner, Handwerkszeug der Herren? Narrative Analyse aus feministischer Sicht, in: E. S. Gerstenberger/U. Schoenborn (Hg.), Hermeneutik – sozialgeschichtlich. Kontextualität in den Bibelwissenschaften aus der Sicht (latein)amerikanischer und europäischer Exegetinnen und Exegeten, Exegese in unserer Zeit, Kontextuelle Bibelinterpretationen Band 1, Münster 1999, 133–147, 136.

zu dieser Zeit bereits christologisch weit entwickelten Glaubens eine Jesusfigur in der Welt der Endzwanziger Jahre des 1. Jahrhunderts, so wie sich ihnen diese in der Retrospektive darstellt.[64] Sie fundieren auf diese Weise ihre gegenwärtigen theologischen Überzeugungen, die sie in den Jahrzehnten nach der Hinrichtung Jesu anknüpfend an das Bekenntnis seiner Auferweckung durch Gott sukzessive entwickelt haben. Die Evangelienschriften erzählen die Jesusgeschichte aus Glauben mit der Intention, ihre Leserschaft in die durch den erzählten Jesus eröffnete Gottesbeziehung hineinzuführen. Sie verstehen sich selbst mehr als Werbebotschaften, die auf die Glaubenseinstellung und Lebenshaltung ihrer Adressaten zielen, denn als Archive, die Informationen über die historische Phase des Wirkens Jesu aufbewahren. Ihr Verständnis von der „Tatsächlichkeit" des Erzählten schließt den Glaubensbezug zu dem Protagonisten der Erzählungen gerade mit ein.

Der Bezug auf eine außertextliche Realität ist unter diesem Zugang gleichwohl keineswegs preisgegeben.[65] Denn in der Wahrnehmung der theologischen Überzeugungen, in den Werthaltungen, die über die in den Erzählungen handelnden Person, insbesondere Jesus, und über die Erzählerperspektive vermittelt werden, kommen die weltbildlichen wie die normativen Überzeugungen der christlichen Gemeinden der Zeit nach 70 n. Chr. zum Ausdruck.[66] Die Jesuserzählungen der Evangelien dokumentieren die theologischen, christologischen und soteriologischen Auffassungen von Gemeinden, die sich der Ursprünge ihrer gegenwärtigen Überzeugungen mittels vier unterschiedlich profilierter Erzählungen über die Lebensgeschichte Jesu vergewissern.

Ein gesondertes Problem stellt die Frage dar, wo bei aller Nähe bis hin zur Koinzidenz zwischen narratologischer und exegetischer Analyse die Grenze zwischen einer literaturwissenschaftlichen und einer theologischen Bearbeitung der neutestamentlichen Texte verläuft. Sofern die neutestamentlichen Texte als Produkte eines menschlichen Autors wahrgenommen werden, der einen Erzähler geschaffen hat, welcher das Werk in seiner vorliegenden Gestalt hervorgebracht hat, können sie spannungslos den literaturwissenschaftlichen Gepflogenheiten integriert werden.

---

[64] Vgl. T. Söding, Die Saat des Evangeliums. Vor- und nachösterliche Mission im Markusevangelium, in: C.K. Rothschild/J. Schröter (ed.), The Rise and Expansion of Christianity in the First Three Centuries of the Common Era, Tübingen 2013, 109–142, hier 123 und 138.

[65] Vgl. Müllner, Zeit, 22.

[66] Vgl. Berensmeyer, Methoden, 39, demzufolge das Reale „in der Fiktion in der Gestalt lebensweltlicher Normen, Diskurse oder Systeme … thematisiert wird.

In Differenz zum literaturwissenschaftlichen Zugang bilden die Texte in theologischer Wahrnehmung jedoch auch den Niederschlag vorangegangener Gottesbeziehung. Insofern steht unter theologischer Perspektive Gott als eigentlicher Autor hinter dem menschlichen Autor, der den Erzähler schafft, welcher für das Werk zuständig ist. Eine theologische Auslegung impliziert damit über die literaturwissenschaftliche Analyse hinaus eine Perspektive auf die Texte, die dem gegenwärtigen glaubenden Vorverständnis des Auslegers resp. der Auslegerin entstammt. Unter der Voraussetzung gegenwärtigen Glaubens bezieht eine theologische Auslegung die Gottesbeziehung, die am Ursprungsort der neutestamentlichen Texte eine Triebfeder darstellte, in ihre Darlegung ein oder konzentriert sich gar darauf. Als literarische wie auch als historische Texte gelesen, lassen sich die neutestamentlichen Schriften auch unter Absehung der Glaubensdimension als kultur- und religionsgeschichtliche Dokumente beschreiben. Aus theologischer Sicht würde damit allerdings das konstitutive Element, das zur Entstehung der frühchristlichen Schriften geführt hat, gerade ausgeblendet. Auch wenn die Generalisierung nicht in jedem Einzelfall greift, zielen die neutestamentlichen Schriften darauf, Menschen in die Gottesbeziehung hineinzuziehen, von der sie in ihrer schriftlichen Form künden. Eine theologische Auslegung legt daher unter der Voraussetzung gegenwärtigen Glaubens ihren Fokus auf den an Jesus Christus gebundenen Gottesbezug, der im Zentrum des Neuen Testaments steht.

Die Denkfigur von Gott als Autor hinter dem historischen menschlichen Autor dient nicht der Legitimation des Geschriebenen. Anders als es unter dem Vorzeichen einer Theorie der Verbalinspiration vertreten wurde, zielt sie nicht darauf ab, die Texte oder ihre Inhalte für sakrosankt zu erklären. Mit dem Verweis auf den göttlichen Autor wird vielmehr der Horizont offengehalten, vor dem die neutestamentlichen Autoren ihre Werke, d.h. ihre Erzählungen, Briefe und Lehrschreiben verfasst haben. Aus der Gottesbindung im Glauben heraus verfertigt zielen sie auf die glaubende Aneignung durch ihre – antike wie moderne – Leserschaft.

6. Narrativität und Theologie

Die Narrativität als Ausdrucksmöglichkeit von Theologie anzusehen, bedarf angesichts der Geschichte des Theologiebegriffs einer Begründung. Über weite Strecken der Theologiegeschichte galt die begriffliche Entfaltung als das entscheidende Kennzeichen für das Vorliegen von Theologie im eigentlichen Sinne.[1] Bultmann hatte daher in seiner Darstellung der „Theologie des Neuen Testaments" einzig den Entwürfen des Paulus und des Johannes den Theologiestatus zugebilligt. Im Gegensatz zu den Synoptikern verfügten nur sie über eine ausgearbeitete Begrifflichkeit; und diese sei die Voraussetzung, um überhaupt von „Theologie" sprechen zu können.

Klassischerweise gehören zwei Elemente zu den Merkmalen des christlichen Theologiebegriffs: Seine Theozentrik und die Abgrenzung von der μυθολογία. In seiner griechischen Genese stand der Theologiebegriff lange in enger inhaltlicher Verknüpfung mit der Mythologie. Das stellte im frühen Christentum eine gewisse Belastung dar, so dass „Theologie" keineswegs selbstverständlich zu einem Zentralbegriff für die Reflexion des eigenen Glaubens wurde.[2] Denn der Begriff war zunächst noch stark mit fremdreligiösen, „heidnischen" Konnotationen behaftet und daher ungeeignet für die Zusammenfassung der eigenen religiösen Aussagen.

Hinsichtlich der Begriffsentwicklung lässt sich zusammengefasst folgende Linie nachzeichnen: Seit Clemens von Alexandrien (um 200 n.Chr.) kommt es in der alexandrinischen Tradition zu einem allmählichen Umschwung von der Abwehr zu einer behutsamen Adaption des Theologiebegriffs. Clemens stellt die Theologie in einen „ausdrücklichen Gegensatz zur ‚Mythologie des Dionysos'".[3] Origenes (185/186–254 n.Chr.) treibt die

[1] Die folgenden Ausführungen geben in überarbeiteter Form Teile wieder von P.-G. Klumbies, Narrative Kreuzestheologie bei Markus und Lukas, in: C. Landmesser/A. Klein (Hg.), Kreuz und Weltbild. Interpretationen von Wirklichkeit im Horizont des Todes Jesu, Neukirchen-Vluyn 2011, 47–65, hier 47–55.

[2] Vgl. auch U.H.J. Körtner, Theologie des Wortes Gottes. Positionen – Probleme – Perspektiven, Göttingen 2001, 145.

[3] G. Ebeling, Art. Theologie I. Begriffsgeschichtlich, RGG[3] VI (1962) (Ungekürzte Studienausgabe 1986), 754–769, 756.

Christianisierung des Begriffs voran. Er aktiviert die homologische Bedeutung des Terminus im Sinne von „Gott bekennen". Bei Euseb von Cäsarea (ca. 260/265–339 n. Chr.) wird der Begriff im Vollbewusstsein des christlichen Sieges über die sog. heidnische Religiosität schließlich sprachlich akzeptiert. Θεολογία wird zur Antithese gegenüber nichtchristlicher antiker Religiosität. Das homologische Element wird fester Bestandteil des Theologiebegriffs. „Theologen" sind nunmehr an Stelle „der alten Mythendichter die Propheten des AT bzw. Paulus und bes. (wegen Joh 1,1 ff!) der Evangelist Johannes."[4] Sie bringen den „wahren Gott zur Sprache".[5] Im Zuge der trinitarischen und christologischen Streitigkeiten des 4. und 5. Jahrhunderts wird θεολογία zum Terminus der Orthodoxie und bleibt in Unterscheidung von der οἰκονομία auf die Gotteslehre beschränkt.[6]

Der Übergang von der Gotteslehre zur theologischen Wissenschaft vollzieht sich gleitend. Das Verständnis von „Theologie" im Sinne von Wissenschaft wird erst in der Scholastik herausgearbeitet. Die Theologie als „Wissenschaft vom christlichen Glauben"[7] legt unter Rückgriff auf Aristoteles Rechenschaft über die *sacra doctrina* ab. Die traditionellen Begriffe für das Ganze der theologischen Lehre – neben der *sacra doctrina* sind u. a. die Bezeichnungen *doctrina fidei* und *fidei summa* gebräuchlich – finden neben dem Begriff *theologia* als Terminus für die theologische Wissenschaft allerdings weiter Verwendung.[8] Durch die Verknüpfung des Theologiebegriffs mit den traditionellen Ausdrucksweisen für die theologische Lehre gelingt es im Hochmittelalter, ein Dilemma zu überwinden, das von der antiken θεολογία noch nicht bewältigt wurde. Die Antike hatte nämlich die Spannung zwischen einer mythischen und einer philosophischen Theologie nicht auflösen können. Der mythischen Theologie mangelte es an der Fähigkeit, Rechenschaft über ihren theologischen Grund abzulegen. Die philosophische Theologie besaß keine Möglichkeit zur homologischen Rede. Das religiöse Leben war nicht in der Lage, eine wissenschaftliche Theologie zu entwickeln, das philosophische Reden von Gott war unfähig zur Homologie.[9] Nun jedoch stellt sich die systematische Rechenschaft über den christlichen Glauben in den Dienst des homologischen Redens von Gott. In der Folge kommt es in der Partnerschaft zwischen Philosophie und Theolo-

---

[4] Ebeling, Theologie, 757.
[5] C. Schwöbel, Art. Theologie, RGG[4] VIII (2005), 255–306, 258.
[6] Ebeling, Theologie, 757.
[7] Ebeling, Theologie, 758.
[8] Ebeling, Theologie, 758.
[9] Vgl. Ebeling, Theologie, 759.

gie zur gänzlichen Ausscheidung der mythisch-kultischen Theologie.[10] An ihre Stelle tritt die christliche Verkündigung und mit ihr die Christologie.

M. Luther spitzt den Theologiebegriff auf die *theologia crucis* im Unterschied zur *theologia gloriae* zu und gibt ihm damit eine pointiert christologisch-kreuzestheologische Ausrichtung. Zudem gilt für Luther in Abgrenzung von Thomas von Aquin nicht Gott als das *subiectum* der Theologie, sondern die Beziehung Gottes zum Menschen, d.h. die Soteriologie.[11]

Nachdem in der altprotestantischen Orthodoxie Theologie und Religion noch gleichgesetzt wurden, zog der Pietismus die Religion unter der Perspektive der *praxis pietatis* vollständig in die Theologie hinein (Ph. J. Spener). Im Gegenzug stellte der Deismus die Theologie völlig in den Dienst der natürlichen Religion. Hielt der Pietismus den Glauben unter Preisgabe der wissenschaftlichen Reflexion fest, zahlte der Deismus für seine Bereitschaft zur Rechenschaft über den Glauben den Preis, die Geschichtlichkeit des Glaubens aufzugeben.[12]

Mit F.D.E. Schleiermacher wird der Glaube zum Gegenstand wissenschaftlicher Theologie. Damit wird der Glaube historisiert, die Theologie historisch. Theologie, definiert als historische Betrachtung von Theologie, historisiert sich freilich selbst und sollte dann „schicklicher wohl Religionswissenschaft genannt" werden – so schon K.G. Bretschneider. Damit verlöre sie freilich ihren Gegenstand, denn Gott kann „nicht Gegenstand historischer Wissenschaft sein".[13]

Unter den veränderten Bedingungen der Moderne erinnert G. Ebeling daran, dass die christliche Verkündigung die Wurzel der Theologie bildet. Geschichtlichkeit und Wissenschaftlichkeit als die beiden Kennzeichen von Theologie bleiben in der Rückbindung an die Verkündigung unter dem Aspekt der Homologie beieinander.[14]

Der begriffsgeschichtliche Rekurs zeigt, wie sich in einem mehr als tausend Jahre währenden Prozess ein spezifischer Theologiebegriff herauskristallisiert hat. Aus dem Abseits der Unwissenschaftlichkeit hervortretend setzt er seine mythische Substanz dem Feuer einer Philosophie aus, die bereits eine auf Platon und Aristoteles zurückgehende Mythoskritik verinner-

[10] Diese war ein Störfaktor für die traditionelle philosophische Theologie und erst recht für die christliche Verkündigung.

[11] Schwöbel, Theologie, 261.

[12] Vgl. die Darstellung von Ebeling, Theologie, 766–767. Die Grundlage für die künftige Unterscheidung zwischen Theologie und Religion legte J.J. Semler.

[13] Beide Zitate Ebeling, Theologie, 767.

[14] Ebeling, Theologie, 768.

licht hatte. Mit diesem Vorgang hielt eine philosophische Reflexion in die Theologie Einzug, als deren Konsequenz die mythisch-kultischen Implikationen der Theologie zurücktraten, um schließlich ganz aus dem Theologieverständnis auszuscheiden. Mit dem Mythos verschwand auch die Narrativität als die Ausdrucksweise mythischen Denkens aus dem Theologiebegriff. In die Lücke, die durch das Ausscheiden des Mythischen aus dem Theologiebegriff entstand, trat die Einsicht in die Geschichtlichkeit der Verkündigung und die Notwendigkeit der Homologie. Im Laufe eines kontinuierlichen Aufstiegs trat neben die traditionelle Theozentrik die Christologie.

Diese Entwicklung macht den im 20. Jahrhundert äußerst einflussreichen theologischen Ansatz Bultmanns verständlich. Obwohl Bultmann für seine profilierte Positionierung bereits die Kritik seiner Schüler erntete, ist im Rückblick festzustellen, dass Bultmann mit seinem Insistieren auf der Begrifflichkeit als dem konstitutiven Kriterium für das Vorliegen von Theologie sich selbst stringenter in den Lauf der Theologiegeschichte stellte, als dies seine Kritiker, die ihm Einseitigkeit in seiner Position vorhielten, für sich in Anspruch nehmen dürfen. Bultmann beharrte darauf, dass die Existenz einer entsprechenden Begrifflichkeit als Ausweis für das Vorliegen von „Theologie" zu gelten habe.[15] Fehle eine solche Begrifflichkeit, sei allenfalls von theologischen Motiven zu sprechen. Diese müssten freilich erst in das höhere Stadium reflektierter Begriffssprache gehoben werden.[16] Ansonsten bewege man sich auf dem subtheologischen Niveau von Glaubenszeugnissen.[17] Die Evangelisten Markus, Matthäus und Lukas als eigenständige Schriftsteller erhielten dementsprechend keinen Zutritt zu Bultmanns „Theologie des Neuen Testaments". Da ihnen die notwendige Begrifflichkeit fehle, verweigerte Bultmann ihren Werken den Theologiestatus.

An dieser Festlegung erhob sich der Widerspruch von H. Conzelmann gegen seinen Lehrer. Obwohl Conzelmanns „Grundriß der Theologie des

---

[15] „Theologische Arbeit (ist) ... begriffliche Explikation der gläubigen Existenz". R. Bultmann, Theologische Enzyklopädie, hg. v. E. Jüngel und K.W. Müller, Tübingen 1984, 163.

[16] Vgl. dazu die „Epilegomena" bei Bultmann, Theologie, 585–589.

[17] A. Lindemann, Erwägungen zum Problem einer „Theologie der synoptischen Evangelien", ZNW 77 (1986), 1–33, 4, hat auf den „Zusammenhang zwischen Bultmanns Definition von ‚Theologie' im Neuen Testament und seinem Verständnis von Theologie als Wissenschaft" aufmerksam gemacht. In der Tat ist bei Bultmann der Theologiebegriff das verbindende Element, um eine Beziehung zwischen den antiken neutestamentlichen Texten und einer der Rationalität der Aufklärung verpflichteten Auslegungstradition zu stiften.

Neuen Testaments" bei prinzipieller Übereinstimmung mit den theologischen Überzeugungen Bultmanns über weite Strecken wie eine zusammenfassende Wiedergabe von Bultmanns epochalem Werk wirkt, nimmt Conzelmann eine Ausweitung von richtungweisender Bedeutung vor. Zwischen den Abschnitt über „Das Kerygma der ältesten Gemeinden" und den umfänglichen Hauptteil über „Die Theologie des Paulus" fügt Conzelmann in Abweichung von Bultmanns Auffassung eine Passage über „Die Theologie der synoptischen Evangelien" ein. Diese ist zwar von der ersten bis zur dritten Auflage des Buches vergleichsweise kurz.[18] Aber ihr bloßes Vorhandensein war ein Zeichen, das Conzelmann gegen Bultmann setzte.

In Rechnung zu stellen ist bei Conzelmanns Widerspruch, dass er als einer der Mitbegründer der Redaktionsgeschichte ein vitales Interesse daran hatte, den Status der Evangelisten unter den neutestamentlichen Schriftstellern zu heben. Es entsprach der Überzeugung der Redaktionsgeschichtler, den Sammlern und Tradenten, als die die Evangelisten der alten Formgeschichte galten[19], mit ihrem Aufstieg zu Redaktoren auch den Status von Theologen zu verleihen. Für Conzelmann wird das Kerygma nicht nur in Begrifflichkeit, sondern auch via Geschichtserzählung adäquat weitervermittelt. Jeder der Synoptiker vertritt „eine ausgeprägte theologische Gesamtkonzeption".[20]

Laut Conzelmann habe Bultmanns Problem darin bestanden, dass er „noch beherrscht von der ursprünglichen Perspektive der Formgeschichte, die primär nach den einzelnen Traditionsstücken und deren Sinn fragte", gewesen sei. „Diese Betrachtung" habe zwar „ihr Recht, bedarf aber der Ergänzung durch die Interpretation jedes Evangeliums als eines Ganzen."[21] Die Interpretation der Evangelienschriften als Ganzer anstelle der perikopenweisen Auslegung verleiht nach Conzelmann den Synoptikern ihren Theologiestatus.[22]

---

[18] Der Abschnitt umfasst zwölfeinhalb Seiten. H. Conzelmann, Grundriß der Theologie des Neuen Testaments, München [1]1967; [2]1968; [3]1976, 160–172: § 17 Die Theologie der drei Synoptiker.

[19] Vgl. Dibelius, Formgeschichte, 2, der zwar die Verfasser der Evangelien schon als „Redaktoren" klassifizierte, sie damit allerdings „Schriftsteller(n)" unterordnete.

[20] Conzelmann, Theologie, [3]1976, 116.

[21] H. Conzelmann, Grundriß der Theologie des Neuen Testaments, 5. verbesserte Auflage, seit der 4. Auflage bearb. v. A. Lindemann, Tübingen 1992, 143.

[22] Für E. Lohse, Grundriß der neutestamentlichen Theologie, ThW 5, Stuttgart [2]1979 (ursprgl. 1974), 10, ist es im Grundsatz die philosophische Terminologie, die den Theologiebegriff kennzeichnet. Auch wenn diese im Neuen Testament nur gelegentlich Verwendung finde und die frühchristlichen Bekenntnisse das überlieferte Kerygma von

In seiner Bearbeitung des Conzelmannschen Grundrisses dehnte A. Lindemann den Passus über die Theologie der synoptischen Evangelien aus[23] und stellte ihm darüber hinaus eigene „Erwägungen zum Problem einer ‚Theologie des Neuen Testaments'" an die Seite.[24] Nach Lindemann darf man die Frage, ob bei den Synoptikern von einer Theologie zu sprechen ist, nicht durch die Festlegung auf das Vorhandensein von Begrifflichkeit einengen. Es müsse „nach weiteren Grundbedingungen für einen möglichen Theologiebegriff"[25] gefragt werden. Nimmt man Bultmanns strenge Festlegung als Maßstab, läuft dies auf eine Ermäßigung der Zulassungsbedingungen für den Eintritt in den Elitekreis der neutestamentlichen Theologen hinaus. Gegen Bultmann wendet Lindemann ein: „Theologische Aussagen können auch in Form von Erzählung und müssen nicht in Gestalt begrifflicher Explikation gemacht werden."[26] Theologie sei der „reflektierte [...] Umgang mit Glaubenstradition"[27]; und genau dieser Aufgabe unterzögen sich die Evangelisten.[28] Eine „systematische Begrifflichkeit" sei dazu „nicht unbedingt" nötig.[29] Die Behandlung theologischer Themen mit erzählerischen Mitteln müsse „keinen Mangel an theologischer Substanz bedeu-

Kreuz und Auferstehung Jesu Christi in seiner Bedeutung für die Gemeinde entfalteten, sei es „sachgemäß, die in diesen Schriften ausgeführten Gedanken als Theologie zu bezeichnen", denn die überwiegende Zahl der neutestamentlichen Schriften verfüge über eine „jeweils eigen geprägte Begrifflichkeit".

[23] Der Umfang wuchs damit auf immerhin 21 Seiten an. H. CONZELMANN, Grundriß der Theologie des Neuen Testaments, seit der 4. Auflage bearb. v. A. Lindemann, Tübingen ⁴1987; ⁵1992; ⁶1997, 142–162.

[24] Wieder abgedruckt in: A. LINDEMANN, Die Evangelien und die Apostelgeschichte. Studien zu ihrer Theologie und zu ihrer Geschichte, WUNT 241, Tübingen 2009, 316–345.

[25] LINDEMANN, Erwägungen, 10.

[26] LINDEMANN, Erwägungen, 12.

[27] LINDEMANN, Erwägungen, 13/14. EBELING, Theologie, 754, unterscheidet zwischen der „durchschnittliche(n) Wortbedeutung" im Sinne von „diszipliniert denkende Rechenschaft über die Sache des christlichen Glaubens im Ganzen" und einer „möglichst präzise(n) Begriffsbestimmung".

[28] W. SCHMITHALS, Einleitung in die drei ersten Evangelien, Berlin/New York 1985, 348–349, widerspricht der form- und redaktionsgeschichtlichen Auffassung, derzufolge der Interpretationsvorgang der Evangelisten als die zentrale „theologische Leistung" (348) zu bezeichnen sei. Die eigentliche theologische Leistung sei von den Verfassern der zugrunde liegenden Quellen erbracht worden. Kritisch dazu LINDEMANN, Erwägungen, 17.

[29] LINDEMANN, Erwägungen, 32. In dem Verfahren der kritischen Rezeption und Interpretation vorgegebener Überlieferung berührten sich die Evangelisten in methodischer Hinsicht mit Paulus (ebd.18).

ten".[30] In dieser Formulierung klingt eine Sorge an, die auf die bereits für Conzelmann angenommene Befürchtung der Redaktionsgeschichtler zurückverweist, die Erzählungen der synoptischen Evangelien könnten als theologisch defizitär bewertet werden.

Die Tendenz, die Grenzen aufzuweichen, d.h. den Synoptikern durch einen niederschwelligen Theologiebegriff den Zutritt zum Kreis der neutestamentlichen Volltheologen zu eröffnen, setzt sich in den aktuellen Entwürfen zur Theologie des Neuen Testaments fort. F. Hahn begnügt sich für seine Einstufung der synoptischen Evangelien „als theologische Entwürfe"[31] mit der lapidaren Begründung: „Die Erkenntnis, daß die Synoptiker nicht nur Sammelwerke, sondern eigenständige theologische Entwürfe sind, hat sich in der neueren Forschung durchgesetzt."[32]

Für U. Schnelle ist die Problematik des Theologiebegriffs in seiner „Theologie des Neuen Testaments" kaum ein Thema. Zwar nehmen die synoptischen Evangelien bei Schnelle breiten Raum ein, aber der Begriff „Theologie" taucht so gut wie nicht auf, selbst das beiläufig gebrauchte Adjektiv „theologisch" ist selten.[33] Die Sache selbst löst Schnelle durch die Bestimmung der „Neutestamentliche(n) Theologie als Sinnbildung" ab.[34] Die Aufgabe der Theologie des Neuen Testaments bestehe darin, die „Sinnbildungsleistungen" der neutestamentlichen Autoren „in ihren theologischen, literarischen und religionsgeschichtlichen Dimensionen darzustellen".[35] Die faktische Substitution der theologischen durch die sinnbildungsleistende Arbeit mündet in die Nivellierung der im Neuen Testament versammelten Schriften. An der Sinnbildung sind in irgendeiner Weise alle beteiligt.

---

[30] Lindemann, Erwägungen, 32.

[31] Hahn, Theologie, Band I, 485.

[32] Hahn, Theologie, Band I, 486. Auch die These von C. Rose, Theologie als Erzählung im Markusevangelium. Eine narratologisch-rezeptionsästhetische Untersuchung zu Mk 1,1–15, WUNT II/236, Tübingen 2007, 254: „Die mk Theologie ist ‚Theologie als Erzählung'", bleibt Postulat. Roses Begründung: Die „Theologie des MkEv wird formuliert in dem Erzählen von Gottes Sohn" (ebd. 254), führt den Vorgang des Erzählens und den Theologiebegriff zusammen, ohne die inhärente Spannung zwischen beiden zu berücksichtigen.

[33] So etwa in der Formulierung „eigene theologische Konzeptionen" in den Überlegungen zu „Strukturen von Erzählungen" unter der Überschrift „Sinn durch Erzählen", Schnelle, Theologie, 347–349. Im Eingangsabschnitt zum Markusteil ist von den „theologischen Einsichten" des Markus die Rede (369). Der summarische Hinweis auf die θεός-Belege im lukanischen Doppelwerk dient als Indiz „einer reflektierten *Theo*logie im Rahmen einer heilsgeschichtlichen Konzeption" (434).

[34] Schnelle, Theologie, 42–44.

[35] Schnelle, Theologie, 29.

Sämtliche Schriften werden daher ohne Unterschied nacheinander abgehandelt. Darüber hinaus ist Schnelle der Auffassung, der Theologie mit der Erhebung der „Sinn-Kategorie“ zur Leitthematik ihren Platz im Konzert der Wissenschaft zu sichern. „(D)ie Sinn-Kategorie [eröffnet] der Theologie als einer führenden Sinnwissenschaft die Möglichkeit, auf der Basis ihrer maßgeblichen Überlieferung mit anderen Sinnwissenschaften in einen kritischen Diskurs zu treten.“[36] Undiskutiert bleibt bei Schnelle freilich, auf welcher Grundlage die Theologie dann zu einer Kritik fähig ist.

Auch D. Dormeyer sieht in seiner „Einführung in die Theologie des Neuen Testaments“ keinen Anlass, das Theologieverständnis grundsätzlich zu problematisieren. Er behandelt mit Selbstverständlichkeit nach den paulinischen Briefen die vier Evangelien und die Apostelgeschichte unter der Überschrift „Theologie“ und subsumiert darunter auch „Jesus und seine Theologie“.[37]

Festzuhalten ist: Der Raum für das Kerygma im Theologiebegriff wurde ursprünglich durch philosophische Mythoskritik geschaffen. So wie die Philosophie jedoch keinen positiven Beitrag für die Verkündigung beisteuern konnte, geht ihrerseits die Verkündigung nicht einfach mit der philosophischen Rationalität konform. Daher ist nachvollziehbar, dass es bis in die Gegenwart immer wieder zu Rivalitäten bei der Verhältnisbestimmung von Mythos und Verkündigung gekommen ist. Letztlich ist die Debatte um „Kerygma und Mythos“ ein Kampf um den Platz in der Lücke des Theologiebegriffs und um den Anspruch auf wissenschaftliche Rationalität gewesen. Im Zuge der Ausscheidung des Mythos verlor auch die Narrativität als die für den Mythos konstitutive Ausdrucksform ihren Ort innerhalb der begrifflich gefassten Theologie. Gleichzeitig vollzog sich der Aufstieg der Christologie, die zeitweilig sogar die Theologie in sich aufsog. Gewonnen wurde im Zuge dieses Prozesses ein wissenschaftskompatibler Theologiebegriff, für den die Begrifflichkeit ein konstitutives Merkmal darstellt.

---

[36] Schnelle, Theologie, 17.

[37] D. Dormeyer, Einführung in die Theologie des Neuen Testaments, Darmstadt 2010, 150. Die Darstellung der Positionen von Conzelmann bis Dormeyer entstammt Klumbies, Narrative Kreuzestheologie, 48–51.

7. Mythos und Rationalität

Mit dem Aufstieg des mythosfreien Theologiebegriffs und dem damit einhergehenden Bedeutungsverlust der Narrativität für die Theologie trat die erzählerische Leistung der Evangelisten als theologischer Beitrag an den Rand.[1] Die Synoptiker-Exegese im Gefolge der Aufklärung gehört im 19. und in der ersten Hälfte des 20. Jahrhunderts in die apologetische Bemühung der Theologie um einen Platz im Ensemble der Wissenschaften hinein. Sie konnte im Zeichen eines solchen Theologiebegriffs wenig Zuneigung zu den Erzählkonzepten der Evangelien fassen. Angesichts der seit der Aufklärung gestiegenen Anforderungen an eine rational anspruchsvolle und konkurrenzfähige Theologie gab sie sich fast zwangsläufig mythosdistanziert.

Die Hochschätzung der Narrativität, wie sie sich in der Redaktionsgeschichte angemeldet hat und gegenwärtig populär geworden ist, muss also die Bewertung des Mythos im Theologiebegriff und im Neuen Testament mit bedenken. Bultmann nahm diesbezüglich eine klare Position ein. Sein Theologiebegriff steht in Übereinstimmung mit und in Kontinuität zu den aufgezeigten mythoskritischen Implikationen. Diese verbieten es ihm, den rein erzählenden Teilen im Neuen Testament Relevanz für „Theologie" beizumessen.[2]

Das Entmythologisierungsprogramm Bultmanns gründete in einer Kritik am Mythos. Nach Bultmann krankt der Mythos an einem Selbstwiderspruch. In seinem Bestreben, von der jenseitigen, göttlichen Welt zu sprechen, redet er gegen seine erklärte Absicht von Diesseitigem und Menschlichem. Er vermischt, was es laut Bultmann gerade zu trennen gilt.[3] Damit schiebt Bultmann dem Mythos freilich ein Versagen zu, das eher einem Mythosverständnis entspringt, welches der aufgeklärten Rationalität der

---

[1] Nachstehende Ausführungen ursprünglich bei KLUMBIES, Narrative Kreuzestheologie, 53–55.

[2] Vgl. BULTMANN, Enzyklopädie, 165: Theologie ist „die Arbeit der begrifflichen Klarstellung".

[3] Vgl. BULTMANN, Neues Testament und Mythologie, 22–23.

Moderne geschuldet ist. Denn es macht gerade das Wesen des Mythos aus, Materielles und Spirituelles, Diesseitiges und Jenseitiges zu mischen. Entsprechend stellt Bultmanns Programm der Entmythologisierung, das er zum Zwecke der Vermeidung eines Reizbegriffs lieber als „existentiale Interpretation“ bezeichnete, den apologetischen Versuch dar, die Wahrheit der neutestamentlichen Botschaft vor dem Forum rational-aufgeklärter Kritik zu verteidigen. Zu registrieren ist freilich auch der zeitgeschichtliche Kontext, in den hinein Bultmann seine programmatischen Aussagen formuliert: 1941, auf dem Höhepunkt der nationalsozialistischen Machtentfaltung zur „Entmythologisierung“ aufzurufen, stellte jenseits der exegetisch-theologischen Aufgabe einen Weckruf dar, den die verstehen konnten, die ihn hören wollten.[4] In der Sache kommt Bultmanns Entmythologisierung einer Zensur des Mythos unter den Voraussetzungen aufgeklärter Vernunft gleich. Es kann daher nicht verwundern, dass für den Entmythologisierer Bultmann die Entwicklung einer narrativen Theologie der synoptischen Erzählwerke kein Thema ist.

Seit den 1980er Jahren hat sich nicht zuletzt durch K. Hübners Rückgriff auf Cassirer[5] der pejorative Umgang mit dem Mythos zu mildern begonnen.[6] Seither hat die Einsicht in die Rationalität des Mythos an Boden gewonnen.[7] Als Konsequenz wird die wechselseitige Durchdringung von Diesseitigem und Jenseitigem, von Menschlichem und Göttlichem, von natürlichen Vorgängen und numinosen Ereignissen, von Materialität und Immaterialität neu wahrgenommen. Spirituelles und Körperliches bilden nach mythischer Weltanschauung eine Einheit. Die auslösenden Ursachen für körperliche Defekte liegen auf spiritueller Ebene. Numinose Mächte neh-

---

[4] Vgl. P.-G. Klumbies, Rez. zu K. Hammann, Rudolf Bultmann. Eine Biographie, Tübingen 2009, ThRev 106 (2010), 214–216.

[5] K. Hübner, Die Wahrheit des Mythos, München 1985; Cassirer, Philosophie der symbolischen Formen. Drei Teile und Index.

[6] Auch im Titel des fast zeitgleich mit Bultmanns Entmythologisierungsaufsatz erschienenen Werkes von W. A. Nestle, Vom Mythos zum Logos. Die Selbstentfaltung des griechischen Denkens von Homer bis auf die Sophistik und Sokrates, Stuttgart 1940 ([2]1941), klingt die Überzeugung vom Mythos als einer überwundenen geistigen Form durch.

[7] Vgl. P.-G. Klumbies, Rivalisierende Rationalitäten im Markus- und Lukasevangelium, in: Ders., Von der Hinrichtung zur Himmelfahrt. Der Schluss der Jesuserzählung nach Markus und Lukas, BThSt 11, Neukirchen-Vluyn 2010, 5–24, 5–12. Gegen die Alleinherrschaft einer einzigen Vernunfttradition innerhalb der Universität wendet sich J. Webster, Theologische Theologie, ZThK 97 (2000), 238–258, 255.

men Einfluss auf die empirisch vorfindliche Welt. Durchweg führt der Erkenntnisweg von Ursachen im spirituell-numinosen Bereich zu Wirkungen in materiell-körperlicher Hinsicht.

Die Einsicht in die Verquickung von Mythos und Rationalität, Narrativität und Theologie führt zu dem Schluss: Die Narrativität in den Theologiebegriff reintegrieren darf nur, wer die Mythoskritik hinter sich lässt, die dem traditionellen Theologiebegriff inhärent ist. Die Antwort auf die Frage: Ist die narrative Entfaltung der kerygmatischen Tradition „Theologie"? lautet folglich: Ja, unter der Bedingung, dass die Bindung der Narrativität an den Mythos wahrgenommen und dem Mythos eine Rationalität zugebilligt wird, die der hellenistisch-philosophisch fundierten Rationalität gleichgestellt ist.

Seit der Aufklärung ist der Theologiebegriff auch Platzhalter und Garant für die Wissenschaftlichkeit theologischer Arbeit gewesen. Theologie wurde innerkirchlich und inneruniversitär geradezu zum Synonym für Rationalität. Letztlich geht es bei der Ausweitung des Kreises theologiewürdiger Schriftsteller im Neuen Testament darum, möglichst vielen neutestamentlichen Verfassern das Prädikat „Rationalität" zuzubilligen. Sollte diese Beobachtung zutreffend sein, wäre zukünftig statt der historisch prädeterminierten „Theologie des Neuen Testaments" die „Rationalität der neutestamentlichen Schriften" darzustellen.[8]

---

[8] Ursprünglich Klumbies, Narrative Kreuzestheologie, 55.

8. Theologische Theologie[1] des Neuen Testaments

Die Rückholung von Mythos und Narrativität in das Zentrum der Theologie stellt ein Gegengewicht zu einer einseitig am Begriff ausgerichteten, philosophisch grundierten Theologie dar. Mit der Anerkennung der Theologierelevanz der neutestamentlichen Erzählliteratur wird auch die in der wissenschaftlichen Exegese lange Zeit fast exklusiv betriebene Auswertung der Texte für historische Ergebnisse in neuer Weise ausbalanciert. Freilich ist auch unter dem literarischen Paradigma die hermeneutische Besinnung, die für den historisch-philologischen Umgang mit den Texten konstitutiv gewesen ist, nicht obsolet. Die Frage, wie das Spannungsverhältnis zwischen der Selbstoffenbarung Gottes und ihrer Bindung an das menschliche Bewusstsein aufrechtzuerhalten ist, bleibt.

Die Konzentration der Theologie des Neuen Testaments auf die historische Dimension ist angesichts der Ursprungssituation und unter den Voraussetzungen des 18. Jahrhunderts nachvollziehbar, und sie hat ihre Zeit gehabt. Noch bis weit in das 20. Jahrhundert hinein konnte sie, etwa im Zusammenhang des Bultmannschen Entmythologisierungsprogramms, als emanzipatorischer Akt empfunden und mit Freiheit konnotiert werden. Nicht zuletzt entsprach sie dem Paradigma aufgeklärter Rationalität, die nach der hellenistischen Aufklärung des vierten vorchristlichen Jahrhunderts durch Sokrates, Platon und Aristoteles im 18. Jahrhundert im Zuge der mitteleuropäischen Aufklärung einen unerhörten Aufschwung nahm. Mittlerweile erweist sich die Verabsolutierung dieses Zugangs zur Wirklichkeit als eine Engführung, deren Erschließungskraft insbesondere in Bezug auf das Reden von Gott als limitiert und nicht zureichend zu gelten hat. Der „Transformationsprozess", der sich seit der Aufklärung in der christlichen Theologie vollzogen hat, hat zu dem Ergebnis geführt, dass an „die Stelle Gottes als des eigentlichen Subjektes der Theologie … die Religion und das menschliche Gottesbewusstsein oder der Gottesgedanke (traten)".[2]

---

[1] So als Aufsatztitel formuliert von Webster, Theologische Theologie, 238.

[2] U. H. J. Körtner, Gottesglaube und Religionskritik, ThLZ.F 30, Leipzig 2014, 97.

Gesteht man die historische Bedingtheit des europäischen Aufklärungsparadigmas zu und versucht, dessen Grenzen in den Blick zu bekommen, erhebt sich die Frage nach konkurrierenden Rationalitätsmustern neu. Bereits innerhalb der neutestamentlichen Schriften lässt sich eine aufgeklärt-analytische von einer mythischen Rationalität unterscheiden.[3] Aufzugeben ist die bis in die Gegenwart verbreitete Konvention, diese beiden Gestalten von Rationalität gegeneinander auszuspielen und je nach Perspektive der jeweils anderen die Qualifikation zur Erschließung von Wirklichkeit abzusprechen.

Zu berücksichtigen ist auch, ob angesichts weltweiter religiöser Remythisierung und der Bereitschaft zum Ausleben fundamentalistischer Religiosität die Diagnose der europäischen Aufklärung, derzufolge das Zentralproblem des christlichen Glaubens und der ihm zugeordneten Theologie in einem Rationalitätsdefizit bestände, sich in der Rückschau nicht als verkürzt bzw. einseitig erwiesen hat. Die Umsprechversuche für das Wort „Gott" und die Bemühung um eine Entfaltung der Theologie als Anthropologie haben ihren guten Grund darin besessen, der Sinnentleerung der Vokabel „Gott" durch inflationären Gebrauch entgegenzuwirken.[4] Die Gefahr, die hinter der Akkomodierung an eine „verständlichere", da mit der Alltagsrationalität besser vermittelbare Sprechweise steckt,[5] liegt freilich darin, dass in den beschreibenden Außenperspektiven die Eröffnung des Gottesbezuges selbst verloren zu gehen droht und sich die Binnen- bzw. Teilnehmerperspektive nicht mehr erschließt.[6] Daher „(müsse) in der christlichen Theologie von

[3] Vgl. Klumbies, Rationalitäten, 23.

[4] Vgl. Paul Tillichs berühmten Vorschlag, das Wort „Gott" solange durch „Baumwolle" zu ersetzen, bis sich sein Sinn von Neuem einstelle. Das anekdotische Gespräch Tillichs mit seinem Freund Fedor Stepun ist wiedergegeben bei H. Thielicke, Paul Tillich – Wanderer zwischen zwei Welten, in: K. Hennig (Hg.), Der Spannungsbogen, Festgabe Paul Tillich, Stuttgart 1961, 9–24, 20: „‚Von den Engländern hat man gesagt', so meinte Stepun, ‚daß, wenn sie ‚Gott' sagen, sie ‚Kattun' meinen. Von Ihnen, Herr Tillich, möchte man behaupten, daß, wenn Sie ‚Kattun' sagen, Sie ‚Gott' meinen. Warum sagen Sie nicht lieber gleich Gott?' Tillich gab zur Antwort: ‚Solange die Menschen das Wort Gott nicht mehr verstehen (weil sie es eben nicht als Antwort auf ihre Fragen erfassen), werde ich Kattun sagen, vorausgesetzt, sie verstehen, daß ich Ihnen etwas von Gott sagen will.'"

[5] Körtner, Gottesglaube, 41, zitiert zu dieser Verfahrensweise H. Blumenberg, Matthäuspassion, Frankfurt a.M. 1988, 18: „‚Das Verwunderlichste an der Geschichte der christlichen Theologien' … ‚ist ihr sprachlicher Kleinmut, das Leiden an der Spracharmut. Sie sprechen immer die Sprache der anderen, zumal der Philosophien'."

[6] Zur Terminologie vgl. Dalferth, Evangelische Theologie, 115; Körtner, Gottesglaube, 101; P.-G. Klumbies, Paulinisch von Gott schreiben, in: P.-G. Klumbies/D. S. du Toit (Hg.), Paulus. Werk und Wirkung, FS Andreas Lindemann, Tübingen 2013, 687–713, 707–708.

Gott die Rede sein ..., nicht etwa nur von Religion als anthropologischer Konstante eines Transzendenzbewusstseins".[7]

Die Entwicklung der Theologie hat in ihrer zweitausendjährigen Geschichte zwischen den beiden phasenweise zu Alternativen stilisierten Polen Mythos und Logos stattgefunden. Hier nicht länger einen Antagonismus zu formulieren und die Leistungsfähigkeit beider Zugänge zur Wirklichkeit fruchtbar zu machen, eröffnet der Theologie Chancen, die Menschenbeziehung Gottes und die Gottesbeziehung des Menschen aus den im Deutschen Idealismus vorgeprägten klassischen Subjekt-Objekt-Konstellationen herauszuführen. Die theologische Grundkonstellation, derzufolge Gott im Gegenüber zur Welt steht, der Mensch nicht Gott und Gott nicht der Mensch ist, hat im Gefolge der aristotelischen Weichenstellungen in der Geistesgeschichte zu Dualismen geführt, die die vorgängige synthetische Gottesgemeinschaft, in der sich der Mensch vorfindet, rational schwer aussagbar macht.

Seit dem 18. Jahrhundert hat sich im Sprachgebrauch eine Begriffsverschiebung von „Wirklichkeit" zu „Realität" vollzogen. Während „Wirklichkeit" in einem umfassenden Sinn in der Tradition der aristotelischen Bedeutung von ἐνέργεια auf „Werk" und „Wirken" zurückführt und gleichermaßen Sein wie Seiendes umfasst, bezieht sich „Realität" auf die empirisch erfassbare und „von der Vernunft interpretierbare" Wirklichkeit.[8] Im Zuge dieses Wandels von einem philosophisch fundierten, weit gefassten Verständnis zu einem empirisch-analytischen Zugang hat sich ein Realismus eingebürgert, der seine Vorschläge zur Bestimmung des Verhältnisses von erkennendem Individuum und umgebender Wirklichkeit im Sinne des Deutschen Idealismus in einer Klärung der Subjekt-Objekt-Beziehung gesucht hat.

Diese Denkbewegung knüpft an das hellenistisch-aristotelische Erbe an, demzufolge die Wirklichkeit in ihrem tiefsten Grund von einer Dualität durchzogen ist. Die Axiomatik hat in den historischen Wissenschaften zu dem Problem der historischen Referentialität geführt. Demnach müsse es außerhalb des erkennenden Zugriffs eine für sich existierende Realität geben, auf die eine historische Untersuchung bezogen bleibe. Hier ist jedoch Zurückhaltung angebracht, denn historische Referentialität bezieht sich

---

[7] KÖRTNER, Gottesglaube, 38.

[8] W. KRÖTKE, Art. Wirklichkeit, RGG[4] VIII (2005) (Ungekürzte Studienausgabe 2008), 1594–1596, 1594. REINMUTH, Hermeneutik, 28 bestimmt das Verhältnis zwischen Wirklichkeit und Realität umgekehrt. Wirklichkeit erscheine stets sprachlich konstruiert und beziehe sich auf die umfassendere Realität; vgl. o. 72–73.

nicht auf eine als gegeben anzusehende Wirklichkeit zurück. Die Referentialität liegt nicht in dem Bezug auf *eo ipso* bestehende Fixpunkte wie in der Vergangenheit geschehene Ereignisse. Sie erwächst aus dem Offenhalten der oszillierenden Bewegung zwischen sprachlich konstituierter Wirklichkeit und dem Wissen darum, dass von einer „wirkenden Wirklichkeit" jenseits ihrer aktuellen Versprachlichung auszugehen ist. Die Referenz richtet sich auf den Vorgang der Relationierung, die dem Beziehungscharakter der Begegnung zwischen dem erkennendem Subjekt und der Wirklichkeit entspricht.

Im Blick auf das Reden von Gott gilt: Gott begegnet den Glaubenden im Glauben als dem Medium seiner Offenbarung,[9] ohne dass er damit auf eine „bloße" Glaubensgröße reduziert wird. Die Differenz beider Perspektiven ist reformatorisch von Luther als die Relation bzw. das Spannungsverhältnis zwischen *deus absconditus* und *deus revelatus* formuliert worden.[10] Da jede Aussage zu Gott bewusstseinsgebunden ist, kann Gott nur mit den Mitteln menschlicher Artikulationsmöglichkeiten zur Sprache gebracht werden.[11] Jede Gottesaussage erweist sich damit als kontextgebunden und verweist zurück auf die Menschen, die sie formuliert haben. Insofern gehört auch im Blick auf das Reden von Gott die „Gegenstandskonstitution" zur Sache selbst. Das ist das bleibende Recht der Bultmannschen Verhältnisbestimmung, derzufolge das Reden von Gott und das Reden vom Menschen untrennbar miteinander verknüpft sind und wechselseitig aufeinander verweisen.[12] Analog zu dem Gedanken von der schöpferischen Kraft der Interpretation, die ihren „Gegenstand", den interpretierten Text wie die inter-

[9] Entsprechend lässt sich Glaube als angeeignete, in Lebenshaltung umgesetzte Offenbarung bezeichnen. Vgl. schon Bultmann, Theologische Enzyklopädie, 159: Der „Gegenstand" der Theologie „ist Gott, so wie er in der einzig möglichen Zugangsart, im Glauben, gesehen wird".

[10] Zu berücksichtigen ist, dass Luther sich freilich auf die dem Menschen heilvoll zugewandte Seite Gottes konzentriert hat; vgl. Großhans, Wirklichkeit, 82.

[11] Vgl. die Darstellung des Gedankens bei Klumbies, Paulinisch von Gott schreiben, 705.

[12] „Jeder Satz über Gott ist zugleich ein Satz über den Menschen und umgekehrt. Deshalb und in diesem Sinne ist die paulinische Theologie zugleich Anthropologie." Bultmann, Theologie, 192. Vgl. auch Bultmann, Theologische Enzyklopädie, 159: „*Offenbarung und Glaube* (sind in einem) der Gegenstand der Theologie". Zu Bultmanns Auffassung über die Aufgabe der Theologie vgl. im Einzelnen C. Landmesser, Der Mensch in der Entscheidung. Anthropologie als Aufgabe der Theologie in der Auseinandersetzung mit Rudolf Bultmann, in: C. Landmesser/A. Klein (Hg.), Rudolf Bultmann (1884–1976) – Theologe der Gegenwart. Hermeneutik – Exegese – Theologie – Philosophie, Neukirchen-Vluyn 2010, 87–110, hier 106.

pretierende Persönlichkeit erst im Vollzug kreiert, lässt sich im Blick auf den Glaubensvollzug formulieren, dass sich in der geglaubten Gottesbegegnung Gottesbild und Selbstbild zugleich formen.

Gibt es einen Gottesbezug einerseits nur vermittelt – im Fall der Theologie des Neuen Testaments über die neutestamentlichen Texte – geht andererseits Gott nicht in den verschriftlichten Formulierungen auf. Für die Ausarbeitung der Literaturgattung „Theologie des Neuen Testaments" ist es bedeutsam, dieses Spannungsverhältnis nicht nach der einen oder anderen Seite aufzulösen und weder einseitig auf ein historisch-philologisches Nachbuchstabieren der überlieferten Auffassungen neutestamentlicher Autoren noch in eine pneumatologisch-inspirationsbezogene Besinnung über die Art und Weise der Selbstvergegenwärtigung Gottes in der Gegenwart zu verfallen. Anzustreben ist es, den Referenzpunkt auf dieses Spannungsverhältnis selbst zu legen und unter dem Gesichtspunkt der bleibenden Gegenwart Gottes als Gott das Verhältnis zwischen der Menschenbeziehung Gottes und der Gottesbeziehung des Menschen, wie es im Neuen Testament versprachlicht wurde, theologisch zu reformulieren. Die Spannung zwischen Gottesbild und Gott selbst ist theologisch weniger unter dem Aspekt der Nachzeichnung der einzelnen Bildfacetten von Belang, als in ihrem Verweischarakter auf die Wirklichkeit Gottes zu interpretieren.[13] Zu einem theologischen Zugang gehört „a certain ‚beyondness'", denn das theologische Zentrum, „the core kerygma", kann nicht auf eine abschließende Formulierung reduziert werden.[14] Sinnvoll von Theologie zu sprechen ist dort, „wo in Sinnwelten und Texten die Menschen und die Welt vor Gott und im Gegenüber zu seiner Anrede und seinem Handeln verstanden werden".[15]

Hinsichtlich der Verhältnisbestimmung von historischer und theologischer Aufgabe weist J. Schröter zu Recht auf die Gefahr des Theologieverlus-

---

[13] Vgl. Söding, Anspruch, 23: „Eine gute Auslegung gelingt nur, wenn die Schrift in die Verhältnisse gesetzt wird, die sie selbst offenbart und denen sich ihre Existenz verdankt. Die entscheidende Verbindung ist die zu Gott. Diese Verbindung stiftet der Heilige Geist: bei den Autoren und den Adressaten." Vgl. im Unterschied dazu C. Schneider-Harpprecht, Wirklichkeitskonstruktionen in der Praktischen Theologie, in: A. Klein/U. H. J. Körtner (Hg.), Die Wirklichkeit als Interpretationskonstrukt? Herausforderungen konstruktivistischer Ansätze für die Theologie, Neukirchen-Vluyn 2011, 185–199, 195, der unter Bezug auf Körtner, Leser, formuliert: „Das Verstehen des Glaubens bleibt dann ein Geschehen der Inspiration durch den Heiligen Geist, allerdings auf Seiten des Lesers und Hörers, nicht des Autors."

[14] Dunn, ‚New Testament Theologizing', 239.

[15] Frey, Problem der Aufgabe, 44.

tes hin, die der Aufsplitterung des Faches in Einzeldisziplinen und der Inanspruchnahme von Teilkompetenzen wie der philologischen oder der historischen im Zuge der Beteiligung an multidisziplinären Forschungsprojekten innewohnt.[16] Als Einheitsgrund, der den Zusammenhalt der Theologie in der Vielfalt ihrer Einzelausprägungen gewährleistet, nennt er „das im Neuen Testament bezeugte Geschehen der Offenbarung Gottes in Jesus Christus",[17] welches den Bezugspunkt für die Teilbereiche der Theologie darstellt. Dieser richtigen Feststellung ist freilich hinzuzufügen, dass „Offenbarung" erst als gegenwärtig geglaubte an ihr Ziel gelangt und die Person des bzw. der Glaubenden voraussetzt. Insofern bedeutet es eine Verkürzung, die gegenwärtige „Orientierungsfunktion"[18] der Theologie aus ihrer historischen Ursprungssituation und deren Weitervermittlung über die neutestamentlichen Texte und den Kanon abzuleiten.[19]

Schröters Gedanke einer theologischen Kontinuität im Überlieferungsprozess wird durch C. Schwöbel unterstützt. Schwöbel zufolge liegt die Christlichkeit der Theologie in dem „Rückverweis" „auf das ‚Grundereignis' des Christentums, die Erscheinung des gekreuzigten Jesus von Nazareth als des auferstandenen Herrn, der so als die ultimative Offenbarung des Gottes Israels als des Schöpfers erschlossen wird".[20] Die Christen der Frühzeit befinden sich in einer „fortwährende(n) Lebensgemeinschaft mit dem auferstandenen Herrn". Aus dem Rückverweis, der der gegenwärtigen „Identitätsvergewisserung" dient, folgt in der Außenbeziehung der Christen die „Zeugnispraxis".[21] Schwöbel verlängert mit dieser Konstruktion die Linie der Gottesoffenbarung in die Geschichte Israels zurück. Dabei nimmt er christlicherseits eine Selbstintegration in die für jüdisch Glaubende konstitutive religiöse Tradition Israels vor, ohne anzusprechen, dass jüdischer Gottesglauben nach eigenem Selbstverständnis sich gerade nicht auf dieser durchlaufenden Linie sehen kann.[22]

---

[16] J. Schröter, Wie theologisch ist die Bibelwissenschaft? Reflexionen über den Beitrag der Exegese zur Theologie, in: M. Ebner u.a. (Hg.), Wie biblisch ist die Theologie?, JBTh 25 (2010), Neukirchen-Vluyn 2011, 85–104, 89–90.

[17] Schröter, Bibelwissenschaft, 87.

[18] Schröter, Bibelwissenschaft, 85.

[19] So Schröter, Bibelwissenschaft, 98–102.

[20] C. Schwöbel, Wie biblisch ist die Theologie? Systematisch-theologische Bemerkungen zur Themafrage, in: M. Ebner u.a. (Hg.), Wie biblisch ist die Theologie?, JBTh 25 (2010), Neukirchen-Vluyn 2011, 8–18, 10.

[21] Schwöbel, Theologie, 10.

[22] Zur Sachkritik an einer Lektüre vom Alten zum Neuen Testament statt umgekehrt vom Neuen Testament und dem Jesus-Christus-Ereignis vgl. den anschließenden Auf-

Der Rekurs auf das Ursprungsgeschehen bleibt für Schwöbel in der Folge jedoch von nachgeordneter Bedeutung. „Weil die Offenbarung nicht wiederholt werden kann ..., deswegen kann sie nur bezeugt werden."[23] Bei diesem Axiom handelt es sich um die Rekapitulation des konfessionsgeschichtlich insbesondere aus der evangelisch-reformierten Tradition bekannten Gedankens einer abfallenden Kurve von dem einmaligen Offenbarungsereignis in der Vergangenheit zu den späteren menschlichen Bezeugungen. Der Denkfigur wohnt die Sorge vor einem überstarken Vergegenwärtigungsmoment, das die Verfügungsgewalt über das einmalige Heilshandeln Gottes in der Vergangenheit erlangen könnte, inne. Diesem Vorbehalt ist insoweit zuzustimmen, als nicht der Eindruck entstehen darf, die göttliche Offenbarung könne menschlicherseits abgerufen werden. Grundsätzlich ist jedoch der Raum dafür offenzuhalten, die Offenbarung Gottes im Glauben gegenwärtig je und je erwarten zu dürfen.[24] Zurückhaltung ist in jedem Fall gegenüber der Tendenz geboten, der Tradition eine theologische Dignität beizulegen, die sie als solche nicht besitzt. Ansonsten besteht das Risiko, dass die frühchristliche Überlieferung als Aufbewahrungsmedium einstmals erfolgter Offenbarung Anteil an der Offenbarung selbst erhält.

Gegenüber den Bemühungen, den Kern christlicher Theologie im Weiterwirken eines historisch begründeten Anfangsimpulses zu sehen, wird hier dafür plädiert, die Gleichursprünglichkeit der Offenbarung Gottes in Vergangenheit und Gegenwart zum Ausgangspunkt der Denkbewegung zu wählen. Angesichts der gegenwärtigen Diskussionslage ist weniger eine Gefährdung des Gedankens der – in der Vergangenheit erfolgten – Selbstoffenbarung Gottes in Jesus Christus zu gewärtigen als der Verlust der Referenz auf die sich je und aktuell im Glauben erweisende Selbstwirksamkeit Gottes.

---

satz von H. Weder, Biblische Theologie. Konturen und Anforderungen aus hermeneutischer Perspektive, in: M. Ebner u.a. (Hg.), Wie biblisch ist die Theologie?, JBTh 25 (2010), Neukirchen-Vluyn 2011, 19–40, 23.37. Vgl. auch P.-G. Klumbies, Epilog. Paulus und das interreligiöse Gespräch, in: Ders., Studien zur paulinischen Theologie, Schriftenreihe der Evangelischen Fachhochschule Freiburg Band 8, Münster/Hamburg/London 1999, 101–104, 103.

[23] Schwöbel, Theologie, 12.

[24] Der Gedanke ist auch bei Schwöbel, Theologie, 15 Anm. 11, angelegt, wenn er formuliert, dass es zur Aufgabe der Biblischen Theologie gehört, „Kontinuität nicht in einem einheitlichen Traditionsprozess" zu suchen, „sondern in der Referenz auf den lebendigen Gott, der sich in unterschiedlichen Weisen dynamisch selbst vergegenwärtigt".

Eine theologische Theologie des Neuen Testaments richtet ihr Augenmerk auf das „Transzendierungsmoment"[25] und die „Selbstreferentialität"[26], die dem Reden von Gott als Gott eignet. Sie zielt auf die Herausarbeitung der „Theologizität der neutestamentlichen Schriften"[27] und reflektiert deren „Wahrheits- oder Geltungsanspruch … nicht nur im Rahmen antiker Kontexte, sondern auch im Blick auf ein heutiges Welt- und Glaubensverständnis".[28] Das heißt, sie richtet sich auf „Offenbarung" aus, eine „Wahrheit, die von sich aus erscheint und die dem Menschen Rezeptivität entlockt, sosehr er sich konstruktiv mit ihr beschäftigen mag".[29] In dieser Hinsicht besteht nach zweieinhalb Jahrhunderten historisch-philologischer Exegese ein theologischer Nachholbedarf.[30] Zwar begegnet die „Selbstkommunikation Gottes als Evangelium"[31] immer „in Gestalt von Interpretationen" und insofern setzt das Bekenntnis zum Evangelium als einer gegenwärtigen Macht voraus, dass an der Differenz zu seinen Interpretationen und Symbolisierungen festgehalten wird.[32] Aber auch wenn „Gott stets nur in, mit und unter menschlichen Interpretationen wirksam wird", geht seine Wirklichkeit nicht in den Interpretationen auf.[33] Jeder Versuch eines sprachlichen Aus-

---

25 M. Petzoldt, Welchen Sinn hat es, von Gott zu reden? Fundamentaltheologische Überlegungen im Spannungsfeld zwischen Konstruktivismus und Neurobiologie, in: A. Klein/U. H. J. Körtner (Hg.), Die Wirklichkeit als Interpretationskonstrukt? Herausforderungen konstruktivistischer Ansätze für die Theologie, Neukirchen-Vluyn 2011, 129–145, 143.

26 Petzoldt, Sinn, 142.

27 Landmesser, Mensch, 88.

28 J. Frey, Einführung: Wie biblisch und theologisch ist die neutestamentliche Exegese?, in: M. Ebner u. a. (Hg.), Wie biblisch ist die Theologie?, JBTh 25 (2010), Neukirchen-Vluyn 2011, 81–83, 81.

29 Weder, Biblische Theologie, 30.

30 Hübner, Biblische Theologie, Band 1, 101–102, listet eine Reihe von Fragestellungen auf, die das Spektrum dessen aufzeigen, was im Einzelnen im Blick auf das Offenbarungsverständnis zu klären ist. Offenbarung ist, „theologisch gesehen, primär das Offenbar-Werden Gottes in seinem heilschaffenden Wirken" (ebd. 237). Die Ausdrucksweise von Wilckens, Theologie I/1, 14, im Vollzug der Exegese etwas „über die Wirklichkeit *Gottes selbst*" zu erfahren, bleibt sachlich hinter seiner Eingangsformulierung (Theologie I/1, 1) zurück, dass „man als Leser in den Aussagen *über Gott* der Wirklichkeit *Gottes selbst* begegnet". Die Benennung des Begegnungsaspekts hält fest, dass es um ein Relationsgeschehen geht und sichert die Einsicht, dass es von der eigenen Person isolierte Aussagen über Gott nicht geben kann.

31 Dalferth, Evangelische Theologie, 86 und 149.

32 Dalferth, Evangelische Theologie, 162–165, Zitat 162.

33 So mit Recht U. H. J. Körtner, Einleitung. Zur Gesprächslage zwischen Theologie und Konstruktivismus, in: A. Klein/U. H. J. Körtner (Hg.), Die Wirklichkeit als Interpretationskonstrukt? Herausforderungen konstruktivistischer Ansätze für die Theolo-

drucks für den Gottesbezug[34] unterliegt einerseits der Insuffizienz und Inadäquatheit gegenüber seinem „Gegenstand",[35] andererseits gibt um des theologischen Anspruchs exegetischer Arbeit willen die Gottesbeziehung den Referenzpunkt der Schriftauslegung in theologischer Verantwortung ab.[36] Sie bildet den Horizont der philologisch-historischen Erhebungen,[37] die im Horizont der theologischen Referentialität Verweischarakter auf die Selbstwirksamkeit Gottes erhalten.[38]

Die Rede von Gott *als* Gott rekurriert auf Gadamers Formulierung „des Etwas-als-etwas-Verstehens".[39] O. Jahraus hat die „als-Struktur" zur Konstituierung eines Literaturbegriffs verwendet.[40] In der Übertragung auf das theologische Thema wird Gott auf diese Weise sowohl hinsichtlich seiner Selbstwirksamkeit als Subjekt[41] als auch auf der „Objektebene" hinsichtlich der sprachlichen Ausdrucksseite in den Blick genommen. Zu unterscheiden ist also zwischen dem Außen- und dem Innenverhältnis Gottes. Gott *als*

---

gie, Neukirchen-Vluyn 2011, 1–11, 11. Demzufolge bleibe „ein rein kulturwissenschaftliches Verständnis von Theologie unzureichend" (ebd.).

[34] Hübner, Biblische Theologie, Band 2, 413, spricht unter Bezug auf Paulus vom Evangelium als dem Wort der Offenbarung.

[35] Vgl. schon die Formulierung des Paulus über den „Schatz in irdenen Gefäßen", 2 Kor 4,7.

[36] Vgl. Söding, Anspruch: „Aufgabe der Auslegung" ist es, „gerade diese Theozentrik zu erkennen und zu aktualisieren" (23). Der „menschliche() Faktor bei der Entstehung wie der Überlieferung, der Inhalte wie der Intentionen der biblischen Schriften (ist) mit dem Wirken Gottes in Verbindung zu bringen" (18). Laut Dunkel, Christlicher Glaube, 87, unterscheidet sich das Erkenntnisinteresse der Theologie von dem der Geschichtswissenschaft dadurch, dass „die Theologie ausdrücklich mit der Offenbarungsbezogenheit der Geschichte beschäftigt ist"; so unter Verweis auf W. Pannenberg, Die Bedeutung der Kategorien „Teil" und „Ganzes" für die Wissenschaftstheorie der Theologie, ThPh 53 (1978), 481–497, hier 489.

[37] Vgl. Hübner, Biblische Theologie, Band 1, 235: „Das Neue Testament ist so Offenbarung als Evangelium der Gerechtigkeit Gottes, als Evangelium des Gottes, der sich als der gerechtmachende Gott dem Menschen erschließt. Das Neue Testament ist zugleich – jedenfalls will es so gehört werden – die Anrede Gottes an den Menschen als desjenigen, der sich als der rechtfertigende Gott kundtut und genau dadurch den Glaubenden rechtfertigt."

[38] Diese Passage entstammt weitgehend Klumbies, Paulinisch von Gott schreiben, 707.

[39] H.-G. Gadamer, Philosophie und Literatur, in: Ders., Ästhetik und Poetik I. Kunst als Aussage, Gesammelte Werke 8, Tübingen 1993, 240–257, 243.

[40] O. Jahraus, Literaturtheorie. Theoretische und methodische Grundlagen der Literaturwissenschaft, Tübingen/Basel 2004, 9.83–84.99.183.235 u. ö.

[41] Vgl. auch Körtner, Konsequente Exegese, 172, der unter Rekurs auf Webster, Theologische Theologie, 252, als besonderen Charakter der Theologie ihre „Berufung auf Gott als Handlungssubjekt in der intellektuellen Praxis der Theologie" bezeichnet.

Gott zur Sprache zu bringen, verweist den Menschen an seinen Platz als Mensch und in die Differenz zu Gott. Zugleich bekundet sich in der Gegenüberstellung eine Relation zwischen Gott und Mensch. Gott als Gott bleibt einerseits auf sich selbst bezogen. Andererseits stellt der Bezug zu Gott als Gott den Menschen als Menschen und Nicht-Gott in ein Verhältnis zu Gott.[42] Die Differenz zwischen Gott und Mensch wird in der Einheit ihrer Beziehung zusammengehalten.[43]

Anzustreben ist die Ausformulierung einer neutestamentlichen Theologie, deren Referenzpunkt die Selbstoffenbarung Gottes innerhalb wie jenseits der historisch fassbaren Dokumente im Neuen Testament darstellt. Die theologische Interpretation steht unter der Erwartung, dass eine Analogie zwischen historischem Ursprungsort der neutestamentlichen Überlieferung und gegenwärtiger Auslegungssituation besteht, insofern die bleibende Menschenbeziehung Gottes in Vergangenheit und Gegenwart vorausgesetzt wird.

Selbstverständlich gibt es keinen direkten Zugang zur Offenbarung. Die „Indirektheit" der Gotteserkenntnis stellt jedoch kein Manko dar. Sie besitzt lebensdienliche Funktion, indem sie „die Freiheit Gottes und des Menschen zugleich" wahrt.[44] Die zeichengebundenen „Selbstmitteilungen" Gottes bleiben „vieldeutig und interpretationsbedürftig",[45] halten auf diese Weise aber einen Freiraum offen. Offenbarung ist als ein „Interpretament" zu verstehen, „das deutlich macht, dass in bestimmten Phänomenen *mehr* gesehen wird, als diese von sich aus zeigen, dass sie Zeichen der verborgenen

---

[42] Laut W. Schulz, Art. Metaphysik, RGG³ IV (1960) (Ungekürzte Studienausgabe 1986), 908–913, 910, ist es das Kennzeichen einer christlichen Metaphysik, zu unterscheiden einerseits zwischen dem „Bestreben, Gott von der Welt radikal zu unterscheiden und ihn als unerkennbar zu deklarieren" und andererseits „den Zusammenhang von Gott und Welt und dementsprechend eine relative Erkennbarkeit Gottes zu behaupten".

[43] Der Absatz ist entnommen Klumbies, Paulinisch von Gott schreiben, 707–708. C. Schneider-Harpprecht, Verleiblichung des Geistes zwischen Fundamentalismus und Synkretismus, in: Ders., Seelsorge – christliche Hilfe zur Lebensgestaltung. Aufsätze zur interdisziplinären Grundlegung praktischer Theologie, Praktische Theologie interdisziplinär Band 1, Berlin/Münster 2012, 71–81, 79, spricht unter pneumatologischer Perspektive davon, „dass die Beziehung von göttlichem und menschlichem Geist oszilliert zwischen der radikalen Differenz von Gott und Mensch und der wechselseitigen Teilhabe." In der Tat geht es im Gefolge des Chalcedonense um das „theologische Paradox von gleichzeitiger radikaler Differenz und Teilhabe bis zur Identifikation von göttlichem und menschlichem Geist".

[44] Großhans, Wirklichkeit, 87.

[45] Großhans, Wirklichkeit, 88.

Anwesenheit Gottes sind".[46] Daher stellt die Idee einer „‚pneumatische(n)' Exegese ..., die mit dem Pneuma als vorausgegebenem Besitz des Exegeten rechnet", keine Möglichkeit dar.[47] Aufgrund der Unverfügbarkeit des Glaubens kann die Interpretation diesen nicht als Voraussetzung ihrer Arbeit beanspruchen. Auch besitzen die neutestamentlichen Texte als solche keinen „geistlichen" Vorsprung vor anderen christlichen Schriftdokumenten. Allerdings würde die Theologie sich selbst *ad absurdum* führen, wenn der glaubende Gottesbezug ausgeblendet würde.[48] Zwar kann der Glaube nicht als *conditio sine qua non* für die Auslegung gefordert werden. Aber auch das Gegenteil eines glaubensfreien Bezugs auf die Texte kann nicht als die wissenschaftlich einzig vertretbare Zugangsweise gelten, zumal wenn die Auslegung auf den Gottesbezug als ihre theologische „Sache" zielt. Die Interpretation des Neuen Testaments erfolgt vor dem Hintergrund der Glaubensgeschichte der Kirchen und in der Ausrichtung auf die christliche Verkündigung. Daraus resultiert eine „Bereitschaft des glaubenden Fragens",[49] die das „Wort des Textes" als über sich hinausweisenden „Ausdruck für die Sache" nimmt.[50] Auch wenn man das persönliche Bekenntnis nicht zum Kriterium für eine sachgemäße Exegese erhebt,[51] bleibt auf der Kehrseite für die „Gegenstandskonstitution" der Theologie des Neuen Testaments unter theologischem Aspekt gültig, was im Grundsatz für jede Gegenstandskonstitution gilt: dass sie nicht von den Zugangsvoraussetzungen der Ausleger zu lösen ist.[52]

---

[46] I.U. Dalferth, Radikale Theologie, ThLZ.F 23, Leipzig 2010, 72. Zum Offenbarungsverständnis in der Wort-Gottes-Theologie des 20. Jahrhunderts vgl. Körtner, Theologie des Wortes Gottes, 150–159.

[47] R. Bultmann, Das Problem einer theologischen Exegese des Neuen Testaments (ursprgl. 1925), in: Ders., Neues Testament und christliche Existenz. Theologische Aufsätze. Ausgewählt, eingeleitet und herausgegeben von A. Lindemann, Tübingen 2002, 13–38, 37.

[48] Insofern ist der Glaube als eine „offengelegte Perspektive" in der Tat kein Hindernis für eine theologisch verantwortete Exegese im Raum der Wissenschaft, sondern „für die Interpretation wesentlich". So mit Recht Landmesser, Freiheit, 191, in seiner Darstellung von Bultmanns existentialer Interpretation. Vgl. auch Landmesser, Wahrheit, 187–191 und 259.

[49] Bultmann, Problem einer theologischen Exegese, 33.

[50] Bultmann, Problem einer theologischen Exegese, 37.

[51] So C.M. Tuckett, What is ‚New Testament Study?' The New Testament and Early Christianity, NTS 60 (2014), 157–184, 163–164, der damit allerdings nicht einer standpunktlosen Exegese das Wort redet.

[52] Wie sollte das *theologische* Thema der frühchristlichen Literatur – von Gott als *Gott* zu zeugen – in den Blick gelangen, wenn die Wirklichkeit als gottleer wahrgenommen wird?

Die Grenze zwischen der Theologie des Neuen Testaments und den übrigen theologischen Teildisziplinen wie der Theologie als Ganzer ist primär durch die unterschiedlichen historisch gewachsenen Themenfelder und Gegenstandsbereiche gegeben. Dies führt die neutestamentliche Theologie zu den frühchristlichen Texten, auf deren „Gottesverkündigung“[53] sie abhebt und die sie reflektierend in Sprache fasst. Auch wenn der unmittelbare Gegenwartsbezug und die Applikation im kirchlichen Kontext nicht zu ihren Aufgaben gehört, ist sie mit den angrenzenden Teilbereichen der Theologie durch den Gottesbezug als den gemeinsamen Horizont verbunden. Die Theologie des Neuen Testaments nimmt damit wie die Theologie als Ganze ihre Aufgabe in dem Zwischenraum zwischen dem Anspruch einer Wissenschaftlichkeit, die sie mit anderen akademischen Disziplinen teilt und die unter Hintanstellung der eigenen Glaubensvoraussetzungen erfolgt, und der Versuchung einer theologischen Binnenperspektive, die den Glauben zur Voraussetzung theologischer Arbeit erhebt und dabei nicht über den Status konfessorischer Äußerungen hinausgelangt, wahr. Die „göttliche Selbstkommunikation als Evangelium“[54] in der zweifachen Ausrichtung „coram mundo und coram deo“[55] zu interpretieren, stellt die Theologie in ihr Aufgabenfeld zwischen diesen beiden Horizonten.[56] Vor die Entscheidung gestellt, entweder den Gottesbezug zu thematisieren oder sich auf die Untersuchung des Schrift gewordenen Niederschlags einstmals behaupteter Gottesbeziehung zu beschränken, verweigert sich die theologische Theologie einer Aufspaltung ihres Gegenstands- bzw. Zuständigkeitsbereichs. Sie hält beide Ausrichtungen beieinander und widersteht damit sowohl einer Selbstintegration in Religionswissenschaft und Religionsgeschichte als auch der Identifikation mit Dogmatik und einer auf Applikation zielenden Praktischen Theologie.

Für die Durchführung einer „Theologie des Neuen Testaments“ wird eine Orientierung vorgeschlagen, die ellipsenartig um die beiden Pole der Vergangenheits- und der Gegenwartsausrichtung herum entfaltet wird.

[53] Frey, Problem der Aufgabe, 44.

[54] Dalferth, Evangelische Theologie, 136.

[55] Dalferth, Evangelische Theologie, 139.

[56] Vgl. A. Lindemann, Zur neutestamentlichen Theologie im 19. und 20. Jahrhundert, in: Ders., Glauben, Handeln, Verstehen. Studien zur Auslegung des Neuen Testaments, Band II, WUNT 282, Tübingen 2011, 411–449, 414: Bei der Verhältnisbestimmung von Theologie und Geschichte „muß gefragt werden, wie sich bei der Auslegung neutestamentlicher Texte das geschichtlich Vergangene der auszulegenden Aussagen auf der einen Seite zu dem Inhalt verhält, von dem die Texte sprechen, und auf der anderen Seite zu der jeweiligen Gegenwart, in der diejenigen leben, die diese Texte auslegen.“

„(A)usgehend von den biblischen Texten" gilt es, „das Angegangensein des Menschen und seiner Lebenswirklichkeit durch Gott konkret" zu beschreiben.[57] In Würdigung der existentialen Interpretation Bultmanns resp. dessen anthropologischer Auslegung weist J.M. Robinson darauf hin, dass die Fokussierung auf das Existenzverständnis einen zeitgeistigen Aspekt enthält, der jedoch über sich selbst hinausweist und Alternativen eröffnet. Im Duktus des von Bultmann eingeschlagenen Weges seien in der Durchführung des Ansatzes Erweiterungen und Alternativen vorstellbar, etwa im Blick auf die Gotteslehre oder das Weltverständnis.[58] Die Zukunft der neutestamentlichen Theologie sieht Robinson darin, Bultmanns eigentliche Leistung, den „Durchbruch aus den neutestamentlichen Lehrbegriffen ... zu den Sprachbewegungen, die ... auf Alternativen zur Moderne hin zu interpretieren sind, ‚theologisch', ‚ontologisch', ‚kosmologisch', ‚ekklesiologisch' usw. auszuweiten".[59]

Das geschichtlich-darstellende Interesse tritt in Interaktion mit der systematisch-theologischen Bemühung, verbindliche Aussagen über die Offenbarung Gottes als Gott unter den Bedingungen der Gegenwart zu formulieren. An die Stelle der im Gefolge Gablers eingetretenen Aufgabenteilung zwischen Bibelwissenschaft und Dogmatik ist eine Zugangsweise zu setzen, die die charakteristische Ausrichtung der jeweils anderen theologischen Disziplin als eine Teildimension der eigenen Vorgehensweise wahrnimmt.

Für eine ekklesiologisch relevante Theologie des Neuen Testaments bildet die theologische Referentialität das Zentrum und den Horizont der Darstellung. Den Richtungspfeil für ihre inhaltliche Entfaltung gibt die Selbstvergegenwärtigung Gottes in Jesus Christus, die sich im Glauben erschließt, ab.[60]

Die oft zitierte „Einheit" des Neuen Testaments liegt in der steten Neubemühung um die Formulierung des Gottesbezugs. Dieser ist nicht als For-

---

57 Körtner, Gottesglaube, 86. „Theologie handelt ... nicht nur von Gottesvorstellungen und Gottesgedanken, sondern von Gott, auch wenn dieser nur indirekt, über die Untersuchung menschlicher Rede von ihm, zum Gegenstand des Erkennens werden kann." (Ebd. 101).

58 J.M. Robinson, Die Zukunft der neutestamentlichen Theologie, in: H.D. Betz/L. Schottroff (Hg.), Neues Testament und christliche Existenz, FS Herbert Braun, Tübingen 1973, 387–400, 397–398.

59 Robinson, Zukunft, 400.

60 Ebenso Webster, Theologische Theologie, 253: „Der Gegenstand der Theologie ist nichts weniger als die eschatologische Selbstvergegenwärtigung Gottes in Jesus Christus durch die Kraft des Heiligen Geistes. Theologie ist auf diese wirksame Gegenwart hin orientiert".

malprinzip zu bestimmen und nicht auf einen einzigen Begriff zu bringen oder in einem theologischen Einzelmotiv zu konservieren.[61] Eher ist der Vorgang in dem Bild von einem Fluchtpunkt zu denken, auf den die gedanklichen Linien zulaufen.[62] Das Prozesshafte der Versprachlichung und der Vorgang, dass mit der Vollendung jeder geglückten Versprachlichung diese in das Stadium der Vorläufigkeit gerät, dem das Erringen einer neuen Ausdrucksform folgt, erlaubt es nicht, eine einzige Formulierung als repetierbare und zeitlos gültige „Lösung" zu präsentieren.

Wie Lk 23,48 in einem Fazit zur Kreuzigung Jesu formuliert, arbeitet die Theologie des Neuen Testaments an einer θεωρία,[63] in welcher Weise Gott sich in Jesus Christus für den Glauben gezeigt hat. Sie ringt um die Anschauung einer Wirklichkeit, die im Zeichen der Hinwendung Gottes zu Mensch und Welt steht. Obgleich diese Wirklichkeit direkter menschlicher Sichtbarkeit entzogen ist, richtet sich die theologische Versprachlichung darauf, sie in einem Prozess permanenter Weiterentwicklung immer neu in Worte zu fassen.

---

[61] G. Sellin, Zwischen Deskription und Reduktion. Aporien und Möglichkeiten einer Theologie des Neuen Testaments, EvTh 64 (2004), 172–186, 178, schlägt vor, eine Theologie des Neuen Testaments „an den wichtigsten Symbolen der Texte aus(zu)richten". Unter „Symbolen" versteht er Zeichen, die Bedeutungen transportieren, welche auf eine andere als die Alltagswelt verweisen. Zugleich repräsentiere das Symbol „Bedeutungen als Kräfte dieser anderen Welt".

[62] Pratscher, Theologiegeschichte versus Theologie, 364, zitiert zur Erläuterung ein sprachliches Bild von W. Schrage, Zur Frage nach der Einheit und Mitte neutestamentlicher Ethik, in: U. Luz/H. Weder (Hg.), Die Mitte des Neuen Testaments. Einheit und Vielfalt neutestamentlicher Theologie, FS Eduard Schweizer, Göttingen 1983, 238–253, 238: „‚Das neutestamentliche Zeugnis soll nicht seiner Polyphonie beraubt werden, wohl aber soll bei allen Dissonanzen der cantus firmus hörbar bleiben.'"

[63] P.-G. Klumbies, Das Sterben Jesu als Schauspiel nach Lk 23,44–49, in: Ders., Von der Hinrichtung zur Himmelfahrt. Der Schluss der Jesuserzählung nach Markus und Lukas, BThSt 11, Neukirchen-Vluyn 2010, 144–171.

9. Der theologische Impetus der Kanonisierung

Bei der Festlegung der Textgrundlage, auf die sich ihre Untersuchungen richten soll, steht die neutestamentliche Theologie unter formalen Gesichtspunkten zunächst vor der gleichen Frage nach der Abgrenzung des Textcorpus wie andere Text- und Sprachwissenschaften. Zwei Positionen stehen dabei einander gegenüber. Auf der einen Seite wird die prinzipiell nachvollziehbare aber praktisch nicht einzulösende Forderung erhoben, „das Urchristentum aus *allen* seinen Quellen zu verstehen".[1] Auf der anderen Seite wird auf die kirchliche Kanonentscheidung verwiesen und daraus die Beschränkung auf die 27 Schriften des Neuen Testaments abgeleitet. Das erste Postulat resultiert aus den Grundsätzen historischer Forschung, das zweite nimmt für sich in Anspruch, eine theologische Norm zur Geltung zu bringen, da die kirchliche Kanonentscheidung ein theologisches Urteil voraussetzt.

Die Begründung einer Konzentration allein auf die neutestamentlichen Schriften wird einerseits als eine Frage der Pragmatik dargestellt.[2] Andererseits werden grundsätzliche Erwägungen für die Orientierung am Kanon vorgebracht; durch sie sei eine Richtlinie gegeben, die der Auslegung ihren Rahmen gibt.[3]

Nach J. Schröter bewegt sich eine Theologie des Neuen Testaments „zwischen den beiden Polen der Entstehung der neutestamentlichen Schriften und ihrem späteren Status als verbindliche kanonische Zeugnisse".[4] Es gelte, das „Verhältnis von historischer Entstehung und späterer Kanonisierung der neutestamentlichen Schriften" als Grund für die „Spannung von Viel-

---

[1] J. Becker, Theologiegeschichte des Urchristentums – Theologie des Neuen Testaments – Frühchristliche Religionsgeschichte, in: C. Breytenbach/J. Frey (Hg.), Aufgabe und Durchführung einer Theologie des Neuen Testaments, WUNT 205, Tübingen 2007, 115–133, 133.

[2] So Frey, Problem der Aufgabe, 47.

[3] Schröter, Religionsgeschichte statt Theologie? 10–14.18. Für die Theologie des Neuen Testaments ergibt sich daraus die Aufgabe, „die Konturen, die sich aus der Auswahl eines bestimmten Schriftencorpus ergeben, darzustellen" (ebd. 12).

[4] Schröter, Bedeutung des Kanons, 157.

falt urchristlicher *Theologien* und Einheit einer *Theologie* des Neuen Testaments" auszumachen. Unter dieser Betrachtung tritt freilich zurück, dass die im späteren Neuen Testament zusammengeführten Schriften ihre theologische Qualität nicht erst durch die Kanonisierung erhielten, sondern diese von Anfang an besaßen. Auch wenn Schröter die urchristlichen Schriften als „theologische Entwürfe"[5] würdigt, dominiert die Forderung, (e)ine sachgemäße, weil der Entstehung des neutestamentlichen Kanons korrespondierende ‚kanonische Interpretation' der neutestamentlichen Schriften (habe) sich ... an denjenigen Kriterien zu orientieren, die bei seiner Herausbildung leitend waren".[6] Auf diese Weise werden jedoch die Kriterien einer bestimmten historischen Zeit und mit ihnen die Entstehungssituation selbst theologisch überhöht. Zwar stellt Schröter zu Recht fest, „dass die historische Analyse der einzelnen urchristlichen Texte ihren *kanonischen* Status alleine nicht erklären kann".[7] Daraus aber den Schluss zu ziehen, dass für die Ausarbeitung einer Theologie des Neuen Testaments der Umstand zu berücksichtigen sei, „dass die neutestamentlichen Texte ihren Status als für die christliche Kirche verbindliche Texte noch nicht zum Zeitpunkt ihres Entstehens besaßen" (137), nimmt einen Anachronismus in Kauf; denn zur Zeit der Entstehung der im späteren Neuen Testament zusammengeführten Literatur gab es „die christliche Kirche" (des vierten Jahrhunderts) noch nicht, umgekehrt besaßen die frühchristlichen – „neutestamentlichen" – Texte von Beginn an ihre theologische Substanz. Mit der Gegenüberstellung von „historisch" und „kanonisch": *„aus historischen Dokumenten des Urchristentums* (sind) *kanonische Schriften der christlichen Kirche* geworden"[8] formuliert Schröter eine Alternative, die so nicht besteht, und suggeriert eine Entwicklung innerhalb der ersten vier Jahrhunderte, die den theologischen Eigenwert der frühchristlichen Schriften gegenüber der Kanonentscheidung untergewichtet.

Unstrittig ist, dass die neutestamentlichen Schriften seit den Anfängen bei ihrer Rezeption unter theologischen Gesichtspunkten wahrgenommen wurden.[9] Dass mit der Kanonisierung zur Zeit der Alten Kirche theologi-

---

[5] Schröter, Bedeutung des Kanons, 151.
[6] Schröter, Bedeutung des Kanons, 149.
[7] Schröter, Bedeutung des Kanons, 137.
[8] Schröter, Bedeutung des Kanons, 151.
[9] Nach Schröter, Bedeutung des Kanons, 152, hat die Theologie des Neuen Testaments bei der Ausarbeitung ihrer Inhalte „sowohl die in diesen Schriften selbst angelegten als auch die bei ihrer Zusammenstellung zu ‚kanonischen Schriften' leitenden Aspekte zu berücksichtigen".

sche Vorentscheidungen verbunden waren, ist jedoch kein Argument, unter den Bedingungen der Gegenwart gerade diese Entscheidungen zu übernehmen oder dieselben normativen Vorgaben zu teilen.[10] Hinzu kommt, dass es *den* Kanon nicht gibt, sondern von einem Prozess der Kanonisierung zu reden ist, der zudem prinzipiell unabgeschlossen ist. Der Kanonisierungsvorgang beschränkte sich auch nicht auf die Zeit der Alten Kirche. In der Ostkirche verlief der Prozess außerdem sperriger als in der Westkirche.[11] Nachdem im Mittelalter die Bewegung in der Kanonthematik relativ gering blieb, gewann unter dem Einfluss der Reformation die Frage nach den inhaltlichen Kriterien von Kanonizität gegenüber den historisch begründeten Abgrenzungen an Bedeutung. Die zwischen evangelischen und katholischen Theologen kontrovers diskutierten theologischen Normen wirkten bis in die Gestalt der Bibelausgaben seit dem 16. Jahrhundert hinein.[12]

Theologisch bedeutsamer als die Debatte darüber, ob der in der Geschichte faktisch gezogenen Kanongrenze prinzipielle inhaltliche Bedeutung beigemessen werden soll und wie mit den Unschärfen an den Kanonrändern umzugehen ist, ist die Grundsatzentscheidung über das Verhältnis von Kanon und Kirche. Nur unter Anerkenntnis des Vorgabecharakters des Kanons kann dieser als Gegenüber zur Kirche und der im Kanon zur Schrift gewordene Geist als die konstituierende Grundlage der Kirche verstanden werden. Damit wird ausgeschlossen, dass die Kirche als Herrin des Kanons gilt.[13]

Des Weiteren ist festzuhalten: Die Tatsache, *dass* der Kanonbildung ein theologisches Urteil zugrundeliegt, bleibt für den Umgang mit der frühchristlichen Literatur eine unhintergehbare Vorgabe. Welche Schriften aus heutiger Sicht einer theologischen Prüfung unterzogen werden, ist dagegen eine andere Frage. Die Tatsache, dass in der Alten Kirche theologisch verantwortete Entscheidungen über die Zusammenstellung für verbindlich erachteter frühchristlicher Literatur gefällt wurden, dispensiert die Exegese

---

[10] Tuckett, What is ‚New Testament Study?', 171–172, führt eine Reihe von Gründen auf, außerkanonische Texte zu lesen: Intellektuelle Neugier, Kontexterweiterung, wirkungsgeschichtliche Bedeutung, Variationsbreite frühchristlicher Glaubenspraxis. Hinzuzufügen wäre, auch die nicht in den Kanon aufgenommenen Texte daraufhin durchzusehen, ob und in welcher Weise sie einen Gottesbezug erschließen helfen.

[11] Vgl. L. Vischer, Art. Kanon II. Kirchengeschichtlich, RGG³ III (1959) (Ungekürzte Studienausgabe 1986), 1119–1122, 1119.

[12] Vgl. H. von Lips, Der neutestamentliche Kanon. Seine Geschichte und Bedeutung, Zürcher Grundrisse zur Bibel, Zürich 2004, 145–163.

[13] Für seine unterstützenden Hinweise in dieser Frage danke ich meinem Kasseler Kollegen Tom Kleffmann.

nicht davon, zum einen die altkirchlichen Beurteilungen in sachlicher Hinsicht immer neu zu überprüfen und zum anderen, die weitere bekannte frühchristliche Literatur ebenfalls einem theologischen Urteil zu unterziehen. Der Vorgang einstmals vorgenommener Kanonisierung zielt nicht auf die unbefragte Akzeptanz der einmal gezogenen Grenze. Ihm kommt Autorität in dem Sinne zu, dass theologische Gesichtspunkte das entscheidende Kriterium für die Arbeit an der frühchristlichen Literatur abgeben. Mit der Handhabung eines theologischen Maßstabs stellt sich die neutestamentliche Wissenschaft in die Nachfolge theologisch motivierter frühchristlicher Schriftsteller und ihrer Werke sowie jener von theologischen Aspekten geleiteten Autoritäten, die die Kanonisierung vorantrieben. Die Kontinuität liegt nicht in der materiellen Textauswahl, sondern in der theologischen Fragehinsicht.

10. Theologie – eine Prinzipwissenschaft

Die Theologie des Neuen Testaments verfügt über bedeutende Schnittmengen mit ihren philologischen, historischen und literaturwissenschaftlichen Bezugswissenschaften. Gleichwohl betreffen diese Übereinstimmungen vorrangig die Außenseite theologischer Wissenschaft. Mögen sich ihre Ergebnisse in historischer und philologischer Hinsicht mit den Resultaten der entsprechenden außertheologischen Nachbardisziplinen decken, bleibt dennoch im Rahmen der Ausarbeitung einer Theologie des Neuen Testaments ein theologischer Anspruch offen. Er macht die Differenz zu den anderen wissenschaftlichen Disziplinen aus, die eigenen Referenzrahmen verpflichtet sind.[1] Mit ihrer Ausrichtung auf die Gott-Mensch-Beziehung, wie sie sich für den Glauben in Jesus Christus erschließt, als dem Referenzpunkt ihrer Aussagen, partizipiert die Theologie des Neuen Testaments zugleich an einem Erkenntnishorizont, der sie mit den übrigen Teildisziplinen der Theologie in der theologischen Gesamtaufgabe verbindet. Mit der Theologie als Ganzer besitzt die Theologie des Neuen Testaments in dieser Hinsicht eine Eigendignität, die sie von denjenigen Wissenschaften unterscheidet, für deren Selbstverständnis die Absehung vom Gottesbezug konstitutiv ist.

Damit ist im Blick auf ihre Durchführung für die Theologie des Neuen Testaments eine Entscheidung vorgezeichnet, die das Selbstverständnis der Disziplin betrifft. Die Theologie des Neuen Testaments kann das ihr immanente Spannungsverhältnis von historisch-philologischer Außenseite und theologischer Innenseite nur um den Preis des Verlustes ihrer Identität als *Theologie* auflösen. Dieser Versuch liegt vor, wenn sie als eine Wissenschaft definiert wird, die sich auf die Ordnung des Vorfindlichen, d.h. die Deskription und Analyse der frühchristlichen Dokumente unter historischen und philologischen Gesichtspunkten beschränkt. Dabei braucht die theologische Dimension nicht einmal gänzlich ausgeschlossen zu sein. Häufig wird sie nach erfolgter theologiefreier Analyse als Anschlussfrage nach der

---

[1] Vgl. KLUMBIES, Paulinisch von Gott schreiben, 708–709.

theologischen Relevanz bzw. der Bedeutung der untersuchten Themen in theologischer Hinsicht nachgeschoben.

Als *Theologie* versieht die Theologie des Neuen Testaments ihre Aufgabe allerdings, indem sie die neutestamentlichen Texte auf ihren Verweischarakter hin sichtet und den Gottesbezug als den Referenzpunkt der frühchristlichen Überlieferung in den Blick nimmt. Ihr als solches neutrales methodisches Instrumentarium ist ausgerichtet auf das übergeordnete theologische Interesse. Im Grundsatz geht es darum, ob die Theologie des Neuen Testaments im Rahmen ihrer Mitwirkung an der theologischen Gesamtverantwortung als Prinzipwissenschaft betrieben wird,[2] die auf den Verweischarakter der von ihr untersuchten schriftlichen Ausdrucksformen und damit den Gottesbezug als Grundlage ihrer Identität referiert, oder ob sie sich selbst zu einer Symptomwissenschaft reduziert, die lediglich das vorliegende „Material" als historisch fassbaren Niederschlag von Wirklichkeitserfahrung beschreibt, ohne den Gottesbezug als den Ausgangspunkt und die ursprüngliche treibende Kraft zu thematisieren.

Konstitutiv für die Durchführung der theologischen Aufgabe ist es, die bleibende Spannung zwischen der Außenseite und der Innenseite der Theologie aufrecht zu erhalten. Jenseits ihres methodisch kontrollierbaren Anteils bezieht sich die neutestamentliche Theologie mit ihrer Ausrichtung auf Gott als Gott auf einen Referenzpunkt außerhalb ihres Textcorpus und jenseits empirisch belegbarer Erfassbarkeit. Sie überschreitet mit ihrer Ausrichtung auf die Gottesbeziehung die Selbstfestlegung auf das materiale Textcorpus des Neuen Testaments, welches ihre Arbeitsgrundlage darstellt. Damit übersteigt sie den methodischen Konsens in der Untersuchungspraxis, der ihr die Gemeinschaft mit den übrigen universitären Disziplinen sichert. Wie diese Arbeit an der Innenseite neutestamentlicher Theologie zukünftig methodisch einzuholen sein wird, stellt eine Herausforderung dar, die erst noch zu bewältigen sein wird.

Nach ihrer Außenseite ordnet sich die Theologie den für alle Wissenschaften geltenden Regeln hinsichtlich der Definition des Gegenstandsbereichs und der zu dessen Untersuchung anzuwendenden Methoden unter. Nach ihrer Innenseite ist sie Prinzipwissenschaft, indem sie über die analytisch-empirischer Kontrolle zugängliche Rahmensetzung hinaus auf die in

[2] Der Begriff rekurriert auf das lateinische Wort *principium*, das auf einen tiefer liegenden Grund, den Ursprung, das Elementare, vor den aktuellen Erscheinungsweisen abhebt.

ein „symptomwissenschaftliches“ Modell nicht integrierbare Gottesbeziehung als ihre „Sache“ rekurriert.

Ob eine Wissenschaftsdisziplin wie die Theologie und mit ihr die Teildisziplin der „Theologie des Neuen Testaments“ mit dieser Doppelausrichtung nach 250 Jahren Wissenschaftstradition im Zeichen der europäischen Aufklärung langfristig das Recht behalten wird, Mitglied im universitären Wissenschaftsverbund zu bleiben, mag in der *scientific community* angesichts weiterschreitender Säkularisierung kontrovers diskutiert werden. Immerhin wirken die philosophischen und theologischen Voraussetzungen einer zweieinhalbtausendjährigen Wissenschaftsgeschichte in der Identität mehr oder weniger aller akademischen Disziplinen nach, selbst wenn dieses nicht immer bewusst ist. Wichtiger als der Verweis auf die Tradition ist jedoch, ob es für die Selbstreflexion der inner- und insbesondere auch der außertheologischen Fachkulturen einen bleibenden Gewinn verspricht, die in der eigenen Zunft geltenden Gewissheiten vor dem Hintergrund des für die Theologie konstitutiven Propriums zu überprüfen und den Wirklichkeitsbereich, der hinter den durch jedes Fach selbst gesteckten Grenzen steht, in ihre Reflexion einzubeziehen.

Einem universitären Wissenschaftsparadigma, für das das Absehen vom Gottesbezug die Voraussetzung des eigenen Denkens darstellt,[3] steht die Theologie als eine Wissenschaft gegenüber, für die diese Relationierung gerade die Grundlage der eigenen wissenschaftlichen Betätigung darstellt. Dabei ist festzuhalten, dass die Bestimmung als Prinzipwissenschaft keineswegs der Theologie allein vorbehalten ist. Grundsätzlich transzendieren alle wissenschaftlichen Disziplinen, die ihre eigene Axiomatik mitreflektieren und sich an der prinzipiellen Hinterfragung ihrer geltenden Gewissheiten beteiligen, ihre selbstgesteckten Grenzen. Insofern die Theologie unter dem Grundsatz, dass kein Mensch aus der Rolle des Geschöpfs in die des Schöpfers überwechseln kann, jede menschliche Erkenntnisleistung als eine vorläufige klassifiziert, kann sie unter prinzipwissenschaftlicher Perspektive allerdings geradezu als *die* Relativierungswissenschaft schlechthin gelten.

Die Untergewichtung des Gottesbezugs als ihres Propriums hat der Theologie im Vollzug ihrer wissenschaftlichen Arbeit seit der Aufklärung einen relativ unverdächtigen Platz im Spektrum universitärer Wissenschaften eingebracht. Die Zurücknahme des Gottesbezugs als des Referenzpunkts

---

[3] Auch diese Position ist keinesfalls selbstevident, denn „selbst solche positivistische oder skeptische Abstinenz ist eine Haltung, die ihre Überzeugungskraft durch die ihr inhärenten Begründungszusammenhänge offen legen muss“. Becker, Theologiegeschichte, 117.

theologischer Arbeit hat jedoch einen Preis. Diesen zahlt zunächst die Theologie selbst, in der Folge aber auch der Verbund der außertheologischen Wissenschaften. Der Preis für die Theologie liegt darin, dass sie angesichts der verbreiteten (Selbst-)Integration des Faches in die Kultur- und Humanwissenschaften in die Schwierigkeit geraten ist, ihr Alleinstellungsmerkmal plausibel darzulegen.[4] Im Gegenzug verlieren die Wissenschaften außerhalb der Theologie ein Gegenüber zu dem ihre Disziplinen verbindenden Wissenschaftsverständnis und damit einen Bezugspunkt außerhalb ihrer eigenen erkenntnistheoretischen Voraussetzungen. Theologie als diejenige Wissenschaft, die die Frage offenhält, wie auf diejenige Wirklichkeit Bezug zu nehmen ist, die „symptomwissenschaftlich" nicht zu erfassen ist, bietet den außertheologischen Wissenschaftsparadigmata die Chance zu einer Außenwahrnehmung der eigenen immanenten Prinzipien.

Nicht primär ihre im binnenwissenschaftlichen Austausch anschlussfähige Forschung macht die Theologie zur attraktiven Partnerin im Wissenschaftsdiskurs. Ihr Reiz liegt in ihrer theologischen Qualität. Gerade aufgrund ihres unverrechenbaren Gottesbezugs bietet die Theologie einen Standpunkt an,[5] von dem aus sie zum Gegenüber der nichttheologischen

---

[4] Zu meinen, dass die neutestamentliche Theologie aus ihrer Kirchenbindung zu lösen und nur unter Preisgabe ihres theologischen Anspruchs und nach Umschmelzung zu einem rein historisch-religionswissenschaftlichen Fach als wissenschaftliche Disziplin an der Universität zu halten sei, wie Räisänen, Neutestamentliche Theologie?, 14–15 und insbesondere 74–75 unter Berufung auf G. Lüdemann, Die Religionsgeschichtliche Schule und ihre Konsequenzen für die Neutestamentliche Wissenschaft, in: H.M. Müller (Hg.), Kulturprotestantismus. Beiträge zu einer Gestalt des modernen Christentums, Gütersloh 1992, 311–338, 336, postuliert, stellt vor die Frage, von wem und aus welchem Grund eine in die Insolvenz gegangene theologische Wissenschaft unter neuer Firmierung universitär am Leben erhalten werden sollte. Aus der Zurückweisung der theologischen Fragehinsicht von der Schließung des Faches als akademischer Wissenschaft zu schreiben, dokumentiert ein verkürztes Wissenschaftsverständnis und zeugt von einer Selbstaufgabe *in theologicis*. Zu einer sachlichen Verhältnisbestimmung von Theologie und Religionswissenschaft vgl. I. U. Dalferth, Theologie im Kontext der Religionswissenschaft. Selbstverständnis, Methoden und Aufgaben der Theologie und ihr Verhältnis zur Religionswissenschaft, ThLZ 126 (2001), 3–20.

[5] Die neutestamentliche Wissenschaft „als Teil der christlichen Theologie, diese verstanden als wissenschaftlich verantwortete Rede vom christlichen Bekenntnis, dessen Gegenstand der Gott ist, von dem der christliche Glaube spricht", reflektiert zugleich in zwei Richtungen. Sie richtet ihr Augenmerk auf die neutestamentlichen Texte „als diejenigen Dokumente, in denen das Bekenntnis ursprünglich bezeugt ist, und zugleich wird die Beziehung der neutestamentlichen Texte zur gegenwärtig existierenden Kirche mitbedacht. Exegese erweist sich damit in gewisser Weise als eine ‚kirchliche Wissenschaft'". Lindemann, Zur neutestamentlichen Theologie, 412.

Wissenschaften wird und diesen die Möglichkeit gibt, die eigene Axiomatik vor dem Hintergrund einer Außenperspektive zu überprüfen.

Das Bewusstsein für die Selbstwirksamkeit der Wirklichkeit und das Wissen darum, dass Menschen bei aller wissenschaftlichen Schöpfertätigkeit Geschöpfe bleiben, trägt dazu bei, Wirklichkeit in einer anderen Weise zu erschließen, als es die Beschränkung auf die Erfassung ihrer Symptome erlaubt. In dieser Hinsicht offeriert die Theologie eine produktive Kritik an dem etablierten Modell universitärer Wissenschaft in aufgeklärt rationaler Tradition. Sie verhindert die intellektuelle Monokultur eines Wissenschaftsverständnisses, für das das Absehen von der Gott-Mensch-Beziehung die konstitutive Voraussetzung darstellt und das sich mittels der am Aufklärungsparadigma orientierten Modelle seit 250 Jahren selbst bestätigt. Der Beitrag der Theologie zur Weiterentwicklung der Wissenschaften liegt nicht zuletzt darin, einer Verselbstständigung entgegenzuwirken, bei der das herrschende Wissenschaftsparadigma sich unter Ausblendung seines historischen Gewordenseins selbst als alternativlos präsentiert. In diesem Sinne bleibt die Theologie eine kritische Wissenschaft.

Literatur

ALKIER, S., Die Realität der Auferweckung in, nach und mit den Schriften des Neuen Testaments, NET 12, Tübingen/Basel 2009.

ANKERSMIT, F. R., History and Tropology. The Rise and Fall of Metaphor, Berkeley/Los Angeles/London 1994.

ARISTOTELES, Poetik. Griechisch/deutsch. Übersetzt und herausgegeben von Manfred Fuhrmann. Bibliografisch ergänzte Ausgabe, Stuttgart 1994.

ASSMANN, A., Fiktion als Differenz, Poetica 21, 1989, 239–260.

ASSMANN, A., Die Legitimität der Fiktion. Ein Beitrag zur Geschichte der literarischen Kommunikation, Theorie und Geschichte der Literatur und der schönen Künste 55, München 1980.

BALLA, P., Challenges to New Testament Theology, WUNT II/95, Tübingen 1997.

BARTH, U., Was ist Religion?, in: Ders., Religion in der Moderne, Tübingen 2003, 3–28.

BARTH, U., Säkularisierung und Moderne. Die soziokulturelle Transformation der Religion, in: Ders., Religion in der Moderne, Tübingen 2003, 127–165.

BARTH, U., Theoriedimensionen des Religionsbegriffs. Die Binnenrelevanz der sogenannten Außenperspektiven, in: Ders., Religion in der Moderne, Tübingen 2003, 29–87.

BARTHES, R., The Pleasure of the Text, trans. R. Miller, New York 1975.

BAUER, G. L., Entwurf einer historisch-kritischen Einleitung in die Schriften des Alten Testaments, Nürnberg 1794.

BAUER, G. L., Biblische Theologie des Neuen Testaments, Leipzig 1800–1802.

BECKER, J., Die Auferstehung Jesu Christi nach dem Neuen Testament. Ostererfahrung und Osterverständnis im Urchristentum, Tübingen 2007.

BECKER, J., Theologiegeschichte des Urchristentums – Theologie des Neuen Testaments – Frühchristliche Religionsgeschichte, in: C. Breytenbach/J. Frey (Hg.), Aufgabe und Durchführung einer Theologie des Neuen Testaments, WUNT 205, Tübingen 2007, 115–133.

BENDEMANN, R. VON, „Theologie des Neuen Testaments“ oder „Religionsgeschichte des Frühchristentums“?, VF 48 (2003), 3–28.

BERENSMEYER, I., Methoden hermeneutischer und neohermeneutischer Ansätze, in: V. Nünning/A. Nünning (Hg.), Methoden der literatur- und kulturwissenschaftlichen Textanalyse. Ansätze – Grundlagen – Modellanalysen, Stuttgart/Weimar 2010, 29–50.

Berger, K., Theologiegeschichte des Urchristentums. Theologie des Neuen Testaments, Tübingen [2]1996.

Beutel, A., Art. Bauer, Georg Lorenz, RGG[4] I (1998), 1169.

Beutel, A., Aufklärung in Deutschland, KIG 4, Lieferung 02, Göttingen 2006.

Boff, L., Jesus Christus, der Befreier, Freiburg/Basel/Wien 1986.

Boff, L. und C., Wie treibt man Theologie der Befreiung? Düsseldorf [2]1987.

Bornkamm, G., Jesus von Nazareth, Stuttgart/Berlin, Köln/Mainz [15]1995 (ursprgl. 1956).

Bornkamm, G./Barth, G./Held, H. J., Überlieferung und Auslegung im Matthäusevangelium, WMANT 1, Neukirchen-Vluyn [5]1968 (ursprgl. 1960).

Breytenbach, C./Frey, J. (Hg.), Aufgabe und Durchführung einer Theologie des Neuen Testaments, WUNT 205, Tübingen 2007.

Broer, I., Einleitung in das Neue Testament, Band I und II. Studienausgabe, Würzburg 2006.

Brunner, E., Die christliche Lehre von Gott. Dogmatik I, Zürich [4]1972.

Bultmann, R., Art. Heidegger, RGG[2] II (1928), 1687–1688.

Bultmann, R., Theologische Enzyklopädie, hg. v. E. Jüngel und K.W. Müller, Tübingen 1984.

Bultmann, R., Ist voraussetzungslose Exegese möglich?, in: Ders., Glauben und Verstehen III, Tübingen [3]1965, 142–150.

Bultmann, R., Die Geschichte der synoptischen Tradition, FRLANT 29, Göttingen [8]1970 (ursprgl. 1921).

Bultmann, R., Das Problem einer theologischen Exegese des Neuen Testaments (ursprgl. 1925), in: Ders., Neues Testament und christliche Existenz. Theologische Aufsätze. Ausgewählt, eingeleitet und herausgegeben von A. Lindemann, Tübingen 2002, 13–38.

Bultmann, R., Das Problem der Hermeneutik, in: Ders., Glauben und Verstehen II, Tübingen [5]1968, 211–235.

Bultmann, R., Neues Testament und Mythologie. Das Problem der Entmythologisierung der neutestamentlichen Verkündigung, hg. v. E. Jüngel, BEvTh 96, München [3]1988 (ursprgl. 1941).

Bultmann, R., Theologie des Neuen Testaments, Tübingen [9]1984 (ursprgl. 1948).

Bultmann, R., Die liberale Theologie und die jüngste theologische Bewegung, Glauben und Verstehen I, Tübingen [8]1980 (ursprgl.: 1924), 1–25.

Bultmann, R., Das Verhältnis der urchristlichen Christusbotschaft zum historischen Jesus, SAHW.PH Jg. 1960, 3. Abh. 1960, 5–27 (wieder abgedruckt in: Ders., Exegetica. Aufsätze zur Erforschung des Neuen Testaments, hg. v. E. Dinkler, Tübingen 1967, 445–469).

Bultmann, R./Heidegger, M., Briefwechsel 1925–1975, hg. v. A. Großmann und C. Landmesser. Mit einem Geleitwort von E. Jüngel, Frankfurt a.M./Tübingen 2009.

Cassirer, E., Der Begriff der symbolischen Form im Aufbau der Geisteswissenschaften, in: Ders., Wesen und Wirken des Symbolbegriffs, Sonderausgabe, Darmstadt [8]1994, 169–200.

CASSIRER, E., Philosophie der symbolischen Formen, Drei Teile und Index, I. Die Sprache, II. Das mythische Denken, III. Phänomenologie der Erkenntnis, Sonderausgabe, Darmstadt [10]1994; [9]1994; [10]1994.

CHATMAN, S., Story and Discourse: Narrative Structure in Fiction and Film, Ithaca/London 1978.

COLLINI, S., Einführung: Die begrenzbare und die unbegrenzbare Interpretation, in: U. Eco (Hg.), Zwischen Autor und Text. Interpretation und Überinterpretation. Mit Einwürfen von R. Rorty, J. Culler, C. Brooke-Rose und S. Collini. Aus dem Englischen von H. G. Holl, München [2]2004, 7–28.

COLLINS, J. J., Is a Critical Biblical Theology Possible?, in: W. H. Propp/B. Halpern/D. N. Freeman (eds.), The Hebrew Bible and Its Interpreters, Biblical and Judaic Studies 1, Winona Lake, Ind. 1990.

CONZELMANN, H., Art. Jesus Christus, RGG[3] III (1959) (Ungekürzte Studienausgabe 1986), 619–653.

CONZELMANN, H., Grundriß der Theologie des Neuen Testaments, München [1]1967; [2]1968; [3]1976.

CONZELMANN, H., Grundriß der Theologie des Neuen Testaments, seit der 4. Auflage bearb. v. A. Lindemann, Tübingen [4]1987; [5]1992; [6]1997.

CONZELMANN, H., Die Mitte der Zeit. Studien zur Theologie des Lukas, BHTh 17, Tübingen [6]1977 (ursprgl. 1954).

COSTE, D., Narrative as Communication, Theory and History of Literature 64, Minneapolis 1989.

DALFERTH, I. U., Volles Grab, leerer Glaube? Zum Streit um die Auferweckung des Gekreuzigten, in: H.-J. Eckstein/M. Welker (Hg.), Die Wirklichkeit der Auferstehung, Neukirchen-Vluyn [3]2007, 277–309.

DALFERTH, I. U., Theologie im Kontext der Religionswissenschaft, ThLZ 126 (2001), 3–20.

DALFERTH, I. U., Evangelische Theologie als Interpretationspraxis. Eine systematische Orientierung, ThLZ.F 11/12, Leipzig 2004.

DALFERTH, I. U., Radikale Theologie, ThLZ.F 23, Leipzig 2010.

DANZ, C., Grundprobleme der Christologie, Tübingen 2013.

DEISSMANN, A., Zur Methode der Biblischen Theologie des Neuen Testaments, in: G. Strecker (Hg.), Das Problem der Theologie des Neuen Testaments, WdF 367, Darmstadt 1975 (ursprgl. 1893), 67–80.

DIBELIUS, M., Die Formgeschichte des Evangeliums, mit einem Nachtrag von G. Iber, hg. v. G. Bornkamm, Tübingen [6]1971 (ursprgl. 1919).

DIERK, H., Ein „Schatz in irdenen Gefäßen" – Wege der Schriftauslegung, in: P. Müller/H. Dierk/A. Müller-Friese, Verstehen lernen. Ein Arbeitsbuch zur Hermeneutik, Stuttgart 2005.

DIERKEN, J., Fortschritte in der Geschichte der Religion? Aneignung einer Denkfigur der Aufklärung, ThLZ.F 24, Leipzig 2012.

DOHMEIER, H.-J., Die Grundzüge der Theologie Johann Philipp Gablers, Diss. theol. Münster 1976.

Dormeyer, D., Einführung in die Theologie des Neuen Testaments, Darmstadt 2010.

Dunkel, A., Christlicher Glaube und historische Vernunft. Eine interdisziplinäre Untersuchung über die Notwendigkeit eines theologischen Geschichtsverständnisses, FSÖTh 57, Göttingen 1989.

du Toit, D. S., Der unähnliche Jesus. Eine kritische Evaluierung der Entstehung des Differenzkriteriums und seiner geschichts- und erkenntnistheoretischen Voraussetzungen, in: J. Schröter/R. Brucker (Hg.), Der historische Jesus. Tendenzen und Perspektiven der gegenwärtigen Forschung, BZNW 114, Berlin/New York 2002, 89–129.

Ebeling, G., Art. Theologie I. Begriffsgeschichtlich, RGG³ VI (1962) (Ungekürzte Studienausgabe 1986), 754–769.

Ebeling, G., Die Frage nach dem historischen Jesus und das Problem der Christologie, ZThK Beiheft 1 (1959), 14–30.

Ebeling, G., Jesus und Glaube, ZThK 55 (1958), 64–110.

Ebeling, G., Was heißt „Biblische Theologie"?, in: Ders., Wort und Glaube, Tübingen ³1967, 69–89.

Ebeling, G., Das Wesen des christlichen Glaubens, Tübingen 1959.

Ebner, M., Die synoptische Frage, in: M. Ebner/S. Schreiber (Hg.), Einleitung in das Neue Testament, Kohlhammer Studienbücher Theologie Band 6, Stuttgart 2008, 67–84.

Ebner, M./Fischer, I./Frey, J. u. a. (Hg.), Wie biblisch ist die Theologie?, JBTh 25 (2010), Neukirchen-Vluyn 2011.

Ebner, M./Heininger, B., Exegese des Neuen Testaments. Ein Arbeitsbuch für Lehre und Praxis, Paderborn u. a. 2005.

Eco, U., Zwischen Autor und Text, in: Ders., Zwischen Autor und Text. Interpretation und Überinterpretation. Mit Einwürfen von R. Rorty, J. Culler, C. Brooke-Rose und S. Collini. Aus dem Englischen von H. G. Holl, München ²2004, 75–98.

Eco, U., Erwiderung, in: Ders., Zwischen Autor und Text. Interpretation und Überinterpretation. Mit Einwürfen von R. Rorty, J. Culler, C. Brooke-Rose und S. Collini. Aus dem Englischen von H. G. Holl, München ²2004, 150–162.

Eco, U., Interpretation und Geschichte, in: Ders., Zwischen Autor und Text. Interpretation und Überinterpretation. Mit Einwürfen von R. Rorty, J. Culler, C. Brooke-Rose und S. Collini. Aus dem Englischen von H. G. Holl, München ²2004, 29–51.

Eco, U., Überzogene Textinterpretation, in: Ders., Zwischen Autor und Text. Interpretation und Überinterpretation. Mit Einwürfen von R. Rorty, J. Culler, C. Brooke-Rose und S. Collini. Aus dem Englischen von H. G. Holl, München ²2004, 52–74.

Eisen, U. E., Das Markusevangelium erzählt. Literary Criticism und Evangelienauslegung, in: S. Alkier/S. Brucker (Hg.), Exegese und Methodendiskussion, TANZ 23, Tübingen 1998, 135–153.

Eisen, U. E., Die Poetik der Apostelgeschichte. Eine narratologische Studie, NTOA/StUNT 58, Göttingen 2008.

Evans, R. J., Art. Fiktion, in: S. Jordan (Hg.), Lexikon Geschichtswissenschaft. Hundert Grundbegriffe, Stuttgart 2007, 90–93.

Evans, R. J., Fakten und Fiktion. Über die Grundlagen historischer Erkenntnis, Frankfurt a. M. 1998.

Fascher, E., Die formgeschichtliche Methode. Eine Darstellung und Kritik. Zugleich ein Beitrag zur Geschichte des synoptischen Problems, BZNW 2, Gießen 1924.

Feldmeier, R., Theodizee? Biblische Überlegungen zu einem unbiblischen Unterfangen, BThZ 18 (2001), 24–39.

Finnern, S., Narratologie und biblische Exegese. Eine integrative Methode der Erzählanalyse und ihr Ertrag am Beispiel von Matthäus 28, WUNT II/285, Tübingen 2010.

Fish, S., Is There a Text in This Class? The Authority of Interpretive Communities, Cambridge MA/London 1980.

Fludernik, M., Erzähltheorie. Eine Einführung, Darmstadt [2]2008.

Frey, J., Einführung: Wie biblisch und theologisch ist die neutestamentliche Exegese?, in: M. Ebner u. a. (Hg.), Wie biblisch ist die Theologie?, JBTh 25 (2010), Neukirchen-Vluyn 2011, 81–83.

Frey, J., Der historische Jesus und der Christus der Evangelien, in: J. Schröter/R. Brucker (Hg.), Der historische Jesus. Tendenzen und Perspektiven der gegenwärtigen Forschung, BZNW 114, Berlin/New York 2002, 273–336.

Frey, J., Zum Problem der Aufgabe und Durchführung einer Theologie des Neuen Testaments, in: C. Breytenbach/J. Frey (Hg.), Aufgabe und Durchführung einer Theologie des Neuen Testaments, WUNT 205, Tübingen 2007, 3–53.

Gabler, J. Ph., De iusto discrimine theologiae biblicae et dogmaticae regundisque recte utriusque finibus, in: Th. A. Gabler/J. G. Gabler (Hg.), Kleinere theologische Schriften, Band II, Ulm 1831, 179–198.

Gabler, J. Ph., Von der richtigen Unterscheidung der biblischen und der dogmatischen Theologie und der rechten Bestimmung ihrer beider Ziele, übersetzt von O. Merk, Anlage I, in: O. Merk, Biblische Theologie des Neuen Testaments in ihrer Anfangszeit. Ihre methodischen Probleme bei Johann Philipp Gabler und Georg Lorenz Bauer und deren Nachwirkungen, MThSt 9, Marburg 1972, 273–284.

Gabler, J. Ph. (Hg.), J. G. Eichhorns Urgeschichte, hg. mit Einleitung und Anmerkungen v. J. Ph. Gabler, Bd. 1, Altdorf/Nürnberg 1790.

Gadamer, H.-G., Philosophie und Literatur, in: Ders., Ästhetik und Poetik I. Kunst als Aussage, Gesammelte Werke 8, Tübingen 1993, 240–257.

Gadamer, H.-G., Wahrheit und Methode. Grundzüge einer philosophischen Hermeneutik, Tübingen 1986.

Gardt, A., Beeinflußt die Sprache unser Denken? Ein Überblick über Positionen der Sprachtheorie, in: A. Lehr u. a. (Hg.), Sprache im Alltag. Beiträge zu neuen Perspektiven in der Linguistik, FS Herbert Ernst Wiegand, Berlin/New York 2001, 19–39.

GARDT, A., Das Wort in der philosophischen Sprachreflexion: eine Übersicht, in: D.A. Cruse u.a. (Hg.), Lexikologie/Lexicology. Ein internationales Handbuch zur Natur und Struktur von Wörtern und Wortschätzen, 1. Halbband, Berlin/New York 2002, 89–100.

GEFFRÉ, C., Le Christianisme au Risque de l'Interprétation, Paris 1983.

GENETTE, G., Die Erzählung, Paderborn [3]2010.

GENETTE, G., Fiktionale Erzählung, faktuale Erzählung, in: Ders., Fiktion und Diktion, aus dem Französischen von H. Jatho, München 1992, 65–94.

GEYER, C.-F., Das Theodizeeproblem – ein historischer und systematischer Überblick, in: W. Oelmüller (Hg.), Theodizee – Gott vor Gericht? München 1990, 9–32.

GNILKA, J., Theologie des Neuen Testaments, HThK.S 5, Freiburg u.a. 1994.

GODZICH, W., Vorwort zu D. Coste, Narrative as Communication, Theory and History of Literature 64, Minneapolis 1989.

GOERTZ, H.-J., Art. Wirklichkeit, in: S. Jordan (Hg.), Lexikon Geschichtswissenschaft. Hundert Grundbegriffe, Stuttgart 2007, 328–331.

GOERTZ, H.-J., Unsichere Geschichte. Zur Theorie historischer Referentialität, Stuttgart 2001.

GOPPELT, L., Theologie des Neuen Testaments, Göttingen [3]1976.

GRÄB, W., Lebensgeschichten – Lebensentwürfe – Sinndeutungen. Eine Praktische Theologie gelebter Religion, Gütersloh [2]2000.

GRÄẞER, E., Offene Fragen im Umkreis einer Biblischen Theologie, ZThK 77 (1980), 200–221.

GRONDIN, J., Hermeneutik, Göttingen 2009.

GROẞHANS, H.-P., Wirklichkeit – ein Konstrukt? Konstruktive Reflexionen aus der Perspektive evangelischer Theologie, in: A. Klein/U.H.J. Körtner (Hg.), Die Wirklichkeit als Interpretationskonstrukt? Herausforderungen konstruktivistischer Ansätze für die Theologie, Neukirchen-Vluyn 2011, 79–91.

GÜLICH, E./RAIBLE, W., Linguistische Textmodelle. Grundlagen und Möglichkeiten, München 1977.

GUNKEL, H., Art. Literaturgeschichte Israels, RGG[1] III (1909), 1189–1194.

GUNKEL, H., Das Märchen im Alten Testament, Frankfurt a.M. 1987 (ursprgl. Tübingen 1921).

GUNKEL, H., Reden und Aufsätze, Göttingen 1913.

GUNKEL, H., Zum religionsgeschichtlichen Verständnis des Neuen Testaments, FRLANT 1, Göttingen 1903.

HÄFNER, G., „Nützlich zur Belehrung" (2 Tim 3,16). Die Rolle der Schrift in den Pastoralbriefen im Rahmen der Paulusrezeption, HBSt 25, Freiburg u.a. 1998.

HÄFNER, G., Konstruktion und Referenz: Impulse aus der neueren geschichtstheoretischen Diskussion, in: Backhaus, K./Häfner, G., Historiographie und fiktionales Erzählen. Zur Konstruktivität in Geschichtstheorie und Exegese, BThSt 86, Neukirchen-Vluyn 2007, 67–96.

HAHN, F., Nachwort, in: C. Breytenbach/J. Frey (Hg.), Aufgabe und Durchführung einer Theologie des Neuen Testaments, WUNT 205, Tübingen 2007, 347–356.

HAHN, F., Theologie des Neuen Testaments, Zwei Bände, Tübingen 2002.

HARNACK, A., Entstehung und Entwickelung der Kirchenverfassung und des Kirchenrechts in den zwei ersten Jahrhunderten. Nebst einer Kritik der Abhandlung R. Sohm's: „Wesen und Ursprung des Katholizismus" und Untersuchungen über „Evangelium", „Wort Gottes" und das trinitarische Bekenntnis, Leipzig 1910.

HARNACK, A., Das Wesen des Christentums. Sechzehn Vorlesungen vor Studierenden aller Facultäten im Wintersemester 1899/1900 an der Universität Berlin, Akademische Ausgabe, Leipzig 1902.

HERZER, J., Jakobus, Paulus und Hiob – Die Intertextualität der Weisheit, in: T. Krüger/M. Oeming/K. Schmid/C. Uehlinger (Hg.), Das Buch Hiob und seine Interpretationen, AThANT 88, Zürich 2007, 329–350.

HILLER, D., Gottes Geschichte. Hermeneutische und theologische Reflexionen zum Geschehen der Gottesgeschichte orientiert an der Erzählkonzeption Paul Ricœurs, Neukirchen-Vluyn 2009.

HILLER, D., Die Spur des Textes. Eine narrativ-kritische Programmskizze biblischer Theologie, in: C. Landmesser/A. Klein (Hg.), Der Text der Bibel. Interpretation zwischen Geist und Methode, Neukirchen-Vluyn 2013, 81–98.

HIRSCH, E. D., Validity in Interpretation, New Haven/London 1967.

HOLTZMANN, H. J., Lehrbuch der neutestamentlichen Theologie in zwei Bänden, zweite neu bearbeitete Auflage hg. v. A. Jülicher und W. Bauer, Erster Band, Tübingen 1911.

HOPPE, R., Überlegungen zur Theologie des Neuen Testaments aus katholischer Sicht, in: C. Breytenbach/J. Frey (Hg.), Aufgabe und Durchführung einer Theologie des Neuen Testaments, WUNT 205, Tübingen 2007, 55–71.

HÜBNER, H., Biblische Theologie des Neuen Testaments, drei Bände, Band 1 Prolegomena, Göttingen 1990.

HÜBNER, H., Biblische Theologie des Neuen Testaments, drei Bände, Band 2 Die Theologie des Paulus und ihre neutestamentliche Wirkungsgeschichte, Göttingen 1993.

HÜBNER, K., Die Wahrheit des Mythos, München 1985.

ISER, W., Der Akt des Lesens. Theorie der ästhetischen Wirkung, München [2]1984.

JAHRAUS, O., Literaturtheorie. Theoretische und methodische Grundlagen der Literaturwissenschaft, Tübingen/Basel 2004.

JAUß, H. R., Literaturgeschichte als Provokation der Literaturwissenschaft, in: Ders., Literaturgeschichte als Provokation, Frankfurt a. M. 1970, 144–207.

JEANROND, W. G., Text und Interpretation als Kategorien theologischen Denkens, HUTh 23, Tübingen 1986.

JEREMIAS, J., Die Gleichnisse Jesu, Göttingen [10]1984.

JEREMIAS, J., Neutestamentliche Theologie, Gütersloh 1971.

JORDAN, S., Theorien und Methoden der Geschichtswissenschaft, Paderborn 2009.

KAHL, W., Vom Ende der Zweiquellentheorie oder Zur Klärung des synoptischen Problems, in: C. Strecker (Hg.), Kontexte der Schrift Band II. Kultur, Politik, Religion, Sprache – Text. Wolfgang Stegemann zum 60. Geburtstag, Stuttgart 2005, 404–442.

Kähler, M., Der sogenannte historische Jesus und der geschichtliche, biblische Christus. Neu hg. v. E. Wolf, ThB 2, München 1953 (ursprgl. 1892).

Käsemann, E., Das Problem des historischen Jesus, in: Ders., Exegetische Versuche und Besinnungen, Erster Band, Göttingen 1960 (ursprgl. 1953/54), 187–214.

Kauhaus, H., Vielfältiges Verstehen. Wege der Bibelauslegung im 18. Jahrhundert, AKTh 35, Leipzig 2011.

Keith, C./Le Donne, A. (Eds.), Jesus, Criteria, and the Demise of Authenticity, London 2012.

Kelber, W. H., Der historische Jesus. Bedenken zur gegenwärtigen Diskussion aus der Perspektive mittelalterlicher, moderner und postmoderner Hermeneutik, in: J. Schröter/R. Brucker (Hg.), Der historische Jesus. Tendenzen und Perspektiven der gegenwärtigen Forschung, BZNW 114, Berlin/New York 2002, 15–66.

Kendel, A., „Die Historizität der Auferstehung ist bis auf weiteres vorauszusetzen." Wolfhart Pannenbergs Verständnis der Auferstehung und seine Bewertung der einschlägigen biblischen Überlieferungen, in: H.-J. Eckstein/M. Welker (Hg.), Die Wirklichkeit der Auferstehung, Neukirchen-Vluyn [3]2007, 139–163.

Kleffmann, T., Grundriß der Systematischen Theologie, Tübingen 2013.

Kleffmann, T., Religion als menschliche Deutung. Über Sinn und Grenze eines aktuellen religionsphilosophischen Ansatzes, in: I. U. Dalferth/H.-P. Grosshans (Hg.), Kritik der Religion. Zur Aktualität einer unerledigten philosophischen und theologischen Aufgabe, Tübingen 2006, 285–300.

Klein, A., Konstruktivistische Diskurse und ihre philosophische und theologische Relevanz, in: A. Klein/U. H. J. Körtner (Hg.), Die Wirklichkeit als Interpretationskonstrukt? Herausforderungen konstruktivistischer Ansätze für die Theologie, Neukirchen-Vluyn 2011, 13–43.

Klein, C./Martínez, M., Wirklichkeitserzählungen. Felder, Formen und Funktionen nicht-literarischen Erzählens, in: Dies. (Hg.), Wirklichkeitserzählungen. Felder, Formen und Funktionen nicht-literarischen Erzählens, Stuttgart/Weimar 2009, 1–13.

Klein, W./Nassen, U., Textlinguistik und Texthermeneutik, in: U. Nassen (Hg.), Texthermeneutik. Aktualität, Geschichte, Kritik, Paderborn u. a. 1979, 23–36.

Klumbies, P.-G., Art. Vorverständnis I. Neutestamentlich, in: O. Wischmeyer (Hg.), Lexikon der Bibelhermeneutik. Begriffe – Methoden – Theorien – Konzepte, Berlin 2009, 644–646.

Klumbies, P.-G., Epilog. Paulus und das interreligiöse Gespräch, in: Ders., Studien zur paulinischen Theologie, Schriftenreihe der Evangelischen Fachhochschule Freiburg Band 8, Münster/Hamburg/London 1999, 101–104.

Klumbies, P.-G., Paulinisch von Gott schreiben, in: P.-G. Klumbies/D. S. du Toit (Hg.), Paulus. Werk und Wirkung, FS Andreas Lindemann, Tübingen 2013, 687–713.

Klumbies, P.-G., Die Grenze form- und redaktionsgeschichtlicher Wunderexegese, BZ NF 58 (2014), 21–45.

Klumbies, P.-G., Die Heilung eines Gelähmten und vieler Erstarrter, in: R. Zimmermann (Hg.), Kompendium der frühchristlichen Wundererzählungen, Band 1 Die Wunder Jesu, Gütersloh 2013, 235–247.

Klumbies, P.-G., Narrative Kreuzestheologie bei Markus und Lukas, in: C. Landmesser/A. Klein (Hg.), Kreuz und Weltbild. Interpretationen von Wirklichkeit im Horizont des Todes Jesu, Neukirchen-Vluyn 2011, 47–65.

Klumbies, P.-G., Art. Mythos und Entmythologisierung, in: C. Landmesser (Hg.), Bultmann-Handbuch, erscheint Tübingen 2015.

Klumbies, P.-G., Der Mythos bei Markus, BZNW 108, Berlin/New York 2001.

Klumbies, P.-G., „Ostern" als Gottesbekenntnis und der Wandel zur Christusverkündigung, ZNW 83 (1992), 157–165.

Klumbies, P.-G., Rivalisierende Rationalitäten im Markus- und Lukasevangelium, in: Ders., Von der Hinrichtung zur Himmelfahrt. Der Schluss der Jesuserzählung nach Markus und Lukas, BThSt 11, Neukirchen-Vluyn 2010, 5–24.

Klumbies, P.-G., Rez. zu K. Hammann, Rudolf Bultmann. Eine Biographie, Tübingen 2009, ThRev 106 (2010), 214–216.

Klumbies, P.-G., Das Sterben Jesu als Schauspiel nach Lk 23,44–49, in: Ders., Von der Hinrichtung zur Himmelfahrt. Der Schluss der Jesuserzählung nach Markus und Lukas, BThSt 11, Neukirchen-Vluyn 2010, 144–171.

Körtner, U.H.J., Einführung in die theologische Hermeneutik, Darmstadt 2006.

Körtner, U.H.J., Einleitung. Zur Gesprächslage zwischen Theologie und Konstruktivismus, in: A. Klein/U.H.J. Körtner (Hg.), Die Wirklichkeit als Interpretationskonstrukt? Herausforderungen konstruktivistischer Ansätze für die Theologie, Neukirchen-Vluyn 2011, 1–11.

Körtner, U.H.J., Konsequente Exegese. Zum Verhältnis von hermeneutischer Theologie, Wort Gottes und Schriftauslegung, in: I.U. Dalferth/P. Bühler/A. Hunziker (Hg.), Hermeneutische Theologie – heute?, HUTh 60, Tübingen 2013, 149–172.

Körtner, U.H.J., Gottesglaube und Religionskritik, ThLZ.F 30, Leipzig 2014.

Körtner, U.H.J., Historischer Jesus – geschichtlicher Christus. Zum Ansatz einer rezeptionsästhetischen Christologie, in: K. Huizing/U.H.J. Körtner/P. Müller, Lesen und Leben. Drei Essays zur Grundlegung einer Lesetheologie, Bielefeld 1997, 99–135.

Körtner, U.H.J., Lector in Biblia. Schriftauslegung zwischen Rezeptionsästhetik und vierfachem Schriftsinn, WuD NF 21, 1991, 215–233.

Körtner, U.H.J., Der inspirierte Leser. Zentrale Aspekte biblischer Hermeneutik, Göttingen 1994.

Körtner, U.H.J., Rezeption und Inspiration. Über die Schriftwerdung des Wortes und die Wortwerdung der Schrift im Akt des Lesens, NZSTh 51 (2009), 27–49.

Körtner, U.H.J., Theologie des Wortes Gottes. Positionen – Probleme – Perspektiven, Göttingen 2001.

Körtner, U.H.J., Reformatorische Theologie im 21. Jahrhundert, Theologische Studien NF 1, Zürich 2010.

Kolmer, L., Geschichtstheorien, Paderborn 2008.

Korsch, D., Dogmatik im Grundriß. Eine Einführung in die christliche Deutung menschlichen Lebens mit Gott (UTB 2155), Tübingen 2000.

Korsch, D., Religion als Lebensdeutung. Ein Beitrag zur interreligiösen Hermeneutik, in: C. Danz/U.H.J. Körtner (Hg.), Theologie der Religionen. Positionen und Perspektiven evangelischer Theologie, Neukirchen-Vluyn 2005, 205–222.

Koselleck, R., Art. Fortschritt, in: GGB 2 (1975), 351–421.

Koselleck, R., Richtlinien für das Lexikon politisch-sozialer Begriffe der Neuzeit, in: Archiv für Begriffsgeschichte 11, Bonn 1967, 81–99.

Kratz, R.G., Auslegen und Erklären. Über die theologische Bedeutung der Bibelkritik nach Johann Philipp Gabler, in: K.-W. Niebuhr/C. Böttrich (Hg.), Johann Philipp Gabler 1753–1826 zum 250. Geburtstag, Leipzig 2003, 53–74.

Krötke, W., Art. Wirklichkeit, RGG[4] VIII (2005) (Ungekürzte Studienausgabe 2008), 1594–1596.

Kümmel, W.G., Einleitung in das Neue Testament, Heidelberg [18]1976.

Kümmel, W.G., Das Neue Testament. Geschichte der Erforschung seiner Probleme, OA III/3, Freiburg/München [2]1970.

Lachmann, C., De ordine narrationum in evangeliis synopticis, ThStKr 8, Tübingen 1835, 570–590.

Lahn, S./Meister, J.C., Einführung in die Erzähltextanalyse, Stuttgart/Weimar 2008.

Landmesser, C., „Elementarbuch“ oder „Kanon“. Lessings Deutung des Neuen Testaments, in: C. Bultmann/F. Vollhardt (Hg.), Gotthold Ephraim Lessings Religionsphilosophie im Kontext. Hamburger Fragmente und Wolfenbütteler Axiomata, Frühe Neuzeit Band 159, Berlin/New York 2011, 200–218.

Landmesser, C., Freiheit durch Interpretation. Die Aufgabe der Bibelexegese nach Rudolf Bultmann, in: I.U. Dalferth/P. Bühler/A. Hunziker (Hg.), Hermeneutische Theologie – heute? HUTh 60, Tübingen 2013, 173–191.

Landmesser, C., Geschichte als Interpretation. Momente der Konstruktion im Neuen Testament, in: A. Klein/U.H.J. Körtner (Hg.), Die Wirklichkeit als Interpretationskonstrukt? Herausforderungen konstruktivistischer Ansätze für die Theologie, Neukirchen-Vluyn 2011, 147–164.

Landmesser, C., Existentiale Interpretation und historische Kritik. Neutestamentliche Wissenschaft im Gespräch zwischen Rudolf Bultmann und Ernst Käsemann, in: M. Bauspieß/C. Landmesser/F. Portenhauser (Hg.), Theologie und Wirklichkeit. Diskussionen der Bultmann-Schule, Theologie interdisziplinär Band 12, Neukirchen-Vluyn 2011, 5–25.

Landmesser, C., Der Mensch in der Entscheidung. Anthropologie als Aufgabe der Theologie in der Auseinandersetzung mit Rudolf Bultmann, in: C. Landmesser/A. Klein (Hg.), Rudolf Bultmann (1884–1976) – Theologe der Gegenwart. Hermeneutik – Exegese – Theologie – Philosophie, Neukirchen-Vluyn 2010, 87–110.

Landmesser, C., Wahrheit als Grundbegriff neutestamentlicher Wissenschaft, WUNT 113, Tübingen 1999.

Lange, E., Predigen als Beruf. Aufsätze, hg. v. R. Schloz, Stuttgart/Berlin 1976.

LAUSTER, J., Das Programm „Religion als Lebensdeutung" und das Erbe Rudolf Bultmanns, in: I. U. Dalferth/P. Bühler/A. Hunziker (Hg.), Hermeneutische Theologie – heute?, HUTh 60, Tübingen 2013, 101–116.

LAUSTER, J., Religion als Lebensdeutung. Theologische Hermeneutik heute, Darmstadt 2005.

LEIBNIZ, G. W., Essais de Théodicée sur la Bonté de Dieu, la liberté de l'Homme et l'Origine du mal (1710), deutsch „Versuche in der Theodicée über die Güte Gottes, die Freiheit des Menschen und den Ursprung des Übels", übersetzt von A. Buchenau, Hamburg 1996.

LESSING, G. E., Von der Art und Weise der Fortpflanzung und Ausbreitung der christlichen Religion, 1763/64, Gotthold Ephraim Lessing's Sämmtliche Werke, Siebenter Band, Berlin 1825.

LESSING, G. E., Über den Beweis des Geistes und der Kraft, in: Ders., Werke und Briefe in zwölf Bänden, hg. v. W. Barner u. a., Band 8: G. E. Lessing, Werke 1774–1778, hg. v. A. Schilson, Frankfurt a. M. 1989, 437–445.

LESSING, G. E., Werke und Briefe in zwölf Bänden, hg. v. W. Barner u. a., Frankfurt a. M. 1985–2003.

LINDEMANN, A., Erwägungen zum Problem einer „Theologie der synoptischen Evangelien", ZNW 77 (1986), 1–33 (jetzt in: A. Lindemann, Die Evangelien und die Apostelgeschichte. Studien zu ihrer Theologie und zu ihrer Geschichte, WUNT 241, Tübingen 2009, 316–345).

LINDEMANN, A., Neuere Literatur zum Verständnis des Auferstehungsglaubens (I), ThR 79 (2014), 83–107.

LINDEMANN, A., Zur neutestamentlichen Theologie im 19. und 20. Jahrhundert, in: Ders., Glauben, Handeln, Verstehen. Studien zur Auslegung des Neuen Testaments, Band II, WUNT 282, Tübingen 2011, 411–449.

LIPS, H. VON, Der neutestamentliche Kanon. Seine Geschichte und Bedeutung, Zürcher Grundrisse zur Bibel, Zürich 2004.

LISKE, M.-TH., Gottfried Wilhelm Leibniz, München 2000.

LOHSE, E., Grundriß der neutestamentlichen Theologie, ThW 5, Stuttgart ^{2}1979 (ursprgl. 1974).

LORENZ, C., Konstruktion der Vergangenheit. Eine Einführung in die Geschichtstheorie, Beiträge zur Geschichtskultur Band 13, Köln/Weimar/Wien 1997.

LÜDEMANN, G., Die Religionsgeschichtliche Schule und ihre Konsequenzen für die Neutestamentliche Wissenschaft, in: H. M. Müller (Hg.), Kulturprotestantismus. Beiträge zu einer Gestalt des modernen Christentums, Gütersloh 1992, 311–338.

LUZ, U., Kann die Bibel heute noch Grundlage für die Kirche sein? Über die Aufgabe der Exegese in einer religiös-pluralistischen Gesellschaft, NTS 44 (1998), 317–339.

MARQUARD, O., Der angeklagte und der entlastete Mensch in der Philosophie des 18. Jahrhunderts, in: Ders., Abschied vom Prinzipiellen. Philosophische Studien, Stuttgart 1987, 39–66.

MARQUARD, O., Schwierigkeiten beim Ja-Sagen, in: W. Oelmüller (Hg.), Theodizee – Gott vor Gericht? München 1990, 87–102.

Marrou, H.-I., Über die historische Erkenntnis, Freiburg/München 1973.

Martinez, M./Scheffel, M., Einführung in die Erzähltheorie, München 1999.

Marxsen, W., Einleitung in das Neue Testament. Eine Einführung in ihre Probleme, Gütersloh [4]1978.

Marxsen, W., Der Evangelist Markus. Studien zur Redaktionsgeschichte des Evangeliums, FRLANT 67, Göttingen [2]1959 (ursprgl. 1956).

Maurer, W., Die Auseinandersetzung zwischen Harnack und Sohm und die Begründung eines evangelischen Kirchenrechtes, in: Ders., Die Kirche und ihr Recht. Gesammelte Aufsätze zum evangelischen Kirchenrecht, hg. v. G. Müller und G. Seebass, JusEcc 23, Tübingen 1976, 364–387.

Maurer, W., R. Sohms Ringen um den Zusammenhang zwischen Geist und Recht in der Geschichte des kirchlichen Rechtes, in: Ders., Die Kirche und ihr Recht. Gesammelte Aufsätze zum evangelischen Kirchenrecht, hg. v. G. Müller und G. Seebass, JusEcc 23, Tübingen 1976, 328–363.

Merk, O., Art. Gabler, TRE 12 (1984) (Studienausgabe 1993), 1–3.

Merk, O., Biblische Theologie des Neuen Testaments in ihrer Anfangszeit. Ihre methodischen Probleme bei Johann Philipp Gabler und Georg Lorenz Bauer und deren Nachwirkungen, MThSt 9, Marburg 1972.

Messer, A., Geschichte der Philosophie vom Beginn der Neuzeit bis zum Ende des 18. Jahrhunderts, Wissenschaft und Bildung 108, Leipzig 1912.

Michaelis, J. D., Einleitung in die göttlichen Schriften des Neuen Bundes, Göttingen [4]1788 (ursprgl. 1750).

Morgan, R., Made in Germany: Towards an Anglican Appropriation of an Originally Lutheran Genre, in: C. Breytenbach/J. Frey (Hg.), Aufgabe und Durchführung einer Theologie des Neuen Testaments, Tübingen 2007, 85–114.

Müllner, I., Handwerkszeug der Herren? Narrative Analyse aus feministischer Sicht, in: E. S. Gerstenberger/U. Schoenborn (Hg.), Hermeneutik – sozialgeschichtlich. Kontextualität in den Bibelwissenschaften aus der Sicht (latein)amerikanischer und europäischer Exegetinnen und Exegeten, Exegese in unserer Zeit, Kontextuelle Bibelinterpretationen Band 1, Münster 1999, 133–147.

Müllner, I., Zeit, Raum, Figuren, Blick. Hermeneutische und methodische Grundlagen der Analyse biblischer Erzähltexte, in: Protokolle zur Bibel 15, 2006, 1–24.

Murrmann-Kahl, M., Die entzauberte Heilsgeschichte. Der Historismus erobert die Theologie 1880–1920, Gütersloh 1992.

Murrmann-Kahl, M., Strukturprobleme moderner Exegese. Eine Analyse von Rudolf Bultmanns und Leonhard Goppelts ‚Theologie des Neuen Testaments', Beiträge zur rationalen Theologie 5, Frankfurt a. M./Berlin/Bern 1995.

Nestle, W. A., Vom Mythos zum Logos. Die Selbstentfaltung des griechischen Denkens von Homer bis auf die Sophistik und Sokrates, Stuttgart 1940 ([2]1941).

Neumann, N., Hören und Sehen. Die Rhetorik der Anschaulichkeit in den Gottesthron-Szenen der Johannesoffenbarung, Habilitationsschrift Typoskript, Universität Kassel 2013, 344–346, erscheint als ABG 49, Leipzig 2015.

Neuner, P., Fundamentaltheologische Implikationen einer Theologie des Neuen Testaments, in: C. Breytenbach/J. Frey (Hg.), Aufgabe und Durchführung einer Theologie des Neuen Testaments, WUNT 205, Tübingen 2007, 309–317.

Niebuhr, K.-W./Böttrich, C., (Hg.), Kleine theologische und philosophische Schriften II, 179–198, Johann Philipp Gabler 1753–1826 zum 250. Geburtstag, Leipzig 2003, 15–41.

Niederwimmer, K., Theologie des Neuen Testaments. Ein Grundriss, Wien 2004.

Nowak, K., Vernünftiges Christentum? Über die Erforschung der Aufklärung in der evangelischen Theologie Deutschlands seit 1945, ThLZ.F 2, Leipzig 1999.

Nünning, V./Nünning, A., Wege zum Ziel: Methoden als planvoll und systematisch eingesetzte Problemlösungsstrategien, in: V. Nünning/A. Nünning (Hg.), Methoden der literatur- und kulturwissenschaftlichen Textanalyse. Ansätze – Grundlagen – Modellanalysen, Weimar/Stuttgart 2010, 1–27.

Osterhammel, J., Die Verwandlung der Welt. Eine Geschichte des 19. Jahrhunderts, München 2009 (Sonderausgabe 2011).

Pannenberg, W., Die Bedeutung der Kategorien „Teil" und „Ganzes" für die Wissenschaftstheorie der Theologie, ThPh 53 (1978), 481–497.

Pannenberg, W., Geschichte/Geschichtsschreibung/Geschichtsphilosophie VIII. Systematisch-theologisch, TRE 12 (1984) (Studienausgabe 1993), 658–674.

Petzoldt, M., Offenbarung erleben und zu verstehen suchen. Zum theologischen Diskurs um das Prinzip Offenbarung im Kontext der hermeneutischen Diskussion, in: C. Landmesser/A. Klein (Hg.), Offenbarung – verstehen oder erleben? Hermeneutische Theologie in der Diskussion, Neukirchen-Vluyn 2012, 15–40.

Petzoldt, M., Welchen Sinn hat es, von Gott zu reden? Fundamentaltheologische Überlegungen im Spannungsfeld zwischen Konstruktivismus und Neurobiologie, in: A. Klein/U. H. J. Körtner (Hg.), Die Wirklichkeit als Interpretationskonstrukt? Herausforderungen konstruktivistischer Ansätze für die Theologie, Neukirchen-Vluyn 2011, 129–145.

Piepmeier, R., Art. Aufklärung I. Philosophisch, TRE 4, 1979 (Studienausgabe 1993), 575–594, 579–580.

Platon, Politeia, bearb. v. D. Kurz. Griechischer Text von E. Chambry. Deutsche Übersetzung von F. Schleiermacher, Werke in acht Bänden, Band 4, Sonderausgabe, hg. v. G. Eigler, Darmstadt 1990.

Pratscher, W., Theologiegeschichte des Urchristentums versus Theologie des Neuen Testaments. Anmerkungen zu Klaus Berger und Walter Schmithals, Wiener Jahrbuch für Theologie Bd. 2 (1998), Wien 1998, 349–366.

Quintilianus, Marcus Fabius, Ausbildung des Redners. Zwölf Bücher, Lateinisch und deutsch, hg. u. übers. v. H. Rahn, Sonderausgabe Darmstadt [5]2011.

Räisänen, H., Neutestamentliche Theologie? Eine religionswissenschaftliche Alternative, SBS 186, Stuttgart 2000.

Ranke, L. von, Sämmtliche Werke, Band 33–34, Leipzig [2]1874.

Ranke, L. von, Über die Epochen der neueren Geschichte. Vorträge dem Könige Maximilian II. von Bayern im Herbst 1854 zu Berchtesgaden gehalten. Vortrag vom 25. September 1854. Historisch-kritische Ausgabe, hg. v. Th. Schieder und H. Berding, München 1971.

RAU, E., Perspektiven des Lebens Jesu. Plädoyer für die Anknüpfung an eine schwierige Forschungstradition, herausgegeben und erweitert von S. Petersen, BWANT 203, Stuttgart 2013.

REICHERT, A., Offene Fragen zur Auslegung neutestamentlicher Texte im Spiegel neuerer Methodenbücher, ThLZ 126 (2001), 993–1006.

REINMUTH, E., Diskurse und Texte. Überlegungen zur Theologie des Neuen Testaments nach der Moderne, BThZ 16 (1999), 81–96.

REINMUTH, E., Hermeneutik des Neuen Testaments. Eine Einführung in die Lektüre des Neuen Testaments, Göttingen 2002.

REINMUTH, E., Neutestamentliche Historik. Probleme und Perspektiven, ThLZ.F 8, Leipzig 2003.

RENGSTORF, K. H., Hugo Grotius als Theologe und seine Rezeption in Deutschland, in: H. Dollinger (Schriftleiter), Theologische, juristische und philologische Beiträge zur frühen Neuzeit, Schriftenreihe der Westfälischen Wilhelms-Universität Münster Heft 9, Münster 1986, 71–83.

REUMANN, J., New Testament Theology within Biblical Theology and Beyond, for Ecclesial and Ecumenical Uses, in: C. Breytenbach/J. Frey (Hg.), Aufgabe und Durchführung einer Theologie des Neuen Testaments, WUNT 205, Tübingen 2007, 73–84.

RICŒUR, P., Existence et herméneutique, in: Ders., Le conflit des interprétations, essais d'herméneutique, Paris 1969, 7–28.

RICŒUR, P., The Hermeneutical Function of Distanciation, Philosophy Today 17 (1973), 129–141.

RICŒUR, P., Hermeneutics and the human sciences. Essays on language, action and interpretation. Edited, translated and introduced by J. B. Thompson, Cambridge/New York/Paris 1988, 131–144.

RICŒUR, P., Hermeneutik und Strukturalismus. Der Konflikt der Interpretationen I, München 1973.

RICŒUR, P., Philosophische und theologische Hermeneutik, in: P. Ricœur/E. Jüngel, Metapher. Zur Hermeneutik religiöser Sprache. Mit einer Einführung von P. Gisel, Evangelische Theologie – Sonderheft, München 1974, 24–45.

RICŒUR, P., Qu'est-ce qu'un Texte? Expliquer et Comprendre, in: Hermeneutik und Dialektik. Aufsätze II Sprache und Logik, Theorie der Auslegung und Probleme der Einzelwissenschaften, hg. v. R. Bubner, K. Cramer und R. Wiehl, Tübingen 1970, 181–200.

RICŒUR, P., Zeit und Erzählung, Band II: Zeit und literarische Erzählung, München 1989.

RITTER, J., Art. Fortschritt, in: HWP 2 (1972) 1032–1059.

ROBINSON, J. M., Die Zukunft der neutestamentlichen Theologie, in: H. D. Betz/L. Schottroff (Hg.), Neues Testament und christliche Existenz, FS Herbert Braun, Tübingen 1973, 387–400.

ROLOFF, J., Art. Jesus Christus I.1. Jesus von Nazareth, RGG[4] IV (2001) (Ungekürzte Studienausgabe 2008), 463–467.

ROLOFF, J., Neues Testament, Neukirchen-Vluyn 1977.

Rorty, R., Der Fortschritt des Pragmatisten, in: U. Eco, Zwischen Autor und Text. Interpretation und Überinterpretation. Mit Einwürfen von R. Rorty, J. Culler, C. Brooke-Rose und S. Collini. Aus dem Englischen von H. G. Holl, München ²2004, 99–119.

Rose, C., Theologie als Erzählung im Markusevangelium. Eine narratologisch-rezeptionsästhetische Untersuchung zu Mk 1,1–15, WUNT II/236, Tübingen 2007.

Rüsen, J., Historische Orientierung. Über die Arbeit des Geschichtsbewusstseins, sich in der Zeit zurechtzufinden, Köln/Weimar/Wien 1994.

Schlier, H., Grundzüge der paulinischen Theologie, Freiburg/Basel/Wien 1978.

Schlier, H., Über Sinn und Aufgabe einer Theologie des Neuen Testaments, in: G. Strecker (Hg.), Das Problem der Theologie des Neuen Testaments, WdF 367, Darmstadt 1975 (ursprgl. 1957), 323–344.

Schmidt, K. L., Der Rahmen der Geschichte Jesu. Literarkritische Untersuchungen zur ältesten Jesusüberlieferung, Darmstadt, 2. Nachdruck 1969 (ursprgl. 1919).

Schmidt, M., Art. Aufklärung II. Theologisch, TRE 4, Berlin 1979 (Studienausgabe 1993), 594–608.

Schmidt, S. J., Texttheorie: Probleme einer Linguistik der sprachlichen Kommunikation, München ²1976.

Schmithals, W., Einleitung in die drei ersten Evangelien, Berlin/New York 1985.

Schmithals, W., Kritik der Formkritik, ZThK 77 (1980), 149–185.

Schmithals, W., Theologiegeschichte des Urchristentums. Eine problemgeschichtliche Darstellung, Stuttgart/Berlin/Köln 1994.

Schneider-Harpprecht, C., Verleiblichung des Geistes zwischen Fundamentalismus und Synkretismus, in: Ders., Seelsorge – christliche Hilfe zur Lebensgestaltung. Aufsätze zur interdisziplinären Grundlegung praktischer Theologie, Praktische Theologie interdisziplinär Band 1, Berlin/Münster 2012, 71–81.

Schneider-Harpprecht, C., Wirklichkeitskonstruktionen in der Praktischen Theologie, in: A. Klein/U. H. J. Körtner (Hg.), Die Wirklichkeit als Interpretationskonstrukt? Herausforderungen konstruktivistischer Ansätze für die Theologie, Neukirchen-Vluyn 2011, 185–199.

Schneiders, W., Das Zeitalter der Aufklärung, München ²2001.

Schnelle, U., Einführung in die neutestamentliche Exegese, Göttingen ⁶2005 und ⁷2008.

Schnelle, U., Einleitung in das Neue Testament, Göttingen ⁴2002.

Schnelle, U., Offenbarung und/oder Erkenntnis der Vernunft? Zur exegetischen und hermeneutischen Begründung von Glaubenswelten, in: C. Landmesser/A. Klein (Hg.), Offenbarung – verstehen oder erleben? Hermeneutische Theologie in der Diskussion, Neukirchen-Vluyn 2012, 119–137.

Schnelle, U., Theologie des Neuen Testaments, Göttingen 2007.

Schrage, W., Zur Frage nach der Einheit und Mitte neutestamentlicher Ethik, in: U. Luz/H. Weder (Hg.), Die Mitte des Neuen Testaments. Einheit und Vielfalt neutestamentlicher Theologie, FS Eduard Schweizer, Göttingen 1983, 238–253.

SCHRAMM, T., Die dritte Runde. Der historische Jesus im Spiegel der neueren Forschung, in: E. Brandt/P. S. Fiddes/J. Molthaben (Hg.), Gemeinschaft am Evangelium, FS Wiard Popkes, Berlin 1996, 257–280.

SCHRÖTER, J., Die Bedeutung des Kanons für eine Theologie des Neuen Testaments. Konzeptionelle Überlegungen angesichts der gegenwärtigen Diskussion, in: C. Breytenbach/J. Frey (Hg.), Aufgabe und Durchführung einer Theologie des Neuen Testaments, WUNT 205, Tübingen 2007, 135–158.

SCHRÖTER, J., Wie theologisch ist die Bibelwissenschaft? Reflexionen über den Beitrag der Exegese zur Theologie, in: M. Ebner u. a. (Hg.), Wie biblisch ist die Theologie?, JBTh 25 (2010), Neukirchen-Vluyn 2011, 85–104.

SCHRÖTER, J., Geschichte im Licht von Tod und Auferweckung Jesu Christi, in: Ders., Von Jesus zum Neuen Testament. Studien zur urchristlichen Theologiegeschichte und zur Entstehung des neutestamentlichen Kanons, WUNT 204, Tübingen 2007, 55–77.

SCHRÖTER, J., Von der Historizität der Evangelien. Ein Beitrag zur gegenwärtigen Diskussion um den historischen Jesus, in: J. Schröter/R. Brucker (Hg.), Der historische Jesus. Tendenzen und Perspektiven der gegenwärtigen Forschung, BZNW 114, Berlin/New York 2002, 163–212.

SCHRÖTER, J., Konstruktion von Geschichte und die Anfänge des Christentums. Reflexionen zur christlichen Geschichtsdeutung aus neutestamentlicher Perspektive, in: Ders., Von Jesus zum Neuen Testament. Studien zur urchristlichen Theologiegeschichte und zur Entstehung des neutestamentlichen Kanons, WUNT 204, Tübingen 2007, 37–54.

SCHRÖTER, J., Historische (Re-)Konstruktion und theologische Wahrheit. Die Frage nach dem historischen Jesus im Kontext neuzeitlicher Wahrheitsbegründungen des christlichen Glaubens, in: E. Ebel/S. Vollenweider (Hg.), Wahrheit und Geschichte. Exegetische und hermeneutische Studien zu einer dialektischen Konstellation, AThANT 102, Zürich 2012, 13–33.

SCHRÖTER, J., Religionsgeschichte des Urchristentums statt Theologie des Neuen Testaments? Begründungsprobleme in der neutestamentlichen Wissenschaft, BThZ 16 (1999), 3–20.

SCHRÖTER, J., Überlegungen zum Verhältnis von Historiographie und Hermeneutik in der neutestamentlichen Wissenschaft, in: Ders., Von Jesus zum Neuen Testament. Studien zur urchristlichen Theologiegeschichte und zur Entstehung des neutestamentlichen Kanons, WUNT 204, Tübingen 2007, 23–35.

SCHULZ, W., Art. Metaphysik, RGG[3] IV (1960) (Ungekürzte Studienausgabe 1986), 908–913.

SCHWEITZER, A., Geschichte der Leben-Jesu-Forschung, zwei Bände, Gütersloh [3]1977.

SCHWEMMER, O., Ernst Cassirer, Ein Philosoph der europäischen Moderne, Berlin 1997.

SCHWÖBEL, C., Art. Theologie, RGG[4] VIII (2005), 255–306.

Schwöbel, C., Wie biblisch ist die Theologie? Systematisch-theologische Bemerkungen zur Themafrage, in: M. Ebner u. a. (Hg.), Wie biblisch ist die Theologie?, JBTh 25 (2010), 8–18.

Sellin, G., Zwischen Deskription und Reduktion. Aporien und Möglichkeiten einer Theologie des Neuen Testaments, EvTh 64 (2004), 172–186.

Semler, J. S., Abhandlung von freier Untersuchung des Canon I, Halle 1771.

Slenczka, N., Systematische Bemerkungen über die Aufgabe und den Ansatz einer Theologie des Neuen Testaments am Beispiel des Entwurfs von Ferdinand Hahn, in: C. Breytenbach/J. Frey (Hg.), Aufgabe und Durchführung einer Theologie des Neuen Testaments, WUNT 205, Tübingen 2007, 275–286.

Smend, R., Johann Philipp Gablers Begründung der biblischen Theologie, EvTh 22 (1962), 345–357.

Söding, T., Der theologische Anspruch der Heiligen Schrift im Fokus des Neuen Testaments, in: C. Landmesser/A. Klein (Hg.), Der Text der Bibel. Interpretation zwischen Geist und Methode, Neukirchen-Vluyn 2013, 13–34.

Söding, T., Der König am Kreuz. Politik und Religion in der Passionsgeschichte, in: M. Bär/M.-L. Hermann/T. Söding (Hg.), König und Priester. Facetten neutestamentlicher Christologie. FS Claus-Peter März, Erfurter Theologische Schriften Band 44, Würzburg 2012, 89–120.

Söding, T., Die Saat des Evangeliums. Vor- und nachösterliche Mission im Markusevangelium, in: C.K. Rothschild/J. Schröter (ed.), The Rise and Expansion of Christianity in the First Three Centuries of the Common Era, Tübingen 2013.

Söding, T., Inmitten der Theologie des Neuen Testaments: Zu den Voraussetzungen und Zielen neutestamentlicher Exegese, NTS 42 (1996), 161–184.

Sohm, R., Kirchenrecht, Band 1. Die geschichtlichen Grundlagen, Systematisches Handbuch der deutschen Rechtswissenschaft, Abt. 8, Leipzig 1892.

Sparn, W., Art. Gabler, RGG⁴ III (2000) (Ungekürzte Studienausgabe 2008), 446–447.

Spree, A., Art. Interpretation, in: H. Fricke et al. (Hg.), Reallexikon der deutschen Literaturwissenschaft, Band II, Berlin/New York 2000, 168–172.

Stegemann, W., Jesus und seine Zeit, Biblische Enzyklopädie 10, Stuttgart 2010.

Stoellger, Ph., Interpretation zwischen Wirklichkeit und Konstruktion. Konstrukt*ionistische* Interpretationstheorie als Antwort auf konstruktivistische Übertreibungen, in: A. Klein/U. H. J. Körtner (Hg.), Die Wirklichkeit als Interpretationskonstrukt? Herausforderungen konstruktivistischer Ansätze für die Theologie, Neukirchen-Vluyn 2011, 93–128.

Strecker, G., Theologie des Neuen Testaments, hg. v. F. W. Horn, Berlin/New York 1996.

Stuhlmacher, P., Biblische Theologie des Neuen Testaments, Band I Grundlegung. Von Jesus zu Paulus, Göttingen 1992.

Süssmann, J., Art. Erzählung, in: S. Jordan (Hg.), Lexikon Geschichtswissenschaft. Hundert Grundbegriffe, Stuttgart 2007, 85–88.

Telesko, W., Das 19. Jahrhundert. Eine Epoche und ihre Medien, Wien u. a. 2010.

Theißen, G./Merz, A., Der historische Jesus. Ein Lehrbuch, Göttingen 1996.

THEIẞEN, G., Die Religion der ersten Christen. Eine Theorie des Urchristentums, Gütersloh 2000.

THIELICKE, H., Paul Tillich – Wanderer zwischen zwei Welten, in: K. Hennig (Hg.), Der Spannungsbogen, Festgabe Paul Tillich, Stuttgart 1961, 9–24.

TILLICH, P., Systematische Theologie, Band II, Stuttgart [8]1984.

TÖLLNER, J. G., Theologische Untersuchungen, St. 1, Riga 1772/73.

TUCKETT, C. M., What is ‚New Testament Study?' The New Testament and Early Christianity, NTS 60 (2014), 157–184.

VAN EIKEMA HOMMES, H., Hugo Grotius. Einige Betrachtungen über die Grundmotive seines Rechtsdenkens. Der Unterschied zu dem Rechtsdenken des Johannes Althusius, in: H. Dollinger (Schriftleiter), Theologische und juristische und philologische Beiträge zur frühen Neuzeit, Schriftenreihe der Westfälischen Wilhelms-Universität Münster Heft 9, Münster 1986, 56–70.

VIELHAUER, PH., Geschichte der urchristlichen Literatur. Einleitung in das Neue Testament, die Apokryphen und die Apostolischen Väter, Berlin/New York 1975.

VISCHER, L., Art. Kanon II. Kirchengeschichtlich, RGG[3] III (1959) (Ungekürzte Studienausgabe 1986), 1119–1122.

VOGT, J., Aspekte erzählender Prosa. Eine Einführung in Erzähltechnik und Romantheorie, Paderborn [10]2008 (ursprgl. 1972).

VOUGA, F., Die Aufgaben der Theologie des Neuen Testaments. Verstehen als interdiziplinäre Kunst der Interpretation, in: C. Breytenbach/J. Frey (Hg.), Aufgabe und Durchführung einer Theologie des Neuen Testaments, WUNT 205, Tübingen 2007, 159–173.

VOUGA, F., Geschichte des frühen Christentums, Tübingen/Basel 1993.

VOUGA, F., Une théologie du Nouveau Testament, Le Monde de la Bible 43, Genève 2001.

WATZLAWICK, P., Wie wirklich ist die Wirklichkeit? Wahn – Täuschung – Verstehen, München/Zürich [17]1989.

WEBSTER, J., Theologische Theologie, ZThK 97 (2000), 238–258.

WEDER, H., Art. Bibelwissenschaft II. Neues Testament, RGG[4] I (1998) (Ungekürzte Studienausgabe 2008), 1529–1538.

WEDER, H., Reichhaltige Resonanz. Überlegungen zu einer Hermeneutik metaphorischer Theologie, in: I. U. Dalferth/P. Bühler/A. Hunziker (Hg.), Hermeneutische Theologie – heute? HUTh 60, 2013, 227–257.

WEDER, H., Biblische Theologie. Konturen und Anforderungen aus hermeneutischer Perspektive, in: M. Ebner u. a. (Hg.), Wie biblisch ist die Theologie?, JBTh 25 (2010), 19–40.

WEISSE, C. H., Die evangelische Geschichte kritisch und philosophisch bearbeitet I.II, Leipzig 1838.

WENGST, K., Der wirkliche Jesus? Eine Streitschrift über die historisch wenig ergiebige und theologisch sinnlose Suche nach dem „historischen" Jesus, Stuttgart 2013.

White, H., Die Fiktionen der Darstellungen des Faktischen, in: Ders., Auch Klio dichtet oder Die Fiktion des Faktischen. Studien zur Tropologie des historischen Diskurses, Sprache und Geschichte Band 10, Stuttgart 1986, 145–160.

White, H., Auch Klio dichtet oder Die Fiktion des Faktischen. Studien zur Tropologie des historischen Diskurses, Sprache und Geschichte Band 10, Stuttgart 1986.

White, H., Metahistory. Die historische Einbildungskraft im 19. Jahrhundert in Europa. Aus dem Amerikanischen von P. Kohlhaas, Frankfurt a.M. 1991 (Amerikanisches Original 1973).

Wilckens, U., Theologie des Neuen Testaments, Band I/II, Neukirchen-Vluyn 2002–2009.

Wischmeyer, O. (Hg.), Herkunft und Zukunft der neutestamentlichen Wissenschaft, NET 6, Tübingen/Basel 2003.

Wischmeyer, O., Hermeneutik des Neuen Testaments. Ein Lehrbuch, NET 8, Tübingen/Basel 2004.

Wittgenstein, L., Philosophische Untersuchungen (1958), Frankfurt a.M. 1971.

Wolter, M., Das Lukasevangelium, HNT 3, Tübingen 2007.

Wrede, W., Über Aufgabe und Methode der sogenannten neutestamentlichen Theologie, in: G. Strecker (Hg.), Das Problem der Theologie des Neuen Testaments, WdF 367, Darmstadt 1975 (ursprgl. 1897), 81–154.

Wrege, H.-Th., Wirkungsgeschichte des Evangeliums. Erfahrungen, Perspektiven und Möglichkeiten, Göttingen 1981.

Autorenregister

Sach- und Namenregister